正法眼蔵随聞記入門

道元「禅」とは何か

第四巻

遠藤　誠

現代書館

まえがき

この本の第三巻を出したのは、一九九九年七月、つまり一年前である。第二巻を出してから第三巻を出すまで八年もかかったのに比べると、今度は早い。それは、昭和五七年に「弁護士会仏教勉強会」でやった「正法眼蔵随聞記《しょうぼうげんぞうずいもんき》」の私の講義のテープを、プロの速記者が速記してくれたことと、出版社の現代書館の社長・菊地泰博さんから、「まだか、まだか」と催促されたことによる。ここに、両者に謝意を表する次第である。

昭和五七年の私の講義を参考にしてはいるが、内容は、二〇〇〇年の現在の観点で全文書きおろしとなっている。

ここ一年来、ますます世の中は乱れてきた。「規制緩和」「自由競争」「自己責任の原理」による資本の集中と独占、それによる中小企業の倒産、それによる一年間に三万人をこえる自殺者、保険金を取るための殺人、少年による九年間の女児監禁事件、殺人を伴うバス・ジャック、いじめが嵩《こう》じての殺人事件等々。今の日本は、完全に狂っている。どこから狂ったか。

結論を先に言うならば、それは、戦後の生産第一主義・利益第一主義・消費第一主義・物質万能主義と拝金主義による人間の尊厳と人間性の喪失、これである。そして、こうした諸々の病弊に対する特効薬を、実は、今から七六六年前ないし七六二年前（一二三四年－一二三八年）、日本の生んだ名禅僧・道元禅師が、すでに用意して下さっていたのである。それがこの『正法眼《しょうぼうげん》蔵随聞記《ぞうずいもんき》』である。

本文を読めばお分りのように、この『随聞記』の世界は、只今現在、日本と世界に弥漫《びまん》している前記のような「社会常識」を、真向から否定する世界である。おおよその内容は、目次を一読すれば、お分りであろう。

しかし、狂った日本と世界の軌道を修正するためには、これしかないのである。

なお、第一巻～第三巻と同様、話を分り易くするために、「です、ます」調にした。

本書は、第三巻に引きつづき、原文の第四巻第九節から第五巻第八節までとなっている。引きつづき、そのつづきを出版するつもりでいる（原文は第六巻まで）。

また、本書で用いた原本は、前同様、岩波文庫（一九九八年第74刷発行）の『正法眼蔵随聞記《しょうぼうげんぞうずいもんき》』（いわゆる「面山本《めんざんぼん》」）による。本文中の太い活字の部分は、その原文である。

先ほど謝意を記した現代書館の菊地泰博さんのほかに、このゲラ校正に協力してくれた妻けい子にも、謝意を表する。　合掌

二〇〇〇年九月一六日

遠藤　誠

道元「禅」とは何か　第四巻／目次

——「正法眼蔵随聞記」入門——

カバー写真／遠藤　誠
カバー装幀／貝原　浩

第一節　自分のことしか考えないやつとはつき合わない

巻第四の九　示して云く。愚痴なる人は其の詮《せん》なきことを思ひ云ふなり。此《こ》こにつかはる老尼公ありけるが、当時いやしげにして在るをはづる顔にて、ともすれば人に向《むかつ》ては、昔しは上臈《じょうろう》にてありしよしを語る。たとひ而今《いま》の人にさもありと思はれたりとも、なんの用とも覚へぬ。甚だ無用なりとおぼゆるなり。皆人の思はくは此の心あるかと覚ゆるなり。道心の無きほども知られたり。是れらの心を改ためて少し人には似るべきなり。亦有る入道の究《きわめ》て無道心なるあり。去り難き知音《ちいん》にてある故に、道心おこらんこと仏神に祈誓せよと云はんと思ふ。定《さだめ》て彼れ腹立《はらだち》して中をたがふことあらん。然《しか》あれども道心を発《おこ》さざらんには得意《ねんごろ》にてもたがひに詮《せん》なかるべし。

昔のことを自慢するバカ

よくありますねえ。今は尾羽打ちからして貧乏になっているのに、「昔のおれは、こんなに偉かったのだ」といばったり、今は大した家柄でないのに、昔の自分の家柄を自慢したりする人が。

ここでは、そういう問題が取り上げられています。

「**愚癡《ぐち》なる人は其の詮《せん》なきことを思ひ云ふなり**」。愚も癡《ち》も、おろか、つまり、バカということです。物事の本質が分らず、大事でないものを大事と思い、大事であるものを大事でないと思っている人のことです。

ところで、「バカ」という言葉は、放送禁止用語にされているそうです。精神障害者の団体から糾弾《きゆうだん》されるのを恐れているからです。しかし、ここで言っているバカは、精神障害者のことではありません。俗界的な意味の精神は正常なんだけれども、くだらないことだけに興味と関心を示すおろか者という意味で、バカという言葉を使っていますので、誤解のないように。

そういうバカ者は、「**詮《せん》なきこと**」、すなわち、どうにもならないこと、ナンセンスなことを思ったり、言ったりするものです。そういうバカは、あなたのそばにもいませんかねえ。もしかすると、あなたかも。

ところで、道元禅師がこの随聞記にあるハナシをしていた京都府宇治市の興聖寺《こうしようじ》の従業員に、ある老尼がいました。寺男という言葉がありますが、寺女的仕事をしていた尼さんです。「**当時《いま》いやしげにして在るをはづる顔にて**」。下女である身分を恥と思って、「**昔しは上臈《じようろう》にてありしよしを語る**」。上臈《じようろう》とは、身分の高い貴婦人のことで、今で言えば、大臣や国会議員の奥さんとか、局長クラスの高級官僚の奥さんとか、三井・三菱・安田・住友という財閥出の女性ということでしょう。

「私は、今は興聖寺で下女をやっていますが、昔は、藤原家の一族でして」とか何とか、よくまわりの人にしゃべっていたのでしょう。それによって、まわりの人から「あなたは昔はえらかった人だね」と思われたかったのですな。「**たとひ而今《いま》の人にさもありと思はれたりとも**」。そのように、今の人々から「昔はそうだったんだ」と思われたとしても、しかし、そんなことは、一〇〇％ナンセンスなことなのです。何の役にも立たないことなのです。「**なんの用とも覚へぬ。甚だ無用なり**」。

ところが、このようなバカは、単にこの老尼だけではないのです。世間には、そういうバカが一ぱいいるのです。「**皆、人の思はくは此の心あるかと覚ゆるなり**」。人間の思っていることは、みんなこの老尼のようなバカなことなのです。

道心とは

なぜそういうバカが発生するか。それは道心がないからなのです。「**道心の無きほども知られたり**」。

道心とは、仏道を求める心、真理を求める心、大事なものを求める心のことです。今、一億二六七〇万人の日本人は、グルメと風俗産業とレジャーと野球見物とパチンコと競輪・競馬という「**詮なきこと**」にうつつを抜かし、人間として最も大事な心の豊かさと温かさと優しさをなくしています。

だから学歴がどうのこうのとか、家柄がどうのこうのとか、「昔、私のうちはこんなに偉かった」とかいう、「無用」のことに、かかずり合っているのです。

最近はリストラで、多くのサラリーマンが職を失っています。中には、いわゆる最高学府を出て、元・大会社の部長クラスだった失業者もいます。しかし、そういう人たちは、いくら職安に足を運んでも、再就職できないそうです。

いや、前より給料の安い、「いやしげ」なる仕事は、いくらでもあるのです。例えば三K産業とか。しかし、そういう人たちは「昔は上流階級にてありし」意識にしがみついているもんだから、再就職できないのです。

そこで話を随聞記の本文にもどしますが、「是れらの心を改ためて少し人には似るべきなり」。そういう、「自分はこれまでいい地位についていた」などという意識をかなぐり捨て、少しは道心ある人に似るようにしなければならないということです。

何度も言いますが、現代人は、かつての栄光などという、詮なきことを大事なことと思い、人間はすべて平等であり、したがって職業もすべて平等であるという真理を忘れているのです。それではダメなのであって、大事でないものを弊履《へいり》のように捨て、真に大事なものだけを追求するのが、道心なのです。

以上は尼さんの例でしたが、つぎに、男の出家、すなわち入道なのに道心のない男の実例が出てきます。

「亦有る入道の究《きわめ》て無道心なるあり。去り難き知音《ちいん》にてある故に、道心おこらんこと仏神に祈《き》誓《せい》せよと云はんと思ふ」。

出家して坊主になっておりながら、道心のない男。今、日本にいる僧侶約一一万人の大部分が、これであります。

道心のないその坊主は、たまたま、道元禅師の親しい友人でした。そこで、「君は、道心をおこすことを神仏に誓い、そして祈りなさい」と、これから忠告して上げるつもりだというのです。そしてその友人坊主は、どうも道元禅師とは、宗門内（おそらく臨済宗でしょう）においては同格の坊主らしく、ズバリそのように忠告したのでは「定《さだめ》て彼れ腹立《はらだち》して中をたがふことあらん」というのです。おそらくその友人坊主は、腹を立てて仲たがいになるかもしれないと。

「然《しか》あれども道心を発《おこ》さざらんには得意《ねんごろ》にてもたがひに詮《せん》なかるべし」。道心をおこさない人間と仲よくつき合っていたって、何の意味もない、ということです。

問題は、道心です。仏道を求める心です。

ところで仏道とは、つまるところ、「自分ノコトヲ勘定ニ入レズ」（宮沢賢治）、たえず自分以外の人たちのしあわせを念じ、かつそのように行動することに帰着します。

私が最もきらいな人間、それは、自分と自分の家族のことと、自分の会社と自分の属するセクトの利益のみを考え、そのためには、平気で自分以外の人々をふみつけにし、自分の会社や自分の属する政党の利益のために平気で他の会社や政党や人民をふみつけにする人間たちです。

そうではなしに、自分と自分のセクトのことを勘定に入れないで生きている人間であれば、私は、自民党だろうと新左翼だろうと、金持ちだろうとホームレスだろうと、警察官だろうと犯罪者だろうと、つき合います。

その結果、私が毎年又は一年おきに催している私の出版パーティには、新左翼も来るし新右翼も来るし、坊さんも来るし創価学会も来るし、いわゆる部落の人たちもオカマの人たちも、来るようになりました。

自分ノコトヲ勘定ニ入レズ

私は、人間と、肩書きやイデオロギーではつき合いません。我利我利亡者か、自分のことを勘定に入れないで生きているかだけが、選択の基準になっているのです。

つぎは、一九九九年一〇月一五日に、私の新刊書『怪物弁護士・遠藤誠の事件簿』（社会批評社）と『道元禅とは何か――正法眼蔵随聞記入門』第三巻（現代書館）の出版パーティにおいて、スピーチをしてくれた人たちの顔ぶれです（順不同）。

司会　小西誠さん（昭和四四年、航空自衛隊三等空曹として、日本人のデモ隊を皆殺しにする治安出動訓練命令を拒否して逮捕・起訴された人。新左翼）

佐藤道夫さん（元・札幌高検検事長。現・参議院議員）

紀野一義先生（私の師匠）
みなみ　あめん坊さん（部落解放同盟池田支部書記長・新左翼）
鈴木邦男さん（当時、一水会代表。新右翼）
平岡恵子さん（日本人民戦線議長。新左翼）
山中幸男《ゆきお》さん（救援連絡センター事務局長。新左翼）
後藤昌次郎さん（弁護士。新左翼）
平澤武彦さん（帝銀事件の亡・平澤貞通さんの養子）
倉田卓次さん（元・東京高裁民事部の裁判長）
鈴木薫《かおる》さん（元・最高検検事）
水野賢世《けんせい》さん（箱根の浄土宗阿弥陀寺住職）
東郷健《けん》さん（オカマ）
久松和夫さん（創価学会副会長）
衛藤豊久さん（前・日本青年社会長。右翼）
服部孝章さん（立教大学教授・マスコミ法）
石飛仁《じん》さん（花岡事件の犯人鹿島建設の責任を追及している新左翼）
木村三浩《みつひろ》さん（当時、一水会書記長。新右翼）
信太正道《しだまさみち》さん（特攻隊の生き残りで、現・反戦兵士の会代表）

森　久《ひさし》さん（日本共産党行動派の幹部。新左翼）
松永憲生《けんせい》さん（縄文人作家）
西垣内《にいがいと》堅佑《けんすけ》さん（縄文人弁護士）

これらの人々は、必ずしも私と政治的意見を同じくしているとは限らないが、いずれにしても、「自分ノコトヲ勘定ニ入レズ」に生きている人たちである点においては、共通しています。

逆に、自分のことばっかり考えている連中とは、たとえ左翼であっても、つき合わないことにしています。なぜならば、「**道心を発《おこ》さざらんには得意《ねんごろ》にてもたがひに詮なかるべし**」だからであります。

第二節　真理のために死ぬ

巻第四の一〇　示して云く、古《いにし》へに三《み》さび復《かえ》さふして後《のち》に云《い》へと。云ふ心は、凡《およ》そものを云《い》はんとする時も、事《こと》を行《ぎょう》ぜんとする時も、必ずみたび復《かえ》さふして後《のち》に言行《ごんぎょう》すべしとなり。先儒《せんじゅ》のおもはくは、三度び思ひかへりみるに三度びながら善ならば云ひ行なへと云ふなり。宋土の賢人《けんにん》等の心ろは、三度び復《かえ》さふずと云《い》うは、幾度《いくたび》も復《かえ》せと謂《い》う心なり。言《こと》ばよりさきに思ひ、行《おこない》よりさきに思ひ、思ふたびごとにかならず善ならば言行《ごんぎょう》すべきとなり。衲子《のっす》も亦《また》必ず然《し》かあるべし。我が思ふことも言ふこともあしきことあるべき故に、まづ仏道に合《かな》ふや否やとかへりみ、自他の為に益《やく》ありやいなやと能々《よくよく》思ひかへりみて後《のち》に、善なるべくんば行ひもし言ひもすべきなり。行者《ぎょうじゃ》若しかくのごとく心を守らば、一期仏意《いちごぶっち》に背《そむ》かざるべし。予《よ》、昔年《そのかみ》初《はじめ》て建仁寺に入りし時は、僧衆《そうしゅ》随分に三業《さんごう》を守て、仏道の為め利他のために悪《あし》きことをば、云はじせじと各各《おのおの》志ざせしなり。僧正《そうじょう》の徳の余残ありしほどはかくの如くなりき。今時《こんじ》は其の儀なし。今の学者しるべし。決定《けつじょう》して自他の為め仏道の為に詮《せん》あるべきことならば、身をわすれても言ひ、もしは行ひもすべきなり。其の詮《せん》なきことは言行《ごんぎょう》すべからず。宿老耆年《しゅくろうぎねん》の言行《ごんぎょう》する時は、末臘《まつろう》の人は言《こ》とばをまじゆべからず。是れ仏制なり。能々《よくよく》是れを思ふべし。身をわすれて道《どう》を思ふことは俗なお此の心ろあり。むかし趙《ちょう》の藺相《りんしょう》如《じょ》と云ひし者は、下賤《げせん》の人なりしかども、賢なるによりて趙王《ちょうおう》にめしつかはれて天下の事をおこなひき。趙王の使ひとして、趙璧《ちょうへき》と云《いう》玉を秦《しん》の国へつかはさしめたまふ。彼《か》の璧《たま》を十五城にかへんと秦王の云《いい》し故に、相如《しょうじょ》にもたせてつかはすに、余の臣下、議して云《いわ》く。是れほどの宝を相如ごときの賤人《せんにん》に持たせてつかはすこと、国に人なきに似たり。余臣のはぢなり。後代のそしりなるべし。みちにて此の相如を殺して璧《たま》を奪ひ取らんと議しけるを、ときの人ひそかに相如にかたりて、此のたびの使《つかい》を辞して命《いのち》を保つべしと云ひければ、相如云く、某《それ》がし敢て辞すべからず。相如、王の使として璧《たま》を持《もち》て秦にむかふに、佞臣《ねいしん》の為に殺されたると後代に聞へんは、我《わが》ためによろこびなり。我が身は死すとも賢の名は残るべしと云て、終《つい》にむかひぬ。余臣も此の言《こと》ばを聴《きき》て、我れら此の人をうちうることあるべからずとて、とどまりぬ。相如ついに秦王《しんのう》に見《まみ》へて璧《たま》を秦王にあたふるに、秦王十五城をあたふまじき気色《けしき》見へたり。時に相如、はかりごとを以て秦王にかたりて云《いわ》く、その璧にきずあり、我れ是れを示さんと云て、璧をこひ取て後に相如が云く、王の気色《けしき》を見るに十五城を惜《おし》める気色あり、然《しか》あらば我が頭《こう》べを以て此の璧《たま》を銅柱にあてうちわりてんと云て、嗔《いか》れる眼を以て王を見て銅柱のもとによる気色《けしき》、まことに王をも犯しつべかりし。時に秦王の云く、汝《なん》ぢ璧をわることなかれ、十五城を与ふべし、あひはからんほど汝ぢ璧を持《もっ》べしと云しかば、相如ひそかに人をして璧を本国へかへしぬ。後に亦《また》、澠池《めんち》と云ふ処にて趙王と秦王とあそびしに、趙王は琵琶の上手なり。秦王命じて弾ぜしむ。趙王、相如にも云ひ合せずして即ち琵琶を弾じき。時に相如、趙王の秦王の命《めい》に随《したが》へることを嗔《いかり》て、我、行《ゆき》て秦王に簫《しょう》を吹かしめんと云《いい》て、秦王につげて云《いわ》く、王は簫《しょう》の上手なり、趙王、聞《きか》んことをねがふ、王吹きたまふべしと云《いい》しかば、秦王、是れを辞す。相如が云く、王若し辞せば王をうつべしと云ふ。時に秦の将軍、剣を以て近づきよる。相如これをにらむに両目ほころびさけてげり。将軍恐て剣をぬかずして帰りしかば、秦王ついに簫《しょう》を吹くと云へり。亦後に相如、大臣となりて天下の事を行ひし時に、かたはらの大臣、我れにまかさぬ事をそねみて相如をうたんと擬《ぎ》する時に、相如は処々ににげかくれ、わざと参内《さんだい》の時も参会《さんね》せず、おぢおそれたる気色《けしき》なり。時に相如が家人《けにん》いはく、かの大臣をうたんこと易きことなり、なんが故にか、おぢかくれさせたまふと云ふ。相如が云く、我れ彼をおそるるにあらず。我が眼を以て秦の将軍をも退け、秦の璧《たま》をも奪ひき。彼《か》の大臣うつべきこと云ふにも足らず。然《しか》あれどもいくさを起しつはものを集むることは敵国を防ぐためなり。今ま左右の大臣として国を守るもの、若し二人なかをたがひていくさを起して一人死せば一方欠くべし。然あらば隣国喜びていくさを起すべし。かるがゆへに二人ともに全《まっと》ふして国を守らんと思ふ故に、彼れといくさを起さずと云ふ。かの大臣、此のことばを聞《きき》てはぢて還《かえり》て来《きた》り拝して、二人共に和して国をおさめしなり。

相如身をわすれて道《どう》を存ずることかくの如し。今ま仏道を存ずることも彼《か》の相如が心の如くなるべし。寧《む》しろ道《どう》ありては死すとも道無ふしていくることなかれと云云。

ここの前半では、何かものを言うときと何か行動をするときには、三べん考えてから言ったり行なったりせよということを述べ、後半では、その三べん考えるときの選択の基準を述べています。

言う前に三度考えよ

まず冒頭に、「三さび復《かえ》さふして後《のち》に云《い》へ」という古人の言葉が引用されています。この出典は、中国の宋時代の禅の古典『禅苑清規《ぜんえんしんぎ》』の亀鏡文《ききょうもん》でして、原文には「諸善友《しょぜんぬ》よ。斯《こ》の文《もん》を三《さん》復《ぷく》して、自利利他、同じく正覚《しょうがく》を成《じょう》ぜよ」とあります。「読者諸君よ。ここに書いてある文章を三べんくり返して読んだ上、みずからも悟り、他をも悟らせよ」ということです。これにヒントを得た道元禅師は「三たび復《かえ》さふして後《のち》に云《い》へ」と言ったわけです。「何か、言葉を口に出すときは、三べん考え直した上で、言いなさい」ということです。

かつて私は、よくテレビに引っぱり出されました。いろんなバラエティ番組で、若いジャリ・タレたちは、何も考えないで、思いつくままに、口から早口で速射砲のようにしゃべり散らしています。だから俗悪番組と言われたり、「ノン・テレ族は、インテリ族」（テレビを見ないと頭がよくなるという意味）と言われたりするのです。

そのようなジャリ・タレ族ではダメだと言うのです。「云ふ心は、凡《およ》そものを云はんとする時も、事を行《ぎょう》ぜんとする時も、必ずみたび復《かえ》さふして後に言行《ごんぎょう》すべしとなり」。何かを言おうとするときでも、何かを行動しようとする時でも、三べん考え直し、「これでまちがいない」と思ったら、はじめて口に出したり、行動に移したりなさいということです。

侮辱罪というのがあります。「事実を摘示しなくても、公然と人を侮辱した者は、拘留（三十日未満、刑務所に入れられること）又は科料（一万円未満の罰金）に処する」（刑法二三一条）という犯罪です。又、名誉毀損罪というのもあります。「公然と事実を摘示し、人の名誉を毀損した者は、その事実の有無にかかわらず、三年以下の懲役若しくは禁錮又は五十万円以下の罰金に処する」（刑法二三〇条一項）という犯罪です。

前者は、何かの拍子でカーッとなり、公衆の面前で、ある人に対し、「バカ！」とか「ブス！」とか言ってしまうことであり、後者は、同じくカーッとなり、公衆の面前で、「お前には前科がある」とか「お前には妾《めかけ》がいてかくし子がいる」とかいう、何らかの名誉毀損的事実を言ってしまった場合のことです。

いずれも「三たび復《かえ》さふして」考えた上のことであれば、出てくるはずのない言葉であります。

又、行動についても、そう。例えば、カーッとなって人を殺したり、傷つけたり、火をつけたり、物をこわしたりするというのも、すべて「三たび復さふして」考えた上のことであれば、まず普通はしていないはずです。

そこで次の問題は、それでは何を基準に、その判断をするかです。その基準は、「先儒《せんじゅ》のおもはくは、三度び思ひかへりみるに三度びながら善ならば云ひ行なへと云ふなり」ということです。ところで善とは何か、悪とは何か。一口に言えば、「自分のことだけを勘定に入れた言葉ない し行動」が悪であり、「自分のことを勘定に入れない言葉と行動」が善なのです。これを読んでいるあなたは、今日からこれを実行してごらんなさい。あなたは、死ぬまで警察に逮捕されることがないのみならず、絶対に、ひととトラブルを起こすことがなくなるでしょう。それだけではありません。みーんな、あなたのそばに寄って来、みーんな、あなたのことを助けてくれるようになります。これは、、私が毎日体験していることです。

もちろん「三度び」ということは、文字どおり三回ということではなく、よくよく慎重にということです。「宋士《そうど》の賢人等の心ろは、三度び復《かえ》さふずと云《いう》は、幾度《いくたび》も復《かえ》せと謂《い》ふ心なり」。

一旦、口から出た言葉を、また口の中に入れてしまうことはできません。また、行動にしても、ふつうは「後悔、先に立たず」です。しかし、そうであってはいけないのです。「言《こと》ばよりさきに思ひ、行《おこない》よりさきに思ひ、思ふたびごとにかならず善ならば言行《ごんぎょう》すべきとなり」。しゃべる前に考えるのです。行なう前に考えるのです。

私は、もともと短気な人間でした。カーッとなると、人の心臓をグサッと突きさすようなひどい言葉を出してしまい、又、とんでもないことをしでかして、あとで後悔するということが、チョクチョクありました。

しかし、昭和四二年仏道の世界に入り、以後、坐禅をつづけて行く中で、次第に、言葉より先に思い、行ないより先に思うようになりました。すなわち「後悔を、先に立たせる」ようになったわけです。

そして、その判断の基準は、さっきも言ったように、それが善か悪かということです。自分を勘定に入れているか、いないかということです。

仏道にしたがう

もっとも、右の古人の語は、普通の人に対する教えとして述べられたものですが、仏教者であれば、なおさら、そうでなければいけません。「**衲子《のっす》も亦《また》必ず然《し》かあるべし**」。「衲子《のっす》」とは、衲《のう》衣《え》、すなわち世間の人が捨ててかえりみない布を縫い合わせて作った衣を着て遍歴する禅僧のことです（この点、今の禅宗の坊さんの着る袈裟《けさ》は、キンキラキンになっていますね）。仏教者、とくに禅を行ずる者の場合は、なおさら、軽はずみにしゃべったり行動したりしてはならないのです。

「**我が思ふことも言ふことも、あしきことあるべき故に、まづ仏道に合《かな》ふや否やとかへりみ、自他の為に益《やく》ありやいなやと能々《よくよく》思ひかへりみて後に、善なるべくんば行《おこな》ひもし言《い》ひもすべきなり**」。

仏道を学ぶ者の中にも、よからぬことを考えたり、よからぬ行ないをしたりする人もいます。そして、仏教者の場合の判断基準は、もちろん仏道に合致しているか否かということです。こうすることが自分にとってトクになるか、損になるかということでもなければ、法律に違反しているか否かということでもなければ、人から悪く言われやしないかどうかでもなければ、警察から逮捕されるかどうかでもありません。「**自他の為に益《やく》ありやいなや**」ということでなければなりません。

もっとも、「**自他の為**」とありますが、自分のために他の人を踏みつけにすることが仏道にかなっているはずはなく、また、おのれの真の救いは、人のために行動しているその過程においてはじめて得られますので、結局の所は「**他の為**」ということになります。

すなわち、先ほど言った、自分のことを勘定に入れた言葉と行動であればやめ、自分のことを勘定に入れない言葉と行動であれば、ダンコとして言い、かつ行動すべきなのです。

そのようにあなたが生きて行ったならば、あなたの言動は釈尊の御意志に合致し、その結果、あなたは死ぬまでしあわせに生きられるのです。「**行者《ぎょうじゃ》、若しかくのごとく心を守らば、一期《いちご》、仏意《ぶっち》に背《そむ》かざるべし**」。

ここで、若き道元禅師が、宋（中国）に渡る以前に自分が修行していた時の京都の建仁寺と、宋から帰って来たあとの建仁寺の様子の変化について述べております。

「**予《よ》、昔年初《そのかみはじめ》て建仁寺に入りし時は、僧衆《そうしゅ》随分に三業《さんごう》を守《まもり》て、仏道の為め利他のために悪《あし》き**

ことをば、云《い》はじせじと各各《おのおの》志《こころ》ざせしなり。僧正の徳の余残ありしほどは、かくの如くなりき」。

道元禅師が建仁寺に入ったのは、建保《けんぽう》二年（一二一四年）、一四歳の時ですが、建仁寺の名僧・栄西禅師は、その翌年（一二一五年）に亡くなっていますから、わずか一年しか、栄西禅師の教えを受けていません。そして道元禅師が宋に渡ったのは、貞応《じょうおう》二年（一二二三年）、二三歳の時ですから、栄西禅師の死後も八年間は、建仁寺で修行していました。栄西禅師が亡くなった後の師匠は、栄西禅師の高弟の明全《みょうぜん》禅師です。

そして、栄西禅師が生きていた頃のわずか一年ないしその死後八年位は、建仁寺の修行僧たちは、それぞれに、「三業《さんごう》」すなわち身の働きと口の働きと意の働き、つまり行動と言葉と心の持ち方に注意し、仏道のため、すなわち他を救うためにマイナスになるようなことは、言うまい、するまい、思うまいと、みんな志を持っていたのです。偉大な栄西禅師の余徳がまだ残っていたからです。

ところが、道元禅師が宋から帰ってみると「今時《こんじ》は其の儀なし」になってしまっていたのです。道元禅師が宋から帰ったのは、安貞《あんてい》一年（一二二七年）、二七歳の時です。

やはり、お寺というものは、建物ではなくて、人なのです。私が前に足繁く通っていた福島県のG寺も、昭和五七年にそこのいい御住職が亡くなってから、行かなくなってしまいました。岐阜県大垣市にある真言宗・明星輪寺《みょうじょうりんじ》（赤坂の虚空蔵さん）も、先代住職の富田精義《せいぎ》和尚というしいいお坊さんが昭和五一年に亡くなって代がかわってからは、行っていません。お寺の立派な建物などは、どうでもいいのです。大事なのは、坊さんという人間なのです。

現代日本語の間違い

そして「今の学者しるべし」。仏典で「学者」というと、「学ぶべき者、これから学ぶべきことのある者」という意味で、仏道修行者ということです。これに対し、学ぶべきことをすべて学んでしまい、あとは学ぶべきことのなくなった人を「無学」又は「無学者」と言います。「学ぶべきなし」「学ぶべきことなき者」という意味です。

このように、その出典が仏典でありながら、本来の意味と今の日本語の意味が逆になっていることが、よくあります。有為と無為も、そうですね。いずれも出典は、お経なのですが、お経で有為《うい》というと、「為《な》すあり」ということで、人間のこざかしいはからいで、「あれもしたい、これもしたい」と意図してやること、すなわち煩悩の働きのことを言います。「有為《うい》の奥山、今日越えて」（いろは歌）の有為は、そういう悪い意味で使われています。

ところが、今、有為《ゆうい》というと、同じく「為《な》すあり」という文字ですが、これは「これから、何かすばらしいことをなすであろう」という意味で、いい意味で使われています。例えば「有為《ゆうい》の青年」とか。

又、お経で「無為」というと、「為すなし」で、人間のこざかしいはからいをすべて捨て、法《ほっ》身仏《しんぶつ》のおんもよおし、おんうながしのまにまに生かさせていただくことを言い、悟りの世界のことを言います。例えば「無為自然《じねん》」（大無量寿経）とか。

ところが、今、無為というと、「何もしないでブラブラしている怠け者」という意味で使われています。「無為徒食」とか。

お経に出て来る場合と今の日本語とで、同じ文字でありながら、全くちがう意味で使われているのは「仏《ほとけ》」という文字ですね。今、「ほとけ」というと、死人という意味で使われています。ところが、あらゆるお経を通じ、「仏」という文字は、前にのべた法身仏《ほっしんぶつ》と化身仏（生きていて悟りを開いた人）の意味でしか使われておりません。お経で死人のことを言う場合は「死人」としか出ておりません。

そこで、これから仏道を学ぼうとする人は、つぎのことを知らなければならない、と。**「決定《けつじょう》して自他の為め仏道の為に詮《せん》あるべきことならば、身をわすれても言ひもしは行ひもすべきなり。其の詮《せん》なきことは言行《ごんぎょう》すべからず」**。

我々が口から発する言葉と、毎日行なう行動は、自分と他人のため、とくに他人のためになるかどうか、言いかえれば仏道のためにプラスになることであれば、自分の身がどうなっても、ダンコとして発言し、ダンコとして行動すべきなのです。たとえ、日本全体、世界全体から非難されようとも。

逆に、他人のためにならず、仏道のためにならないことであれば、絶対に言葉に出したり行動したりしてはならないのです。たとえそれが上司の命令であろうが、あるいは法律の命ずることであろうが。

私の言行の基準も、これであります。したがって、世間の一部から、非難されることがあります。ヤレ「オウムの弁護を引き受けてけしからん」とか、ヤレ「山口組の弁護団長になってけしからん」とか。しかし、私は、私の選んだ道が仏道にかなってさえおれば、何を言われても「屁のカッパ」なのであります。

ただ、私の所属する仏教団体・真如会《え》における紀野一義先生や、今のお寺の中に僅かに残っている本ものの坊さんの言葉や行動は、すべてありがたく頂戴することにしています。なぜならば、「宿老耆年《しゆくろうぎねん》の言行《ごんぎよう》する時は、末臘《まつろう》の人は言とばをまじゆべからず。是れ仏制なり。能々《よくよく》是れを思ふべし」だからであります。「宿老耆年《しゆくろうぎねん》」とは、年とった先輩の坊さんのことです。

そのようにして、ひとたび正しいと思ったことを言ったり行動したりするときには、自分のことは、一切勘定に入れてはなりません。「こんなことを言ったら、ひとからどう思われるか」とか、「こんなことを行なったら、殺されるのではないか」とか、一切考えてはならないのです。

「身をわすれて道を思ふことは俗なを此の心ろあり」。正しいと思ったことを実行するのに、自分のいのちのことも忘れて行動した人は、仏教者ではない、俗人にもいるのです。

「むかし趙《ちよう》の藺相如《りんしようじよ》と云ひし者は、下賤《げせん》の人なりしかども、賢なるによりて趙王《ちようおう》にめしつかはれて天下の事をおこなひき」。

中国に、むかし（紀元前四〇三年～紀元前二二一年。お釈迦さま時代ないしその死後約一六〇年間位）、趙《ちょう》という国がありました。「邯鄲《かんたん》の夢」で有名な邯鄲を首都とした国です。

そこに藺相如《りんしょうじょ》という家来がいました。時の王様は恵文王《けいぶんおう》です。藺《りん》さんは、最初、恵文王の宦《かん》官《がん》・令繆賢《れいぴゅうけん》という役人のそのまた舎人《とねり》という身分の低い人でした。

藺相如《りんしょうじょ》と卞和《べんか》の玉《たま》

宦官《かんがん》というのは、ご存知でしょうが、昔、中国の後宮《こうきゅう》、すなわち皇帝や王のセックスの対象となる何十人、何百人の女性たちの世話役として仕えた役人で、きんたまを抜かれた男たちのことです。タマを抜かれればチンポは勃起しませんから、後宮の役人が、王の大事な女性たちに手をつけることはなくなるわけです。

その宦官のそのまた舎人《とねり》というのは、牛車の牛飼のことです。だから、大部、下の召使いであったわけです。

しかし、その相如《しょうじょ》は、なかなか才能があったので、後に趙王、すなわち恵文王に召し出され、大事な仕事をさせられることになりました。

その時、事件が起きます。「**趙王の使ひとして、趙璧《ちょうへき》と云玉《いうたま》を秦《しん》の国へつかはさしめたまふ**」。

時は戦国時代、群雄割拠。特に、この趙国の隣国が、かの秦《しん》の始皇帝で有名な秦国《しんこく》です。秦《しん》はローマ字だと chin になり、これに a がつくと、china になります。つまり、今の中国の英語名の語源が、この秦《しん》であり、また china をローマ字読みすると「シナ」となります。したがって、今も英語で中国のことをchinaと言う以上、我々日本人がそれをローマ字読みにしてシナと呼んでさし支えないという、石原慎太郎説が出てくるわけですが、しかし、中国が、かつて中華民国と言い、今は中華人民共和国とみずからを呼んでいるのに、これを今なお「支那」と呼ぶ日本人は、腹の中で中国を軽蔑して呼んでいる人たちであり、又、当の中国も「日本人からシナと呼んでもらいたくない」と言っているのですから、今、シナと呼ぶのは、避けるべきでしょう。

ところで、当時、秦国は大国で、趙国は小国でした。ですから、いつ併合されるか分からない危ない状況にあったわけです。

そういう時に、相如《しょうじょ》が、趙王の使いとして「趙璧《ちょうへき》」、すなわち「趙の宝石」という玉を、秦国に持って行くことになったのです。どうしてそうなったかというと「**彼の璧《たま》を十五城にかへんと秦王《しんのう》の云《いい》し故に、相如《しょうじょ》にもたせてつかはすに**」。

その玉と、秦国内の一五個の城と交換しようと秦国の王が言ったわけです。時の秦王は昭王です。

ところがここで、騒ぎが起きてしまいました。「**余の臣下《しんげ》議して云く、是れほどの宝を相如ごときの賤人《せんにん》に持たせてつかはすこと、国に人なきに似たり。余臣のはぢなり。後代のそしりなるべし**」。

趙の恵文王の取りまきには、先祖代々の旗本とか大臣とかいう家柄の者たちが、一ぱいいたわけです。そこで「これほどの尊い宝を、相如のような、つい先ほどまで、金たまなしの宦官のそのまた牛飼いをやっていたような下賤な者に持たせてやったのでは、いかにもわが趙国に人物がいないように思われてしまう。それは我々の恥じであり、後代までの恥じである」と。

そして、とんでもないことを考えたのです。かくなる上は「**みちにて此の相如を殺して璧《たま》を奪ひ取らんと議しけるを、ときの人ひそかに相如にかたりて、此のたびの使《つかい》を辞して命を保つべしと云ひければ**」。

途中で待ち伏せをして、この相如を殺し、この玉を奪取して、我々のような家柄のいい者が秦国まで持って行こうと共同謀議をしたのです。

ちなみにこの宝玉は、卞和《べんか》の璧《たま》と云って、春秋時代（紀元前七七〇年〜紀元前四〇三年）に、楚《そ》の卞和《べんか》という人が、荊山《けいざん》という山の中でこの宝玉を含んだ石を発見し、これをみがく前の石のまま楚の厲王《れいおう》に献上しました。ところが、みがいてなかったもんで、「これは宝玉ではない」と言われて却下されたのみならず、罰として卞和《べんか》は左足を切断されてしまいました。やがて国王が武王にかわったので、卞和は再び「これは宝石です」と言って献上したところ、またまた「何だ、こんな石ころ」といわれたのみならず、今度は右足を切断されてしまいました。

しかし卞和は、あきらめません（この辺が中国人の凄いところです）。さらに文王の時代になって、三たびこれを献上しました。賢い文王はこれを磨かせたところ、燦然《さんぜん》と光り輝く宝玉となったので、文王は先帝二人の罪を詫び、卞和に多大の褒美を賜ったとのことです（『韓非子《かんぴし》』の和《か》氏篇《しへん》）。よってこれを「卞和《べんか》の璧《たま》」と言います。

のち、戦国時代に、この玉が楚から趙の恵王《けいおう》の手に入り、趙の相如《しょうじょ》がこれを持って大国・秦《しん》に使いすることになったわけです。

しかし、下賤の相如が国使として行くのはけしからんと言うことで、他の重臣は、相如の暗殺を企んだわけです。

そこで、相如の身を案ずる人が、相如にその暗殺計画を知らせました。「このたびは、使いを辞任して、殺されないようにしなさい」と。

暗殺覚悟

しかし、「相如云く、某《それ》がし敢《あえ》て辞すべからず。相如、王の使として璧《たま》を持《もち》て秦《しん》にむかふに、佞臣《ねいしん》の為に殺されたると後代に聞へんは、我《わが》ためによろこびなり。我が身は死すとも賢の名は残るべしと云て、終《つい》にむかひぬ」。

「佞臣《ねいしん》」とは、表面は従順に見せかけているが、内心は、ねじまがってよこしまな家来、口先がうまくて心が正しくない家来のことです。「そのような悪臣の言うことを聞かなかったために殺されたとあっては、私のために名誉なことである。殺されても、相如は正しいことをやったと後代の人に評価されるだろう」と言って、出発を断行したわけです。

私も思います。今のように、世の中が乱れ、バカや気ちがいがふえる世の中になると、正しいことをやるためには、生命の危険を感ずることもあります。

一九九五年五月、私は、オウム真理教の顧問弁護士（当時）、青山吉伸君の弁護人を引き受けました。ところが、その一寸前に、オウムの幹部、村井秀夫君がバカから殺されたもんですから、所轄の愛宕警察署から、こう言ってきました。

「遠藤先生は、村井のように殺される危険性があるので、当愛宕署で護衛をつけます。よろしいですか」と。

私は丁寧にこう言いました。

「お気持はありがたいですが、人間は、おそかれ早かれ、必ず死にますので、お気持だけ頂いて、護衛はおことわりします」と。

相如さんの気持も、それと同じだったわけです。そうしたら、相如暗殺を企んだ家来たちも偉い。

「余臣も、此の言《こと》ばを聴《きき》て、我れら、此の人をうちうることあるべからずとて、とどまりぬ」。

相如《しょうじょ》の偉大さに気がついたもんですから、殺すのをやめたわけです。「余臣」も、えらいですね。「なるほど」となると、パッとやめる。この点、今の日本人は、自分で自分を制御できないから、「分っちゃいるけど、やめられぬ」となる。

ところでこれからハプニングがおきます。

「相如ついに秦王《しんのう》に見《まみ》へて璧《たま》を秦王にあたふるに、秦王十五城をあたふまじき気色《けしき》見へたり」。

苦労して相如が秦国にたどりつき、約束どおり「十五城を下さい」と言って名玉・卞和《べんか》の玉を秦国の王にわたしたのに、秦王は、十五城をくれるのが惜しくなったもんで、玉をタダでもらおうと考えたのです。それが秦王の顔に出た。

だまされてたまるかと思った相如は、「はかりごとを以て秦王にかたりて云く。その璧《たま》にきずあり。我れ、是れを示さんと云て、璧《たま》をこひ取《とり》て後に相如が云《いわ》く」。一計を案じて相如は秦王にウソを言った。「実はその玉には、きずが入っています。ウソだと思ったら、そのきずをお見せしましょう」と言ったもんで、秦王はそれを真《ま》に受け、せっかくもらった玉を又相如に返してしまった。

そこで相如は言った。「王の気色《けしき》を見るに十五城を惜《おし》める気色あり。然《しか》あらば我が頭《こう》べを以て此の璧《たま》を銅柱《どうちゅう》にあててうちわりてん」と。「あなたの顔をみると、十五城を惜しんで玉だけをもらっちゃおうということが、顔に書いてあります。だとすれば、私のこの石頭で、この玉を、ここにある銅の柱に打ちつけて割ってしまいます」と言って、「嗔《いか》れる眼を以て王を見て銅柱のもとによる気色、まことに王をも犯しつべかりし」。ハッタと秦王をにらみつけ、玉を額《ひたい》にあてて、タッタッタッタッと銅柱のそばにかけよった。さすがの秦王も、「こいつ、本気でやる気だな」と思った。

「時に秦王の云く。汝《なん》ぢ璧《たま》をわることなかれ。十五城を与ふべし。あひはからはんほど汝《なん》ぢ璧《たま》を持《もつ》べしと云しかば、相如、ひそかに人をして璧《たま》を本国へかへしぬ」。絶対権力者の秦王も、死を覚悟した相如の捨て身の戦法に参ってしまった。「分った。分った。お前は玉を割ってはいけない。十五城を与えることにする。これからそれを用意するから、それまでの間、お前が玉を持っておれ」と。しかし相如は、「今日はダメだな」と思ったもんで、家来の者に玉を持たせて、自分の国の趙国《ちょうこく》に玉をかえしてしまった。

こういう話でありますが、この玉は、十五の城と交換されようとしたということで、後「連城の璧《たま》」と呼ばれるようになります（『史記』八一巻による）。

澠池《めんち》の会《かい》

ところで相如と秦王の対決は、これで終わりません。「**後に亦、澠池《めんち》と言ふ処にて趙王と秦王とあそびしに、趙王は琵琶の上手《じょうしゅ》なり。秦王、命じて弾ぜしむ**」。今度は、秦王から趙王が招かれ、秦国の澠池《めんち》というところで、宴を催すことになりました。これを「澠池《めんち》の会《かい》」と言い、この話も『史記』の八一巻に出ています。

この澠池《めんち》の会に先立ち、相如は、前記の卞和《べんか》の璧《たま》事件で、小国・趙国の対面を保った功績により、相如は、陪臣から一躍抜擢《ばってき》されて上大夫《じょうだゆう》になります。しかし、秦国の勢いは強く、その後、趙国は秦国から攻められて石城《せきじょう》を奪われ、二万人の兵を失ってしまいます。その敗色濃い時に、秦から「澠池《めんち》で会いたい」と誘いを受けたのです。

そこで相如は趙王の護衛として澠池に赴くのですが、趙王もろとも謀殺されることを覚悟し、「もし三〇日たっても帰れなかったら、殺されたと思い、王の皇太子を即位させて趙国の存続をはかってくれ」と、留守部隊の廉頗《れんぱ》将軍に言い残し、悲愴な決意で出発したのです。

そこで、その澠池における宴席となった。そうしたら、大国秦の昭王が、小国趙の恵文王《けいぶんおう》に、「陛下《へいか》は琴の名人だから、ぜひ一曲弾いて下さい」と命じた。恵文王は、そばにいる相如《しょうじょ》に相談もせず、「アイアイ、サー」と琴を弾いてしまいました。

そこでトサカに来たのは、上大夫《じょうだゆう》の相如です。秦の昭王が大国の権勢をかさに着て、小国の恵文王に命じ、たいこもちのように琴を弾かせたことに、怒ったのです。

そこで相如は、「**我《われ》、行《ゆき》て秦王《しんのう》に簫《しょう》を吹かしめんと云て、秦王につげて云く。王は簫《しょう》の上手《じょうしゅ》なり。趙王、聞《きか》んことをねがふ。王、吹《ふき》たまふべしと云《いい》しかば、秦王、是れを辞す**」。

大国秦の昭王に対し、「陛下は、簫《しょう》の名人と聞いています。そこで、うちの王様が、ぜひ陛下《へいか》の簫《しょう》を聞きたいと言っています。そこで、先ほど、うちの王様が琴を弾いたように、陛下も、うちの王様の前で、簫を吹いてくれませんか」と言ったわけです。「今度は、お前が、うちの王様のために、たいこもちをしろ」という意味です。

当然のことながら、大国秦の昭王は、「小国趙の王の前で、簫など吹けるか」と思ったもんで、「いやだ」と、ことわってしまった。

そこで切れたのが相如です。「**王、若し辞せば、王をうつべし**」と。「あなたがどうしても吹かないというのなら、わたしは、あなたを殺します」と。明治二四年、滋賀県大津市に来たロシアの皇太子ニコライ（後のロシア皇帝ニコライ二世）を、巡査・津田三蔵が殺そうとしてサーベルを抜いて襲いかかろうとした時みたいになってしまった。

「時に秦の将軍、剣を以て近づきよる」。これに対し相如は**「これをにらむに両目ほころびさけてげり」**。秦王の護衛役たちが相如に対し「寄らば斬るぞ」ということでガードを固めたのに対し、決死の覚悟で秦王に迫って行った相如の眼は、カーッと相手をにらんで開いたため、眼の端が裂け、血が吹き出てきてしまったのです。

そのため、秦王を護ろうとした秦の将軍は、余りの勢いに恐れをなし、剣を抜かないで秦王のそばをはなれてしまいました。

そこで秦王も、ついに簫《しょう》を吹くことを承諾してしまったのです。

さらに又、**「後に相如、大臣となりて天下の事を行ひし時に、かたはらの大臣、我れにまかさぬ事をそねみて相如をうたんと擬《ぎ》する時に、相如は処々ににげかくれ、わざと参内《さんだい》の時も参会《さんね》せず、おぢおそれたる気色《けしき》なり」**。

こうした男ですから、その後、相如は、ついに趙国の右大臣となって、政治をつかさどることになりました。そのとき、もう一人の大臣・左大臣は、相如が自分に政治をまかせてくれないのを妬《ねた》んで、相如を暗殺してしまおうと考えたのです。

ところが、それを伝え聞いた相如は、何とあちこちに逃げかくれし、官吏に参内《さんだい》する日も参内せず、ビクビクしているような様子を示したのです。

そこで相如の部下が不思議に思って相如に尋ねました。

「あの大臣を殺すことは、たやすいことです。それなのに、どうしてこわがって逃げかくれするのですか」と。

何が大事か

それに対して相如は、こう答えました。

「わしはあの大臣が、こわいのではない。わしはかつて、卞和《べんか》の璧《たま》も秦王から奪いかえしたことがあり、またハッタとにらみつけた眼で大国秦の将軍をも退散させたことがある。だから、あの大臣を殺すのは、簡単だ。しかし、あの大臣にも多くの家来がいる。そのためには、当方も軍勢を集めて、あの大臣軍と戦争をしなければならない。

ところで、わしとあの男には、左右の大臣として、この趙国を守る任務がある。その二人が反目して内ゲバとなり、あの男が死ぬと、左右の大臣の一人が欠けてしまう。

そうなれば、隣りの秦国をはじめ、この国をねらっている諸国は、喜んで趙国に対する侵略戦争をはじめるだろう。

だからわしは、あの大臣と二人力を合わせてこの趙国を守ろうと思っているので、彼と内戦を起こさないのだ」と。

それを聞いたかの大臣は、「**此のことばを聞てはぢて還《かえり》て来《きた》り拝して、二人共に和して国をおさめしなり**」。「ああ、おれが悪かった」と恥しくなり、相如の許にとんで来て相如を拝み、以後、二人、力を合わせて趙国の政治に当たったたということです。

私は思うんですが、今、日本の政界に野党というのがありますね。民主党と社民党と共産党と自由党。ところが、何か起きると足を引っぱり合いっこをし、何べん選挙をやっても多数をとれない。のみならず、革命を目ざしているらしい革マル派と中核派と革労協内の主流派と反主流派は、お互いに殺し合いまでやるもんですから、多くの国民から相手にされなくなっている。

それによってとくしているのは、自民党と保守党と公明党であり、森喜朗《よしろう》であるわけです。もし、野党が、本当に民衆のため、世直しをしたいのであれば、「いま、野党として民衆を守るものが、若しお互いに仲をたがえて内輪もめをし、一方が倒れれば、それだけ反権力政党の力が弱まってしまう。そうなれば、自民党は喜んで、いつまでも腐敗政治をつづけるであろう。よって、全野党が、力を合わせて権力を打倒するために、反自民の統一戦線を結成しなければならない」と、相如のように考えるべきなのです。

この相如は、紀元前二五〇年頃の人ですが、それから二二五〇年もたった今、人間の頭というものは、進歩してるどころか、逆に退化しています。この時の相如の爪の垢でも今の革新政党にのませてやりたいです。

さらに見事なのは、もう一人の大臣（これが実は縄池の会の時の留守部隊の将軍廉頗《れんぱ》でした）ですね。相如の「**此のことばを聞《きい》て**」。相如が自分の家来に言った言葉が、まわりまわって廉頗《れんぱ》の耳に入ったわけです。

これが又おもしろい。人間というものは妙なもので、面と向かって直接相手から言われると、素直に耳に入りません。ところが、その話がまわりまわってこっちの耳に入ると、そのまま素直に耳に入るのです。逆に、相如から廉頗が直接「二人で力を合わせてこの趙国を守りましょう」と言われても、額面どおり、聞こうとしなかったかもしれません。

というのは、左大臣の廉頗《れんぱ》には、こういう思いがあったからです。「攻城野戦の功績のある自分をさしおき、相如の野郎は、口舌の力で、自分の上に位する右大臣になりやがった」と。だから、面と向かって言われたって、そのまま聞くことはできない。

ところが、まわりまわって耳に入ったもんで「なるほど」と思ったのです。

これを読んでいるあなたも、ある人を賞めたいと思ったら、その人に直接言っちゃだめなんです。おべんちゃらにとられます。そうではなしに、ほかの人に言うのです。

「○○さんは、こういう点、えらいな」と。

その話が、まわりまわって、その当人の耳に入ると、その当人は感動するのです。

その結果、あれほど、相如をにくんでいた廉頗の考えが一八〇度転回しちゃったわけです。「此のことばを聞てはぢて還《かえり》て来《きた》り拝して」。「ああ、恥しいことを考えてしまったもんだ」と、直ちに相如の処にかけつけ、地べたに頭をくっつけてあやまり、以後「二人、共に和して国をおさめしなり」。

ここが又いい。昔の人は、誠にさっぱりしていた。グジャグジャしない。殺そうと思うほどに憎かった相手に対して、一八〇度の転換をする。

「刎頸《ふんけい》の交わり」という言葉がありますが、実は、この言葉は、相如と廉頗の、これ以後の密接な関係を表現するものとして言われた言葉なのです。「頸《くび》を刎《は》ねられてもくずれない一心同体の関係」のことです。廉頗は思ったのです。「自分の首を斬りおとされても、この相如のために死ぬんだったら、悔《く》いはない」と。

このように、暗殺未遂、転じて刎頸の交わりになっちゃったこの話に、私は、感動します。グジャグジャしない、分ったら一八〇度転換するこのさっぱりした生き方に、です。

ところで、この日本にも、こういうさっぱりした生き方をした男たちが、結構いたのです。つぎは、『平家物語』第九巻の「二、宇治川の事」（角川文庫『平家物語』下巻五五頁）です。

梶原景季と佐々木高綱

その頃、鎌倉殿には、生食《いけずき》・磨墨《するすみ》とて、聞ゆる名馬ありけり。生食《いけずき》をば、梶原源太景季《かげすえ》、しきりに所望申しけれども、『これは自然《じねん》の事あらん時、頼朝が、物の具して乗るべき馬なり。これも劣らぬ名馬ぞ』とて、梶原には、磨墨《するすみ》をこそ給はってけれ。その後、近江国の住人、佐々木四郎の、御暇《おいとま》申しに参られたるに、鎌倉殿、いかが思し召されけん、『所望の者は幾らもありつれども、その旨存知せよ』とて、生食《いけずき》をば佐々木にたぶ。佐々木、畏《かしこま》って申しけるは、『今度《このたび》この御馬《おうま》にて、宇治川の真先《まっさき》渡し候ふべし。もし死にたりと聞《きこ》し召され候はば、人に先をやられてけり、と思《おぼ》し召され候《そうろ》ふべし。未だ生きたりと聞《きこ》し召し候《そうら》はば、定めて先陣をば、高綱ぞ、しつらんものをと、思し召され候へ』とて、御前《おんまえ》をまかり立つ。参会《さんね》したる大名、小名《しょうみょう》、『あっぱれ、荒涼《こうりょう》の申しやうかな』とぞ、人々ささやき合はれける。

おのおの鎌倉を立って、足柄を経《へ》て行くもあり、箱根にかかる勢《せい》もあり。思ひ思ひに上《のぼ》るほどに、駿河国《するがのくに》浮島が原にて、梶原源太景季、高き所にうち上《のぼ》り、しばらく控へて、多くの馬どもを見けるに、思ひ思ひの鞍《くら》置かせ、色々の鞦《しりがい》かけ、或いは乗口《のりくち》に引かせ、或いは諸口《もろくち》に引かせ、幾千万と云ふ数を知らず、引き通し引き通ししける中にも、景季が給はったる磨墨《するすみ》に勝《まさ》る馬こそなかりけれと、嬉しう思ひて見る処に、ここに生食《いけずき》とおぼしき馬こそ一騎出で来たれ。金覆輪《きんぷくりん》の鞍《くら》置かせ、小総《こぶさ》の鞦《しりがい》かけ、白轡《しろくつわ》はげ、白沫《しらあわ》かませて、舎人《とねり》あまた附いたりけれども、なほ引きもためず、躍らせてこそ出で来たれ。梶原、うち寄って『これは誰《た》が御馬《おんうま》ぞ』。『佐々木殿の御《おん》馬候《うまそうろう》』と申す。『佐々木は、三郎殿か、四郎殿か』。『四郎殿の御馬候』とて引き通す。

梶原、『安からぬ事なり。同じやうに召し使はるる景季を、佐々木に思し召しかへられけるこそ、遺恨《いこん》の次第なれ。今度《このたび》、都へ上《のぼ》り、木曽殿の御内《みうち》に四天王と聞ゆる、今井・樋口・楯・根井《ねのい》と組んで死ぬるか、しからずば、西国《さいごく》へ向って、一人当千と聞ゆる平家の侍《さむらい》どもと軍《いくさ》して死なんとこそ思ひしに、此の御気色《ごきしょく》では、それも詮《せん》なし。詮《せん》ずる所、ここにて佐々木を待ち受け、引組み、刺し違へ、よき侍二人死にて、鎌倉殿に損とらせ奉らん』と、つぶやいてこそ待ちかけたれ。佐々木、何心もなう歩ませて出で来たり。梶原、推し並べてや組む、向う様《ざま》に当ててや落すべきと思ひけるが、先づ詞《ことば》をぞかける。『いかに、佐々木殿は、生食《いけずき》、給《たま》はらせ給《たま》ひて上《のぼ》らせ給《たま》ふな』と言ひければ、佐々木、あっぱれ、この仁《じん》も、内々所望申しつると聞きしものをと思ひ、『さ候《そうら》へば、今度《このたび》この御大事《おんだいじ》にまかり上《のぼ》り候ふが、定《さだ》めて、宇治・勢田《せた》の橋をや引きたるらん。乗って河を渡すべき馬はなし。生食《いけずき》を申さばやと存《ぞん》じつれども、御辺《おへん》の申させ給ふだに、御許されなきと承って、まして高綱などが申すとも、よも給《たま》はらじと思ひ、後日にいかなる御勘当《ごかんどう》もあらばあれと存《ぞん》じつつ、暁立たんとての夜、舎人《とねり》に心を合せて、さしも御秘蔵の生食《いけずき》を盗みすまして、上《のぼ》りさうはいかに、梶原殿』と云ひければ、、梶原、この詞《ことば》に腹が居て、『わったい、さらば景季も盗むべかりけるものを』とて、どっと笑うてぞ、退《の》きにける。

分かりやすく言うと、こうです。

一一八三年（寿永二年）、木曽義仲が京都を占領し、平家は安徳天皇をつれて神戸に布陣し、一方、源頼朝が鎌倉で挙兵します。

そして、後白河法皇は、鎌倉の頼朝に対し「木曽義仲の追討令」を送ります。そこで頼朝は、京都にいる義仲と戦うために、部下の者に出陣を命じます。

そのとき、東国から京都に攻めのぼる大軍勢のうち、正規軍の将軍として、頼朝の腹ちがいの弟・蒲《かば》の御曹司《おんぞうし》・源範頼《のりより》を命じ、別動隊の将軍として、同じく腹ちがいの弟、九郎御曹司・源義経を命じ、それらに従う東国の主な大名三十余名、その軍勢合わせて六万余騎という大部隊でありました。

その頃、頼朝は、生食《いけずき》と磨墨《するすみ》という、二頭の名馬を持っていました。生食は、太く逞しい馬で、馬でも人でも、そばへ寄る生き物に食いつくので「生食《いけずき》」と言い、磨墨も、きわめて太く逞しく、すずりで磨《す》った墨《すみ》のように黒光りする馬なので、「磨墨」と呼ばれていた、いずれ劣らぬ名馬でした。

そこでまず、頼朝の家臣、梶原景季が、その中の生食がほしくてたまらず、前々から主君頼朝に対し、「私に生食を下さい」と頼んでいたのですが、頼朝は、「これは自然《じねん》の事あらん時、頼朝が、物の具して乗るべき馬なり」と言って、ことわっていたのです。

死ぬのが自然

「自然《じねん》の事」という言葉は、仏教から出た言葉で、死ぬことを言います。「人間には寿命がある。だから死ぬのが自然《しぜん》なので、百歳も二百歳も生きているのは不自然なことなのだ」という考えから出ているわけです。この点、「とにかく長生きするのが人生の目的である。そのためには、絶対に回復することのない重病になっても、ただ生物として生かしておけばいいのだ」という現在の老人医学・延命治療は、仏道に反した考えということになります。

ただ、この場合は、合戦のことをいっていますから、「死ぬかもしれない危急存亡の時」という意味です。「そういうときに、生食は、この頼朝が武器を持って乗ろうと思っているうまであるから、お前にはやれない」ということです。

そのかわり「これも生食に劣らぬ名馬だぞ」といって、梶原景季に、磨墨を与えたのです。

ところがその後、近江国《おおみのくに》（今の滋賀県）の蒲生郡《がもうぐん》佐々木庄の宇多源氏・佐々木四郎高綱が、これから京都に攻めのぼろうとして、頼朝に出発の挨拶に来たときに、主君頼朝は、何を思ったのか、「この生食は、ほかにも、欲しいと言っている者が何人もいるけれども、お前に上げよう。そのかわり、欲しいと言っている者がいくらもいることを忘れてはいけないよ」といって、梶原にくれなかった生食を、佐々木にくれてしまったのです。

感激した佐々木は言いました。

「このたびの戦いでは、この馬に乗って、京都の南の宇治川の一番乗りをいたします。来たる宇治川の戦いで、もし、佐々木が戦死したとお聞きになったら、一番乗りはほかの者がやったと思って下さい。逆に、佐々木がまだ生きているとお聞きになったら、一番乗りは、この佐々木がやったと思って下さい」と。

そして意気揚々、名馬生食を引いて出発しました。それを聞いていたまわりの大名や小名たちは「すさまじいことを言うやつだ」と、ささやき合いました。

そこで源氏軍出発です。それぞれ鎌倉を立って、足柄山のコースを通って東へ行くものもあり、箱根山のコースを通って東へ行くものもあり、思い思いのコースで東へ向かう中に、駿河国（今の静岡県）駿東《すんとう》郡の海岸にある浮島が原という砂丘で、梶原景季が小休止をします。そして、砂丘の上から、下の道を通る多くの馬たちを眺めるのです。

そうすると、色とりどりの鞍《くら》を置いたり、いろいろのしりがい（馬の尻の両側につける馬具）をかけたり、あるいは馬を綱で引っ張ったり、くつわを引っ張ったり、色んな馬が次々に通っていくのですが、自分が拝領した磨墨以上の名馬は一頭も見当あたりません。そこで梶原は嬉しくなって更に眺めていると、何と生食みたいな馬が一騎現れたのです。金覆輪《きんぷくりん》という立派な鞍を置き、美しい房のついた「しりがい」をつけ、白い「くつわ」をはめて口は威勢良く白い泡を噛み、馬丁がいっぱいついているのに、言うことを聞かないで、躍り上がっている勇ましい馬が現れました。

びっくりした梶原は、タッタッタッと砂丘をかけおり、

「これは、どなたの馬か」

「佐々木殿の御馬です」

「佐々木三郎殿か、四郎殿か」

佐々木家には、三郎と四郎の兄弟がいたので、こう聞いた。

「四郎殿の御馬です」

と言って通りすぎてしまいました。

そこで梶原は激怒しました。だってそうでしょう。「同じように頼朝公につかえている二人なのに、殿は、あの佐々木四郎をひいきにして、わしが望んだ生食をことわったあとに、あの佐々

木にくれてしまった。これは遺恨である」と。

　さらにこうも考えてしまった。

「今度の戦いで京都にのぼり、木曽義仲軍の四天王と言われている今井兼平《かねひら》・樋口兼光《かねみつ》・楯親忠《ちかただ》・根井《ねのい》小弥太と組み打ちをして死ぬか、そうでなければ、一騎当千と言われている平家の武士たちと戦って討死しようと思っていたのだけれど、西国へ向かって、わが君がそういう気持ちでは、もうやめた。むしろ、ここで佐々木四郎高綱がやって来るのを待ち受け、そいつを刺しちがえることにしよう。そうすれば、優秀な武士が二人とも死に、いい気味だ」

と、つぶやいているところに、佐々木高綱が、別の馬にのって現れました。

　梶原も馬にのっていたので、馬を乗り並べながら斬ってしまおうか、それとも、こっちから馬を激突させて佐々木を馬から叩きおとし、それから斬り殺そうかと考えながら、近づき、佐々木に声をかけました。

「いかに佐々木殿は、生食を殿から賜わって京にのぼられるのだな」と。

　梶原の異様な眼つきに佐々木は、「あ、この男も前々からこの生食をほしがっていたっけなと思い出して言いました。

「おう、梶原殿。実は、このたびの合戦に出発するに際し、こう思ったのです。木曽軍は、必ず京都の南の宇治川の橋か、琵琶湖の南の瀬田川の橋を破壊して、我々を通れなくするだろう。しかし、私には、川を渡れるようないい馬がない。そこで殿が大事にしている生食を頂戴しようかと思ったのだが、貴殿がほしいと言ってもくれなかった殿だから、まして私などお願いしたって、くれるはずはない。そこで、後日、いかなるおとがめでも受けようと思い、出発する前の晩、殿の馬番人に鼻ぐすりをかがせて、かっぱらって来たのでござる」と。

宇治川の先陣争い

それを聞いた梶原は、トタンに怒りがとけ、「うむ、してやられたか。そういうことであれば、わしも、かっぱらって来るんだったな」と言い、

「ワッハッハッハ」

と笑って、一件落着となってしまった、ということであります。

そしてこの二人は、まもなく宇治川の合戦で先陣争いをし、結局、名馬生食にのった佐々木が一番のり、磨墨にのった梶原が二番のりということになります。

もっとも、佐々木はここで梶原にウソをついています。そこでリクツだけで考える現代人の頭からすると、「佐々木のウソにだまされた梶原のほうがバカだ」ということになるのかもしれませんが、しかし、私は、そう思いません。私は、梶原のように、それまでの私怨をサラリと水に流し、共通の外敵と力を合わせて闘う方向に一八〇度転換した梶原の選択に、男らしさを感じます。

その点、現代の人は、「あの野郎にくい」となると、いくら説明をきいても、いつまでもグジャ

グジャ憎みつづけ、あげくの果ては、自分でつくった憎しみという感情に自分自身が押しつぶされていつまでも苦労していることが多いようです。

しかし、中世の日本人は、そうではなかった。サッパリしていました。

又、紀元前二五〇年頃の中国の趙国の廉頗《れんぱ》も、サッパリしていたのです。

まとめ

以上が、この節における故事の話で、最後に、道元禅師によるまとめが出て来ます。

「相如《しょうじょ》、身をわすれて道《どう》を存ずること、かくの如し。今《い》ま仏道を存ずることも彼《か》の相如が心の如くなるべし。寧《む》しろ道《みち》ありては死すとも道無ふしていくることなかれと云々」。

相如という人は、自分のからだのことも命のことも忘れ、道《みち》、すなわち趙国全体の利益のためにいかに行動するかだけを考えて行動したわけです。同じように、仏道を学び、実行する上においても、自分のからだのことも命のことも忘れて、行動しなければならないのです。

そして、最後の一節は、禅の古典『禅苑清規《ぜんえんしんぎ》』の中の護戒章からの引用です。正確には「寧《むし》ろ法有って死すとも、法無ふして生きざれ」となっていますが、法ないし道のために死ぬことはあっても、法ないし道に違反して生きることは、許されないのです。

しからば、法ないし道とは何か。それは、この節の始めのほうに出て来た**「決定《けつじょう》して自他の為め、仏道の為に詮《せん》あるべきことならば、身をわすれても言ひ、もしは行ひもすべきなり。其の**

「他の為め」ということです。すなわち「自他の為め」とくに「他の為め」ということです。なぜならば、仏道というものは、他を救う過程において、はじめて自分が救われると説いているからです。宮沢賢治の言っているように、「自分ノコトヲ勘定ニ入レズ」に生き、かつ行動していると、結果として、その人の心は、だんだん、お釈迦さまの心と同じ心になって行くのです。

そのためには、じぶんのからだとか命などというものは、どうなってもいいのです。仏道に反した生き方をする位なら、死んだほうがましなのです。

これに対し、二〇〇〇年の現在、大がいの人は、道なくして生き、道なくして死んでいます。動物のように、ただ、起きて、メシを食って、カネのために働いて、遊んで、帰って、セックスをして、寝るだけの生活をしています。

それだけではありません。自分がとくするために、自分の家族がとくするために、平気で、ひとをだまし、おどし、ひとから盗み、ひとを傷つけ、そして殺しています。

これでは人類は滅亡してしまいます。

私は、仏道のため、死なねばならないことがあれば、喜んで死ぬつもりです。

昭和五三年から現在に至るまで、帝銀事件の真実を明らかにし、無実の死刑囚、平沢貞通さんの名誉を回復するために、手弁当で死後の再審請求をつづけています。

一九九二年から、憲法違反の暴対法を粉砕するために起こした行政訴訟では、山口組の弁護団長となりました。そのため、日本全国から「お前は暴力団の手先だ」という、匿名の手紙・ハガキ・電報・電話をもらいました。

一九九五年には、オウム事件の真相を明らかにするため、青山吉伸弁護士の弁護人を引き受けました。そのため、母と姉むこと弟からきつい抗議をされ、末娘は、家出をしてしまいました。

しかし、「**自他の為め、仏道の為に詮あるべきことならば、身をわすれても言ひ、もしは行ひも**」しなければならないのです。

私は今六九歳。まもなく死にます。しかし仏道を行ずるどまん中において死ぬことは、私にとって最上の喜びなのです。

第三節　善悪とは何か

巻第四の一一　示して云く。善悪と言ふこと定め難《がた》し。世間の人は、綾羅錦繍《りょうらきんしゅう》をきたるをよしと云ふ。麁布糞掃衣《そふふんぞうえ》をわるしと云ふ。仏法には此れをよしとし清しとし、金銀錦綾《きんぎんきんりょう》をわるしとし、けがれたりとす。かくの如く一切のことにわたりて皆然り。予が如きも聊《いささ》か韻声《いんせい》をととのへ文字をかきすぐるるを、俗人等は尋常ならぬことに云《いう》もあり。亦、有人《あるひと》は、出家学道の身としてかくの如きのこと知れるとそしる人もあり。いづれをか定めて善として取り悪としてすつべきぞ。文《もん》に云く、ほめて白品《びゃくほん》の中にあるを善と云ふ、そしりて黒品《こくほん》の中におくを悪と云ふと。亦云く、苦を受くべきを悪と云ふ、楽をまねくべきを善と云ふと。かくの如く子細に分別《ふんべつ》して真実の善を見て行《ぎょう》じ、真実の悪を見てすつべきなり。僧は、清《しょう》浄《じょう》の中より来《きた》れるものなれば、人の欲を起すまじきものを以てよしとし、きよきとするなり。

世間の善は仏法では悪

善悪とは何か

善とは何か、悪とは何か。これは、時と所によって、みなちがいます。日本の場合、五五年前までは、鬼畜米英を殺すこと、戦争をすることが善でした。ところが、昭和二〇年八月一五日以後は、米英と仲良くすることが善だ、戦争をしないことが善だということになりました。

ところが、二〇〇〇年の現在になると、憲法を改悪して自衛隊を日本の正式の軍隊にし、アメリカが戦争をはじめたときには、周辺事態法によって日本国中がアメリカの戦争を手伝うことが善だという風にかわりつつあります。

又、同じ二〇〇〇年の現代においても、いわゆる民主主義社会においては、国民が主権者なのだから、権力の腐敗を国民が非難攻撃するのは善だとされていますが、北鮮や中国やイラクやリビアやキューバという、独裁国においては、金正日や江沢民《こうたくみん》やフセイン大統領やカダフィ大佐やカストロを非難攻撃するのは悪とされています。

のみならず、只今現在の全世界を通じて言えることは、俗世間、すなわち社会の一般常識と仏法の世界における価値判断が、また、ことごとにちがうのです。

いわく。「**世間の人は綾羅錦繍《りょうらきんしゅう》をきたるをよしと云ふ。麁布糞掃衣《そふふんぞうえ》をわるしと云ふ**」。

一般社会の常識からすれば、綾ぎぬや、うすぎぬや、錦や刺繍《ししゅう》をほどこしたきれいな衣服を着るのがいいことだとされています。人間の生活の三大要素は、衣食住と言われています。現在の日本人と人類の常識がそうですね。「いい服を着て、うまい食い物を食い、立派な住居に住むことが、幸福である」と。だから、テレビや婦人雑誌には、ファッションのコマーシャルが溢れ、グルメの番組と記事で溢れ、マンションと住宅建築の番組と記事が、これでもかこれでもかと、おしよせています。

その中の衣の問題を、一例として道元禅師が取り上げたわけです。

俗界では、ボロボロの服は、悪いものということになっています。「麁布《そふ》」とは、「粗布《そふ》」と同じで、粗末な衣服のこと、「糞掃衣《ふんぞうえ》」とは、クソ掃除をする時に着るような粗末な衣服のことです。

ところで、「糞掃衣」とは、お釈迦さまの仏法においては、出家の制服であって、今のお寺の坊さんが着ているキンキラキンの袈裟は、本来の仏教では、禁止されていたのです。「糞掃衣《ふんぞうえ》」の話は、前にも出てきたかもしれませんが、ここでは主題として出てきたので、まとめて説明しましょう。

これには一〇種類あります。

第一は、牛嚼衣《ごしゃくえ》。牛が噛んで捨てた布きれのこと。もっとも、牛は布きれを食わないから、道ばたに落ちている布切れを牛が食い物と勘ちがいして噛んでみたら、食えないので、そのまま放置した布切れということになります。これを材料にして作った衣服のことです。

第二は鼠嚼衣《そしやくえ》。ねずみが噛んで捨てた布切れで作った衣服。ねずみというものは、何か噛んでないと歯がドンドンのびてきて、最後は、自分の口を破って外に出てしまうんだそうです。だから何でもかんでも噛みます。布切れでも噛みます。

第三は火焼衣《かしようえ》。火に焼けた布や、火事場のあとから出てきたボロ切れを、糸でブツブツぬってつくった衣服。

第四は月水衣《がつすいえ》。女性が毎月やってくる月経の時に出てくる血をふいた布切れでつくった衣。

第五は産婦衣《さんぷえ》。産婦がお産をするときには血が一ぱい出ます。その血をふいた布切れを洗って作った衣。

第六は神廟衣《じんびようえ》。神社やほこらに立っている旗とか、地蔵さんのよだれかけでつくった衣。

第七は、塚間衣《ちよけんえ》。塚《ちよ》、すなわちお墓に残っている布切れでつくった衣。風葬や鳥葬の場合、死人に白装束を着せ、経かたびらをかぶせて死体を放置する。すると、死体はだんだんなくなって最後に布切れだけ残る。それで作った衣。

第八は求願衣《ぐがんえ》。神社やお寺に願をかけるときに、自分の願いごとを布切れに書いてお供えする。その布切れでつくった衣。

第九は王職衣《おうしきえ》。王職とは、王様に使える役職のことです。古代インドには、官吏に階級があり、それぞれにきまった衣服の色がありました。そうすると、役人は階級で一つ上がる毎にそれまでの衣服を捨ててしまう。それでつくった衣のことです。

そして一〇番目が往還衣《おうかんえ》。これは、往還、すなわち道に捨ててある布切れでつくった衣のことです。

これら一〇通りの布切れを拾い集め、洗濯した上、糸と針でぶつぶつ縫い合わせ、それを左の肩からさっとかけた。これが正式の出家の服装であったんです。

今はこういう袈裟を着ている坊さんは皆無になりましたが、曹洞宗僧侶・沢木興道《こうどう》さん（明治一三〜昭和四〇）は、信者から要らなくなった古着を布施してもらい、それを女性の信者にたのんでほぐしてもらい、袈裟に作り直して着ていました。現代の糞掃衣ですね。

ところで、世間の人は、こういう「**麁布糞掃衣《そふふんぞうえ》をわるしと云ふ。**」しかし「**仏法には此れをよしとし清しとし、金銀錦綾《きんぎんきんりょう》をわるしとし、けがれたりとす**」。

仏法では、なぜそうなるかというと、仏法においては、俗世間における欲望の対象物である物を求めるのではなしに、心の世界を求めるわけです。立派な服を着て喜ぶということは、心の世界がカラッポの人間に多いのです。

私は、故あって、今の奥さんと住居を異にしています。正確に言えば、妻けい子の住んでいる台東区竜泉のマンションが私の本宅であって、葛飾区新宿《にいじゅく》にある住まいは、私の仕事場となっているのです。そして私は、毎週月曜と木曜の夜は竜泉の自宅で過ごし、それ以外の火・水・金の夜と、土曜・日曜の丸二日は、葛飾区の仕事場で、原稿執筆その他の仕事をしています。

そして、その仕事場で私が着ているものは、昭和五二年（一九七七年）一二月から二〇〇〇年八月の今日まで、二二年間、一着の和服なのです。大島つむぎの上物ですから、もっているんでしょうか、それでも相当よれよれになっています。しかし、それでいいんです。糞掃衣ですら、いいんですから。

真の善悪とは

そして、こういう粗末な衣服がお釈迦様の定められた制服であり、道元禅師が「よし」とされる制服なわけですから、もし、今お釈迦さまが生まれかわったとしたら、今、各宗派の大僧正クラスが着ている緋のころもなどは、直ちに否定されるでしょうね。

又、道元禅師が生まれかわって来たら、今キンキラキンの衣をまとっている曹洞宗の坊さんは、破門されるでしょうね。

衣といえば、道元禅師の紫衣《しえ》事件というのがあります。前にも書いたと思いますが、道元禅師が五一歳のとき、時の後嵯峨上皇が、禅師に紫衣《しえ》を賜わることになりました。今では緋の衣が最高ですが、当時は、紫色の衣が最高で、しかもこれをくれることのできるのは天皇か上皇だけだったのです。

しかし、道元禅師にとっては糞掃衣が最高であって、天皇がくれる紫の衣などは「**わるしとし、けがれたりと**」おもっているわけだから「要りません」と、ことわった。

しかし上皇は、あきらめない。翌年、又「上げる」ときた。それもことわった。上皇もしつこい。三年目に、又「上げる」ときた。そこで道元禅師も、面倒くさくなって、いやいやながらもらった。しかし、もらったものは、永平寺の物置の隅に放り投げて、死ぬまで着なかった。だから、今の永平寺には、その紫衣は、のこっていません（以上、紫衣事件については玉城《たまき》康四郎《こうしろう》氏『日本の思想』第二巻「道元集」筑摩書房昭和四四年一九頁による）。

「かくの如く一切のことにわたりて皆然り」。世間で善とすることと、仏法で善とすることとは、おおむねちがうのです。世間では、自分と自分の子どもだけがトクをするために、他人を蹴落として出世することを善と思っていますが、仏法では悪なのです。世間では、技術をつかい、コンピューターをつかい、遺伝子をつくりかえ、心臓移植をし、単なる延命治療に狂奔していますが、それらは、仏法においては、すべて悪なのです。

又、一般社会においては、金を一ぱい持っている者が偉いと思われているのに対し、仏法においては、金を一ぱい持っている者は下劣と見られるのです。一般社会においては、権力を握ることが善と見られるのに対し、仏法では権力から離れることが善とされているのです。

そのように、世間法と仏法が衝突した場合、仏教者がどのような態度を取るかによって、その仏教者が本ものかニセものかが、試されるのです。その一番いい例は、昭和一二年から昭和二〇年までの日中・太平洋戦争において、日本仏教教団の取った態度です。

仏法における戒律で最も重要なものは、不殺生戒です。人間を殺すな、又殺させるな、殺すのを傍観するな。ところが、あの太平洋戦争の時において、仏教の名において戦争に反対した仏教教団は、すべての宗派を通じてゼロでした。ただ一つ、妹尾義郎《せのおぎろう》氏ひきいる仏教青年同盟だけが、釈尊の名において武器を取ることを拒否しました。そのため、メンバーはすべて逮捕され、拷問され、獄につながれて壊滅したのですが、いまだに栄耀栄華をほしいままにしている天台宗も真言宗も浄土宗も浄土真宗も時宗も臨済宗も日蓮宗も日蓮正宗も黄檗宗《おうばくしゅう》も、そして道元禅師の流れをくむ曹洞宗《そうとうしゅう》も、すべてあの戦争に反対しなかったのみか、組織をあげて、あの人殺し戦争に進んで協力したのです。ですから、『今のお寺に仏教はない』（拙著の題名・現代書館発行）ということになるのです。

ところでここで道元禅師は、みずからがおやりになっていることについて、これは仏道に合することか反することかを、自問自答しておられます。

「予が如きも聊《いささ》か韻声《いんせい》をととのへ文字をかきすぐるるを、俗人等は尋常ならぬことに云《いう》もあり」。

「**韻声《いんせい》をととのへ文字をかきすぐるる**」とは、漢詩をつくることです。韻声というのは、単に韻《いん》とも言い、中国における漢字分類の単位のことで、同一又は類似の韻母《いんぼ》（漢字の発音の最後の母音）によって分類したものです。

漢詩は普通四行詩ですが、第一行目と第二行目と第四行目の最後の漢字の韻は同一韻とし、三行目の最後の漢字だけを、別の韻にするという法則があるのです。例えば、中国の詩人・張継の有名な詩に、楓橋《ふうきょう》夜泊《やはく》という詩があります。

月落烏啼霜満天
江楓漁火対愁眠
姑蘇城外寒山寺
夜半鐘声到客船

読み下しすると、
月落ち烏《からす》啼《な》きて霜《しも》天に満つ
（月は烏啼《うてい》に落ちて霜天に満つ、という読み方もあります）
江楓《こうふう》の漁火、愁眠に対す
姑蘇《こそ》城外《じょうがい》の寒山寺
夜半の鐘声《しょうせい》、客船に到る

となるのですが、前記の漢文で見ると、一行目の最後が天（ten）、二行目の最後が眠《めん》（men）、四行目の最後が船（sen）とあり、すべて「エン」という韻で終わっているのに対し、三行目の最後だけが寺（ji）で、韻はそれとはちがう「イ」で終わっています。

このことを禅師は「**韻声をとととのへ**」と言ったのです。又「**文字をかきすぐる**」は、「文字を書いて過ごす」ことで、この場合は、和歌をつくる意味で言っています。

そうすると、こうなります。「私も、いささか漢詩を作ったり、和歌をよんだりすることがある」と。たしかに、道元禅師は漢詩も一ぱい作っているし、その和歌を集めた本を『傘松道詠《さんしょうどうえい》』と言っています。

コマーシャルは悪

そのように、道元禅師が漢詩を作ったり和歌をよむのを聞いて、俗人の中には「**尋常ならぬこと**」と言う人もいました。「道元禅師は、出家の身でありながら、詩人のように、漢詩を詠んだり、歌人のように、和歌を詠んだりしている。ああ、大したもんだ」ということですね。「遠藤先生は弁護士でありながら、写真集を出版したり、作曲集を出版したりしている。ああ、大したもんだ」と言うようなことです。

ところが他方においては、「**出家、学道の身としてかくの如きのこと知れると、そしる人もあり**」。「出家してもっぱら仏道を学ぶ身でありながら、漢詩を作ったり和歌をよんだりという、俗人たる詩人や歌人のやることをやっているのは、まちがいだ」として、非難する人もいるということです。見方は、いろいろですね。

そこで禅師は、みずから問いを発しておられます。

「**いづれをか定めて善として取り、悪としてすつべきぞ**」。詩文礼賛説をとるべきか、それとも詩文非難説をとるべきか。言いかえれば、出家の身でありながら詩歌《しいか》をよむということは、善なのか、悪なのか、という問いです。

そこで禅師は、この問いに対する答えをえるために、古典を引用して来ます。ある古典にいわく。「ほめて白品《びやくほん》の中にあるを善と云ふ。そしりて黒品《こくほん》の中におくを悪と云ふと」。「白品《びやくほん》」の「白」は、白いことで、仏教で白というと清潔なもの、きれいなもの、無垢なものを言い、逆に黒というと、汚ないもの、にごったもの、精神的な意味の垢のことを言います。

そうするとここは、こうなります。「ひとから誉められる清浄な行為を善と言い、ひとからそしられる汚れた行為を悪と言う」と。

さらに別の古典によると、「苦を受くべきを悪と云ふ。楽をまねくべきを善と云ふ」と。もちろん、ここで言っている苦とか楽は、物質的な意味で言っているのではありません。現代の俗世間における、社会常識から言えば、性欲や食欲や金銭欲や名誉欲や権力欲を追い求めて一定の結果を得られることを楽と言い、得られないことを苦と言っていますが、仏教で言う苦とは逆に、そのような煩悩をおのれの御主人様とし、自分がその煩悩の奴隷となってあっちにぶつかり、こっちにぶつかることを苦と言い、逆に、煩悩の奴隷となっている自分自身を一八〇度転換して、煩悩を自分の奴隷とし、自分がご主人様になって自分の煩悩を自由自在にあやつれるようになったときのことを楽と言っているのです。

今のテレビや新聞や雑誌のコマーシャルというものは、朝から晩まで、モノに対する人間の欲望をかき立て、そそり立てることだけをねらっています。資本主義経済機構というものは、所詮、あくなき利潤の追求を本質としていますから、人間の欲望、すなわち煩悩を次から次に拡大再生産し、要らないものまで買わせ、買ったものはすぐに捨てさせ、又新しいものを無理矢理買わせないと、企業というものが存在できないのです。

しかし、世界人類六〇億人が、欲望のままに生きたらどうなるか。まず、だめです。

そして道元禅師の結論が出てきます。

「かくの如く子細に分別《ふんべつ》して真実の善を見て行じ、真実の悪を見てすつべきなり。僧は、清浄《しょうじょう》の中より来《きた》れるものなれば、人の欲を起すまじきものを以て、よしとし、きよきとするなり」。

そのように、慎重に判断して、真の善とは何か。真の悪とは何かを見出し、その上で、善を実践し、悪をやめなければならないのです。ましていわんや、出家というものは、清浄《しょうじょう》の世界、すなわち欲を離れた世界、すなわち法身仏《ほっしんぶつ》の使者として娑婆世界に来た者ですから、人間の欲を引き起こさない行動こそが善であり、清浄な行為なのです。

この観点から先ほどの問題に対する答えをみちびき出すならば、出家者が詩人のように漢詩をつくり和歌をよむ場合、その詩や歌が、人間の欲を引きおこすような、今のテレビのコマーシャルのようなものであれば、それは悪となり、そうではなしに、人間の欲を引き起こさず、かえって人々の心を清いものに高めていくものであれば、それは善となるということになります。

まとめ

これを要するに、ここで道元禅師が言っていることは、俗世間における善悪と仏法における善悪とは、おおむね逆になるということです。仏法というものは、すさまじい世界なのです。例えば、戦国時代の末期、越前・加賀・三河・近畿などで起きた一向一揆は、仏法、とくに浄土真宗の名において俗世間の法律である戦国大名の権力支配に対して武装蜂起をしたわけです。

一向一揆は、最初、加賀国（今の石川県）から起きていますが、当時の浄土真宗の最高責任者の蓮如は、一揆に立ち上がった真宗の信者たちが次々に殺されて行くのを見るにしのびず、信者たちに書き送った手紙の中で「王法と仏法は、共に大事なものである」と、何十ぺんも書いています。権力のきめた法律と、釈尊ないし親鸞聖人の教えは、同じように大事なのだということです。

しかし、王法と仏法は、対等ではありません。あくまで仏法が上で、王法は下なのです。したがって、六法全書にのっている法律と、お経に書いてある仏法とが矛盾した場合は、ダンコとして法律を破るのが正しいのです。

もっとも、そうは言っても、六法全書の法律を破っているオウム真理教とライフ・スペースと創価学会は、いずれも邪教です。オウムは、仏教における最大の戒律である不殺生戒を破っているから邪教です。ライフ・スペースは、宗教に名をかりて金もうけをしているから邪教です。そして創価学会は、池田大作の言うことを釈尊や日蓮の教えより上におき、又、信仰という名の下に、信者を公明党という権力亡者の集票マシンに使っている点で、邪教です。

ですから彼らが「王法より仏法が上にある」と言ったとすれば、それは、「国の法律よりも、会長のエゴイズムが上にある」と言っているだけで、ぬすびと、たけだけしいということになるわけです。

そうではなくて、真の仏法というものが、国の法律と矛盾することは、いくらも、あります。そのうち憲法が改悪されて九条が廃止され、徴兵制がしかれ、周辺事態法によって、日本国中がアメリカのための戦争にまきこまれる日が、やって来そうです。そのときあなたは、仏法における不殺生戒の名において、ダンコ召集令状を拒否し、国家権力と各地方公共団体の長の発する、アメリカのための戦争に協力せよという命令を拒否し、そのために逮捕され投獄されることが、正しいことになるのです。

私の父は、昭和一二年九月一日、私が小学一年のとき、昭和天皇裕仁《ひろひと》の命により召集令状を受け、日中戦争という侵略戦争における侵略者の一兵士として中国の戦場に赴き、昭和一三年七月一二日、中国の安慶で戦死しました。戦死するまでに、多くの中国の兵士たちと民間の老若男女を殺したはずです。

本当は、その父は、赤紙をダンコとして破り捨て、徴兵法違反の罪として逮捕され、投獄されるべきだったのです。しかし、父はそれをしませんでした。

したがって、私が、今、仏教者の一人として、「そのようなときには、ダンコとして仏法の名において法律を破りなさい」とみなさんに説いているのは、父の行為の贖罪《しょくざい》を含めて申し上げているのです。

それと、この第一一節で道元禅師が言っておられるもう一つのことは、欲の抑制ということです。さきほども言ったように、今、日本も世界も、「欲をふやせ、欲をふやせ」と言って邁進しています。食欲についても、性欲についても、金銭欲についても、物質欲についても。

あるいは、技術・機械・物質万能主義、あり余るモノを次から次へ手に入れるために少しでも収入をふやそうという唯金《ゆいきん》主義に邁進しています。今や世界中の人類六〇億人の九〇％は、顔は人間でも、中味は、食欲と性欲だけで動いているケダモノとなり下がってしまいました。

いや、最近では、ケダモノのほうが、人間より上になっています。なぜならば、人間は自分の子どもを殺しますが、ケダモノは自分の子どもを殺しません。又、人間は、腹がくちくなっても、次から次へとうまい食い物をあさりますが、ライオンは、満腹すると、目の前を、うまそうな餌が歩いて行っても、眼もくれないからです。

第四節　明日はない

巻第四の一二　示して云く。世間の人、多分云く。学道のこころざしあれども、世は末世なり。人は下劣なり。如法の修行には、たゆべからず。只、随分にやすきにつきて結縁《けちえん》を思ひ、他生《たしょう》に開悟を期《ご》すべしと。今云ふ。此の言《ことば》は全く非なり。仏教に正像末《しょうぞうまつ》を立《たつ》ること暫《しばら》く一途《いちず》の方便《ほうべん》なり。在世の比丘、必ずしも皆すぐれたるにあらず。不可思議に希有《けう》にあさましく下根《げこん》なるもありき。故に仏《ほと》け、種々の戒法等をまふけ玉《たも》ふこと、皆わるき衆生下《げ》根《こん》の為なり。人人皆な仏法《ぶつぽう》の器《き》なり。かならず非器なりと思ふことなかれ。依行《えぎょう》せば必ず証を得べきなり。既に心あれば善悪《ぜんなく》を分別《ふんべつ》しつべし。手あり足あり合掌歩行にかけたる事あるべからず。しかあれば仏法を行ずるには器をえらぶべきにあらず。人界《にんかい》の生《しょう》は、皆な是れ器量なり。余の畜生等の生にてはかなふべからず。学道の人、只明日を期《ご》することなかれ、今日今時《こんじ》ばかり、仏法に随《したがい》て行じゆくべきなり。

末法思想

世間の人は、たいがい、こういうことを言います。「**学道のこころざしあれども、世は末世なり。人は下劣なり**」と。「私にも、仏道を学ぼうという気があるのですが、しかし、今は末法の世です。だから、私を含め、人間の程度が、下劣になっています」と。

正像末《しょうぞうまつ》の三時の思想です。前にも出てきましたが、もう一回おさらいすると、仏教の歴史は、正法《しょうぼう》時代と像法時代と末法時代の三つに区分されるという考えです。

まず正法時代というのは、お釈迦さまの死後五〇〇年とする説と、一〇〇〇年とする説とがあります。お釈迦さまの死亡は、紀元前三八三年ですから（中村元『ゴータマ・ブッダ―釈尊の生涯』春秋社昭和四四年四九頁）、紀元後一一七年又は六一七年までとなります。紀元一一七年というと、卑弥呼《ひみこ》の時代であり、六一七年というと、聖徳太子の時代です。

つぎの像法《ぞうほう》時代にも、それから五〇〇年とする説と一〇〇〇年とする説があります。前の正法時代の二つの説と組み合わせると、合計四つのパターンになりますが、一番短い説によると、像法時代のはじまりは西暦一一八年から、一番長い説によると、像法時代の終わりは西暦一六一七までとなります。西暦一六一七年というと、徳川秀忠が日光に東照宮を造った年です。

そして末法時代は、その後の一万年とされています。そうすると、二〇〇〇年の今年は、どうしても末法ということになります。

そして、道元禅師が、この随聞記を講義されたのは、一二三四年から一二三八年までの間ですから、それを末法時代というのは、正法時代五〇〇年説と像法時代一〇〇〇年説を取った場合ということになります。

そして、仏道修行には、教と行と証があると言われています。教とは教えのことであり、行とは修行のことであり、証とは、さとりのことです。

そして、正法時代には、教と行と証のすべてがあった。すなわち、釈尊の教えも残っており、それに従って修行する人もおり、そして修行の結果、悟りを得る人もいた時代と、言われています。

それに対して次の像法時代になると、教と行はあるが、証がなくなる。すなわち、教えは残っており、又それに従って修行する人もいるけれども、それによって悟りを開く人はいなくなるという意味です。

そして最後の末法時代になると、教はあるが、行と証がなくなる。つまり、教えはお経という形で残っているが、そのとおり修行する人はいなくなり、したがって悟りを開く人もいなくなるという考えです。

もっとも、この三時の思想は、お釈迦さまは説いていません。この考えが盛んになったのは、中国の唐時代（六一八年~九〇七年）で、その考えが日本に入ってきて盛んに言われ出したのが、平安時代の末期でした。

というのは、どういう計算をしたのか分かりませんが（おそらくお釈迦さまの死亡を紀元前四四八年とし、正法五〇〇年、像法一〇〇〇年説を採ったためと思われますが）、一〇五二年、すなわち源義家が東北蝦夷侵略に赴いた前九年の役の二年目から末法時代に入ったとされたからです。

前九年の役というと、平安時代の中期になりますが、その末法思想が世にはびこったのが、平安時代の末期でした。平安時代の末期から鎌倉時代の初期にかけて、源平合戦、天災、地変、大地震、干ばつ、飢饉が、毎年のようにやってきました。のみならず、鎌倉時代に入ると、元《げん》の侵略。まさに内憂外患がこもごも至ったわけです。

約四〇〇年間、栄えていた藤原氏がすたれ、約三〇年間、「平家にあらざれば人にあらず」とふんぞりかえっていた平家が滅亡する。「これはまさに末法の世だ」と、当時の人々は考えたわけです。　したがって、鎌倉仏教の祖師たちも、みんなその末法思想にとりつかれちゃったわけです。法然聖人、親鸞聖人、日蓮聖人、それに道元禅師の師匠の栄西禅師も、そうです。日蓮聖人の流れをくむと自称している創価学会に至っては、西暦二〇〇〇年の今でも末法思想を言っています。

ところが鎌倉時代初期の道元禅師は、ただ一人、この末法思想を認めませんでした。日本国中のいわゆる知識階級が高位の僧侶を含め、みんな「今は末法だ、末法だ」と大合唱しているのに、道元禅師だけは、ノーと言ったのです。「正像末の思想は、単なる方便の教えにすぎない。今、この鎌倉時代の我々は、一生懸命努力しないとお釈迦さまクラスのひとにはなれないよ、だからがんばりなさいという激励の意味の方便の教えなのだ。しかし、真実の教えからすれば、正像末の三時の思想などは、つくり話にすぎない」。これが道元禅師の考えであったわけです。

お釈迦さまの弟子にもヘンなのがいた

そこで本文に入りましょう。

「**世間の人、多分云《いわ》く、『学道のこころざしあれども世は末世なり。人は下劣なり。如法の修行には、たゆべからず』**」。

世間の人は、よくこういうことを言います。「私も、仏道を学びたいのですが、しかし、世は末法の世の中です。お釈迦さま時代に比べて人間が下劣になってしまいました。だから、修行しようとしたってダメ、人を救おうとしたってダメです。お経に書いてあるとおりに生きろと言われたって、できっこありません」と。

「**如法の修行には、たゆべからず**」。二〇〇〇年の現在も、多くの人は「お経に書いてあるとおりに生きろと言われたって、私にはとても、とても」と思っています。何もやらないで不戦敗をしています。

「**只、随分にやすきにつきて**」。この「**随分**」は、今の日本語で言っている「随分」とはちがいまして、「分にしたがって」という意味です。これを読んでいるあなたなら、あなたができる範囲で、ということです。それも「**やすきにつきて**」ということですから、安易な方法で、ということです。例えば、自分では何も努力しないで創価学会にカネを払って商売繁昌をねがうとか、成田山で護摩をたいてもらって交通安全を祈願し、運転は相変わらず乱暴に運転するとかいうことです。

「結縁《けちえん》を思ひ、他生《たしょう》に開悟を期《ご》すべし」と。そういう風に、安易な方法で仏法と縁を結び、現世ではなしに、死んだ先に生まれかわってくる次の人生で、悟りを開くしかないと思いますと、大がいの在家の人たちは、考えているというのです。

こういう考えは、むしろ今の時代のほうが多いですね。「遠藤先生は、自分のことを勘定に入れないで生きろなどと言っているが、自分には、とてもとても」ということで、一向に仏教を学ぼうとも、実行しようともしない人が大部分です。

大部分の人は、人よりよけいカネをかせぎ、人よりよけい遊び、人よりよけいうまいものを食おうとして、ウロチョロしているだけです。

しかし、そういう「のんべんだらり主義」に対し、道元さんは、「此の言《ことば》は全く非なり」と、キッパリ否定するのです。なぜならば、「仏教に正像末《しょうぞうまつ》を立ること暫く一途《いちず》の方便なり」だからです。正像末の思想は、おとぎ話的教えであって、決して歴史的事実ではないからです。

先ほど、今の創価学会も末法思想を唱えていると言いましたが、学会の言うことは、こうです。「今は末法時代である。だから正法時代の教えでは、救われない。末法時代に向いた行《ぎょう》でないと救われないのだ」と。しからば末法時代に向いた行とは何かと言うと、彼らはそれを「南無妙法蓮華経」という題目を唱えることだと言う。しからばなぜその題目がありがたいかというと、それは「妙法蓮華経が最高のお経だから」と言う。したがって創価学会における最高経典は、法華経ということになる。

ところがその法華経が成立した時代は、彼らの三時の思想の時代区分によれば、正法時代なのです。彼らは、正法時代の教えは通用しないと言っておりながら、その正法時代に成立した法華経を最高だと言っている。これは矛盾です。その矛盾を指摘すると、彼らは答えられない。

そこで私は思います。もし、創価学会の言うように、正法時代にできたお経が現代の役に立たないというのであれば、でき合いのお経をみずからの経典とすることを否定すべきであって、池田大作が書いたと称している「人間革命」でもお経にしちゃって、「これこそが末法の世に通用するお経です」と言わなければならないことになります。ところがそう言わないで、あいかわらず、正法時代にできた法華経をもって最高のお経と言っているわけですから、欺瞞《ぎまん》です。

ところでなぜ、正法時代・像法時代・末法時代の時代区分が真実の教えと言えないか。それは、「**在世の比丘、必ずしも皆すぐれたるにあらず。不可思議に希有《けう》にあさましく下根《げこん》なるもありき**」だったからです。お釈迦さまが生きておられた頃の出家たちは、必ずしもすべてすぐれた人間たちばかりではなかったのです。逆に「**不可思議に**」「**希有に**」「**あさましく**」「**下根《げこん》なるも**」いたのです。ヘンな形容詞が四つもついています。「思いもよらぬ」「世にもまれな」「あさましい」「下劣な人間ども」も、一ぱいいたのです。

最近、誰もが予想してなかったようなヘンな事件がおきています。一九九五年のオウム真理教による地下鉄サリン殺人事件、一九九七年の神戸の「酒鬼薔薇《さかきばら》」事件、一九九九年の池袋の通り魔殺傷事件、博多の通り魔殺傷事件、坊さんの奥さんがよその幼稚園児を殺した事件、和歌山の砒素入りカレー毒殺事件。北九州のバス・ジャック事件。そしてその都度言います。これは「思いもよらない、世にもまれな、あさましい、下劣な事件だ」と。

人殺しアングリマーラ

ところが、そのような事件を起こした人間は、お釈迦さま時代にも、一ぱいいたのです。この点、私どもには先入観がありますね。お釈迦さま時代の人々、とくにお釈迦さまのお弟子さんたちなどは、我々より能力のすぐれた、仏の一歩手前位の人たちばかりだったのだろう、と。しかし、類人猿から人間が枝分かれしてから約三〇〇万年です。そして、お釈迦さまが法を説かれてから二〇〇〇年の今年まで、二五〇〇年もたっていません（正確には二四二八年）。三〇〇万年の人類の歴史において、たったの二四二八年間（人類の歴史の中のわずか〇・〇八％）で、そんなに人間は変わるものではありません。しかも、人類学者の説によると、ここ一〇万年来、人間の脳ミソの重さと体積は、変わってないそうです。

なるほど、ここ二百数十年来、人間の小手先は器用になったたし、機械の発明はできたし、いろいろ便利な道具は作れるようになったたし、コンピューター（インターネット・電子メールを含む）

は地球上を蔽うようになりました。しかし、人間の心の世界、精神の世界においては、大差ないのです。

ところで、どうしてお釈迦さま時代にもヘンなやつが一ぱいいたことが分かるかというと、「仏《ほと》け、種種の戒法等をまふけ玉《たま》ふこと、皆わるき衆生下根《げこん》の為なり」。

前にも述べましたが、仏法における戒律がなぜできたかという問題です。仏法においては、我々在家の者に対しては十戒があり、坊さんに対しては二五〇戒あり、尼さんに対しては三四八戒あります。ところでこの戒律がどうやってできたかというと、法律のつくり方に成文法主義と判例法主義があります。成文法主義というのは、最初から法律をつくり、それに従って裁判をするというやり方であるのに対して、判例法主義というのは、最初は法律はなく、何か争いが起きたときに裁判所に持ち出し、裁判所が判決によってどちらが正しいかをきめ、その判例の集積が法律がわりのルールとなる行き方です。

ドイツやフランスは成文法主義であるのに対し、イギリスやアメリカは、おおむね判例法主義です(但し、刑法だけは成文法主義)。日本は、成文法主義です。

ところで、仏教における戒律は、判例法として形成されたのです。最初は、何もなかったのです。あったのは、お釈迦さまのお悟りの中身だけでした。四諦《したい》、八正道《はっしょうどう》、因果の法則、諸法無我、涅槃寂静《じゃくじょう》等々の教えだけでした。

ところが、釈迦教団の中で、出家や在家の信者の中で、問題をおこす者が出てきたのです。そこで「布薩《ふさつ》」と言って、釈尊は月一回、弟子たちを集め、過去一か月の間に何か問題となる行動を犯した弟子たちに、その内容を告白させ、それが許される行為か否かについて集団討議にかけたのです。その結果、「それはやっていけないことだ」ということになると、それが戒律の一つとなったのです。

いろんな意見が出てまとまらなかったときは、釈尊みずからが裁定を下したそうです。

ですから、十戒の第一条に不殺生戒があるということは、弟子の中に人殺しをした者がいたからです。もしかすると、それは出家後の弟子の行為ではなくて、出家前の弟子の行為だったかもしれません。

アングリマーラという弟子がおりました。彼は、お釈迦さまに弟子入りする前は殺人鬼でした。人を百人殺すことを企て、一人殺す毎に死体から指を一本切り落とし、その指を糸でつないで、自分の首飾りにしていたそうです。仏教では首飾りのことを鬘《まん》と言ったので、世間の人は、この殺人犯を指鬘《しまん》と呼ぶようになりました。

そして指鬘ことアングリマーラは、ついに九九人を殺し、百人目に出あったのがお釈迦さまだったのです。アングリマーラから刃《やいば》を向けられた釈尊は、おだやかな表情で左手をさしのべられました。トタンにアングリマーラは電流にかけられたようになり、体がこわばって動けなくなってしまいました。余りの神々《こうごう》しさに打たれてしまったのです。

その時アングリマーラは、それまで自分のやってきたことがいかに恐ろしいことであったかをはじめて悟り、土下座して「あなたさまの弟子にして下さい」と懇願したのでした。

釈尊はこれを快く受け入れ、つぎの布薩のときにアングリマーラのやったことを集団討議にかけ、それによって不殺生戒が確認されたのです。

ところで、未成年者による殺人事件がはやっています。ついせんだって、テレビに子どもたちが出演し、並みいる「文化人」たちに、「なぜ人を殺してはいけないのですか」という質問を出していました。トタンに文化人たちはことばにつまり、結局、その子どもが納得できるような答えをすることができませんでした。

自分はダメと思うのも増上慢

「人を殺せば死刑になると法律に書いてあるから、人を殺してはいけないのです」と答えたのでは、答えになりません。なぜならば、法律などは、時と所によってみんなちがい、同じ国の法律でも、クルクルと変わっているからです。又「処罰されるから、やってはいけないのだ」と言えば、「それでは、バレないようにやればいいのだ」ということになってしまいます。

私ならこう答えます。

「あなたの命も、私の命も、あなたや私のものではないのです。この天地大宇宙を、はじめのない過去から終わりのない未来にかけて生きつづけに生きつづけている大いなるもの・大いなるいのち・宇宙の大生命・宇宙エネルギー・大いなる光・宇宙意志・宇宙の霊性、すなわち法身仏《ほっしんぶつ》からのあずかりものなんです。ひとからあずかっているものをこわすのは、いけないことです」と。

もし、それでも分からないときは、こう言います。

「君はひとから殺されてもいいのか。おそらくいやだろう。君が人からされていやなことは、他の人にとっても、いやなんだ。だから人を殺してはいけないのだ」と。

そう言えば、人を殺したために死刑判決を受けてから、獄中ではじめて死刑廃止論を唱え出す囚人がいます。私も死刑廃止論者ですが、自分が死刑判決を受けたあとで、はじめて死刑廃止論を唱える人間の言うことを、私は全く無視しております。

自分が死刑判決を受ける前から、いや、そのような事件を起こす前から唱えている死刑廃止論だけが、本ものなのです。

二四〇〇年前、アングリマーラを新入り弟子として迎えた布薩においても、みんなが議論したことは、おそらくそういう問題だったろうと思われます。

そして戒律の第二条は不偸盗戒《ふちゅうとうかい》です。ということは、釈尊の弟子の中に、人のものを盗んだやつが現れたから、この戒律ができたわけです。

あるいは不淫戒（在家の場合は不邪淫戒）。男の出家は、在家又は出家の女性と性交してはならないという戒律です。これも、釈尊の弟子の中に、女性と性交した者が現れたから、できた戒律なのです。

その結果、男性の出家、すなわち比丘に対しては二五〇の戒律ができ、女性の出家、すなわち比丘尼に対しては三四八の戒律ができました。ということは、悪いことをしたケースが比丘の場合は、少なくとも二五〇件あったということであり、比丘尼の場合は、少なくとも三四八件あったということになります。

したがって、釈尊在世中の人間も、今の人間と大差がなかったのです。

これに対し、「**人人《にんにん》皆な仏法の器《き》なり。かならず非器なりと思ふことなかれ**」。人間というものは、すべて仏法というすばらしいものを入れることのできる入れものなのです。言いかえると、人間は、すべて、オギャーと生まれたときには、仏性《ぶっしょう》、すなわち、だれでもがお釈迦さまと同じ人間になれる種をうえつけられて生まれて来たのです。松本智津夫も、神戸の「さかきばら」少年も、池袋と博多の通り魔も。ところが長ずるに及んで、その仏性のまわりに、「あれもしたい、これもしたい」「あれをしたくない、これをしたくない」という欲、すなわち煩悩を、勝手に垢のようにこびりつかせたもんだから、己の心の中心にある仏性が見えなくなってしまっているんです。

これを読んでいるあなたの心の奥底にも、この仏性が厳然と存在しているのです。こういう考え方を如来蔵思想と言います。如来とは、先ほど言った法身仏《ほっしんぶつ》のことです。すべての人間は、生まれながらにして、その法身仏の世界とぶっつづきにつながっている仏性を蔵《ぞう》して、生まれてきているのです。そして、その仏性を、我々の心の中心部に埋めこんで下さったかたも、法身仏なのです。

ところで、こういうことを、私が主宰している仏教会で言うと、特に、来てまもない人は、よくこう言います。

「遠藤先生の話は誠にすばらしいけれども、私が釈迦と同じ人間になれるなどと、とても思えません」と。

ところで増上慢という言葉があります。『広辞苑』を引くと「①まだ悟りを得ていないのに、得たと思ってたかぶること。②実力が伴わないのに自慢すること。自信過剰」とあります。

ところが、本当は、自分は仏法の器《うつわ》なのに、「**非器なり**」、そうではないと卑下することも、逆の意味で増上慢なのです。どうしてかというと、そういうことは、法身仏から賜っているみずからの仏性に対する何よりの侮辱になるからです。すなわち、「①必ず悟りを得られるのに、さぼりたいので、自分はだめだと思って努力をしないこと。②実力があるのに、さぼりたいためにそれを認めようとしないこと」、すなわち自分のさぼりを正当化するために法身仏のおはからいを否定することも又、増上慢なのです。「**かならず非器なりと思ふことなかれ**」。

手と足があれば十分

それでは、内なる仏性を燦然《さんぜん》と光り輝かすためにはどうしたらいいか。「**依行《えぎょう》せば必ず証を得べきなり**」。「依行《えぎょう》」とは「法に依《よ》って行う」ことです。お釈迦さまの教え、すなわちお経に書いてあるとおりに、毎日を生きることです。それには、出家も在家もありません。むしろ『今のお寺に仏教はない』（拙著の書名・現代書館発行）わけですから、今の「出家」の中身は在家以下なのです。たとえ形は在家でも、お経に書いてあるとおりに生きている人は、本質的には出家なのです。

「証」とは、「証明すること、立証すること」、したがって、お経に書いてあるとおりに実行した結果、その証《あか》しとして得られたもの、すなわち悟りのことです。悟りを開かれたお釈迦さまみずからが、「お前たちも、このようにすれば、悟りを得られるぞ」として説かれたのがお経ですから、そのとおり実践すれば、そのとおりの結果がえられるのは、当然のことです。

又、そのように実践した結果、悟りを得られた道元さん自身が「依行せば必ず証を得べきなり」と太鼓ばんを押しているわけですから、これ程確かなことはありません。あなたも、『正法眼蔵随聞記』に書いてあるとおりに、今日から実践して行けば、必ず証を得られるのです。

そしてつぎの言葉がいいですねえ。「既に心あれば善悪を分別しつべし」。あなたには心がありますね。だとすれば、何が善いことで何が悪いことかは、必ず分るということです。

この是非善悪を判断し、かつその判断に従って行動する能力のことを、法律上は責任能力と言っております。そして通常人は、すべてこの責任能力を持っております。これのない人を心神喪失と言い、少しはあるのだけれども通常人に比べて劣っている人を心神耗弱《しんしんこうじゃく》と言います。心神喪失の例としては、脳死状態に陥った病者や植物人間になった者や重度の精神分裂症患者や、てんかん発作中の者や、気絶中の者や、重度の老人性痴呆者などを言い、心神耗弱の例としては、軽度の精神病患者や知的障害者や、軽度の痴呆患者や酒を飲んで深酔した者などを言います。

しかし、普通の人には、ちゃんと善悪を判断する能力があるのです。

さらに又、「**手あり、足あり、合掌歩行にかけたる事あるべからず**」。「**かけたる**」は「欠けたる」です。手があれば合掌できます。坐禅の時の智挙印（右手の掌を上向けにし、その上に左手の掌を上向けにして重ねること）も、組めます。

似たようなことを、中国の宏智《わんし》禅師も言ってますね（『正法眼蔵随聞記』巻第二の第六節）。

「大宋宏智《わんし》禅師の会下天童は、常住物《じょうじゅうもつ》千人の用途なり。然あれば堂中七百人、堂外三百人にて千人につもる常住物《じょうじゅうもつ》なるに、好《よ》き長老の住したる故へに、諸方の僧、雲集して堂中千人なり。其外《そのほか》に五、六百人あるなり。知事の人、宏智《わんし》に訴たへて云《いわ》く、常住物は千人の分なり。衆僧《しゅぞう》多く集まりて用途不足なり。枉《ま》げてはなたれんと申ししかば、宏智《わんし》云く、人人みな口《く》ちあり。汝《なん》ぢが事にあづからず。歎くこと莫《なか》れと云々」。

「人間には口がある。口さえあれば、必要な食い物は、その口が、どこからか調達してくるだろう」と。結局そのようにして、千人分の食糧で千六百人の雲水を養ったという話です。

心があったら善悪の判断ができるはずだ。手があったら合掌ができるはずだ。足があったら托鉢ができるはずだ。口があったらメシを食えるはずだ。何をくよくよするのか!

これが、仏法であり、禅なのです。

もっともそう言うと、じゃ、手のない人はどうするのだ、足のない人はどうするのだというリクツが出てきます。しかし、片手のない人だって、その気になれば両手のある人より、すばらしい仕事をする時もあるのです。昭和五〇年頃に亡くなった、女流画家・三橋《みつはし》節子さんがそうでした。この方は、もとは五体満足でした。ところが、のちにガンになって右腕を切断したのです。画家にとって右腕はいのちです。そこで絶望のドン底においこまれたのですが、夫からはげまされ、左手で画を画きはじめたんです。その結果、両手があったときには画けなかった名作が次々に生まれました。『湖の伝説』『鷺《さぎ》の恩がえし』等々。

あるいは、新宿区市が谷にある「世界身体障害者芸術家協会」。ここから私の所に、時々、手のない画家や足のない画家の画いた画の絵はがきが送られてくるんですが、見事ですね。両手のない人は、足で画き、両足のない人は口で画いているそうです。

五体不満足でも十分

さらに最近ベストセラー『五体不満足』を出版された乙武洋匡《おとたけひろただ》さん（23）に至っては、両手両足がないんですね。にも拘わらず、彼の生きざまは、五体満足でダラケた若者よりは、余っ程、明るく、かつ強いです。

ですから、「**仏法を行ずるには器《き》をえらぶべきにあらず**」。道元さんも、これを読んでいるあなたも、オギャーと生まれたときには、みんな同じ器《うつわ》を持って生まれてきたのです。二四〇〇年前のインド人の器がすぐれていて、紀元二〇〇〇年の今の日本人の器が劣っているなどということは、全くの迷信なのです。

ただ「余の畜生等の生《しょう》にてはかなふべからず」。人間以外の畜生、修羅、餓鬼、地獄の住人では、できないことなのだ、と。

もっとも、「本生経《ほんじょうきょう》」（ジャータカ経）によると、畜生でも悟りが開ける話がいっぱい出てきます。猿、犬、牛、ウズラ、白鳥、兎、ねずみ、山犬、からす、亀、象、狼、蛇が、わが身を殺して他の仲間を助けた話が、いっぱい出てきます。もっとも、そうした動物は、すべてお釈迦さまの過去世の物語であるとされていますので、ふつうの畜生ではないことになりますが、しかし、前にも述べたように、親が子を殺し、子が親を殺し、人が人を殺し、腹一ぱいメシを食ってもさらにグルメを求める最近の人間どもに比べれば、巣立ちするまで、自分を犠牲にしてでも子育てをしている鳥・けものや、仲間殺しをせず、腹が一ぱいになればえさが来ても見向きもしないけもののほうが、人間よりえらいことになります。

いずれにしろ、六道の中の一つの人間界に、六分の一のせまい確率を通って生まれてきた我々人間が、一般的に言って、人格をみがき易いことは、言うまでもありません。ただ、いつまでも生きておれると思うと、今日をムダにしてしまいます。

「学道の人、只、明日を期《ご》することなかれ。今日今時《こんにちこんじ》ばかり仏法に随《したがい》て行じゆくべきなり」。

人間というものは、明日があると思って生きています。一〇年先も二〇年先も三〇年先も、生きているだろうと思って生きています。

私は、新聞の死亡記事を見ると、つい、こういうことを考えてしまいます。例えば、今朝（二〇〇〇年三月二十日）の『朝日新聞』を見ると、「奥山治氏（元東京都青ヶ島村長）82歳」「藤井源太郎氏（元関西電力専務）74歳」「斎藤秀子さん（指揮者の故斎藤秀雄氏の妻）90歳」。そして私は、今六九歳です。そうすると、「ウム、あと一三年か五年か二一年生きられるな」と。

しかし、そういう考えはまちがいなのです。例えば、今年の三月、東京中目黒の地下鉄脱線事故で四人が死にました。みんな、二〇代・三〇代の若者でした。そしてあの人たちは、朝、自宅を出るとき、「今日が自分の命日になる」とは、誰も思わないで出かけてきたのです。

「自分は、今夜死ぬ」と思って生きなければならないのです。

来年、生きているかどうか、分らないのです。明日、生きているかどうか、分らないのです。大事なのは、今日なのです。それも、今の瞬間だけなのです。「今日《こんにち》、今時《こんじ》ばかり」なのです。

私がこの『正法眼蔵随聞記』に出会ったのは、昭和四三年でした。以来三一年。その間、私は、「今夜、自分は死ぬ」と思って生きてきました。そうすると、時間が、もったいなくなります。ハリが出てきます。生きてることが楽しくなります。毎日毎日が、充実した日となります。明日はないんだ、今、やらないでいつやれるか、ということになります。

そうすると、毎日法廷に出、依頼者と打ち合わせ、月四回、事務所でお経の講義と日本史の講義をし、毎週木曜、ラジオの『文化放送』に出演するという、ハード・スケジュールの中で、毎年、著書が一冊か二冊、世に出てしまうのです。このようにして、只今現在で、世に出た私の著書は、全部で六四冊になってしまいました（うち、単独著書四〇冊、共著二四冊）。

大事なのは今

そこで私は、人からよく聞かれます。「遠藤先生は、チャンと寝てるのですか？」と。私は、午後一一時には必ずふとんに入り、午前七時には、必ず起きています。土曜も日曜も休日も暮も正月もゴールデン・ウィークも、変わりません。まよ中に「親、危篤！」の連絡が入ったら、「明日、午前七時に僕が起きてかけつけるまで生きてくれ」と言うことにしています。

坐禅も、毎朝、自宅で一五分やっています。もっとも、最近、元右翼、今まん中の千田一朗《せんだいちろう》さんというかたが、僕が、朝起きて猫に餌をやり、顔を洗い終わる午前七時一五分頃になると、港区西新橋の僕の事務所までクルマで送るために、「お早うございます」と言って葛飾区新宿《にいじゅく》の拙宅まで迎えにくるので、午前七時起床という、二三年間動かさなかった鉄則をちょっと変更して、午前六時四〇分起床ということにしています。

いずれにしろ、大事なのは、数十年先でもなければ、来年でもなければ、明日でもなければ、今日だけなのです。今のこの一瞬間に、からだ中の全細胞をフル回転させることです。

ところが今の人は、たいがいそうではないですね。何十年か先のために、今を犠牲にしています。受験地獄とは、何でしょうか。あれは、いい会社に入るためにいい大学に入ろうとし、いい大学に入るためにいい高校に入ろうとし、いい高校に入るためにいい中学に入ろうとし、いい中学に入るためにいい小学校に入ろうとし、いい小学校に入るためにいい幼稚園に入ろうとすることです。

すなわち、あと数十年後に、自分が生きているんだか、死んでいるんだか分らないのに、貴重な今を、犠牲にしているのです。幼児教育とか、受験のための塾とかのために。

そして、三井・三菱・安田・住友に入ったって、所詮は企業の中の一歯車として管理し支配され、五十代になったらもう肩叩きです。やっと退職金をもらってリタイアしたら、あとは粗大ゴミとして奥さんや子どもたちから邪魔者扱いされるだけです。

去年（一九九九年）は、一年間、日本だけで三万三千人の人が自殺しました。又、ある精神医学者の調査によると、現在日本のサラリー・マンの中の約半分が潜在的ウツ病患者だそうです。

さらに分らないのは、「老後のため」とか「老後の設計」とか言って、今日現在を切りつめて暮らす生き方です。しかも、そういう人に限って、ポックリ死んで行くものです。

大事なのは、今日なのです。

まとめ

以上でこの節を終わりますが、ここで道元さんが言っていることは、正・像・末の三時の時代区分の否定と、すべての人に仏性がうめこまれているという如来蔵思想と、「大事なのは今日」

ということです。

とくに私は、この中の末法思想の否定に惹かれます。平安時代末期から鎌倉時代初期にかけ、道元さんの師匠・栄西さんまで含め、各宗派を開いた祖師がたのすべてが肯定した末法思想に対し、ダンコとしてただ一人否定された純粋性には、打たれます。

あたかも、日本人一億人の九九％が正義の戦争だと考えた昭和一二年七月七日から昭和二〇年八月一五日の終戦までの太平洋戦争において、「これは侵略戦争である」と、ダンコ一人で叫ばれたのに匹敵する快挙であります。

そして、お釈迦様時代の直弟子と、今の仏道求道者が、同じレベルの人間だとなれば、私も摩《ま》訶迦葉《かかしょう》になれるわけです。いや、釈迦になれるのです。いいですねえ。

第五節　心のすき間をうめる

巻第四の一三　示して云く。俗の云く。城を傾むくることは、中にささやき言《ご》と出来《いでく》るに依るなりと。亦云く。家に両言《りょうごん》ある時は、針をも買ふことなし。家に両言《りょうごん》なき時は、金《きん》をも買うあたひありと。俗猶《な》を家をたもち城を守るに、同心ならざれば終《つい》にほろぶと云へり。況《いわん》や出家人《しゅっけにん》は、一師に学して水乳《すいにゅう》の和合せるが如くすべし。亦《また》、六和敬《ろくわきょう》の法あり。各《お》の寮々をかまへて身をへだてて心《ここ》ろ心《ごご》ろに学道の用心することなかれ。一船《いっせん》にのりて海をわたるが如し。同心に威儀《いいぎ》を同《おなじ》ふし、たがひに非を改め、是《ぜ》に随《したがい》て同《おなじ》く学道すべきなり。各《お》の是れ、仏在世より行じ来《きた》れる儀式なり。

心がバラバラだから家庭が崩壊する

俗世間で言う教訓に、こういうのがあります。「**城を傾むくることは、中にささやき言《ご》と出来《いで》るに依るなり**」と。「城」、すなわち一国一城がつぶれてしまうのは、城内に、ひそひそ話、すなわち内しょ話が発生する場合である、と。内しょ話というのは、ひとに聞かれると困る話ですね。ひとに聞かれたくない話というものは、おおむね、よろしくない話です。とくに、王さまの耳にでも入ったら、とんでもないことになるような話のことです。

そういう、ひそひそ話が、同じ城の中で、あっちでもこっちでも始まるときは、すでにその城内の人々の考えが、てんでバラバラになって収拾がつかなくなっていることを意味します。したがって、そういう城は、だんだん勢いがおとろえ、最後は、滅亡してしまうのです。おそらく、大阪夏の陣のときの大阪城内などは、そうだったのでしょう。

ところで僕は、このひそひそ話が、大の苦手なのです。もともと声がでかいせいかもしれません。大分前の法廷で、相手があんまりへんなことを言うもんですから、大音声で僕が論陣を張ったことがありました。そしたら裁判長いわく。

「遠藤代理人。そんなにでかい声を出さなくとも、聞こえています」と。

トタンに僕は言いました。

「裁判長！　これでも私は、小さい声で言っているのです」と。

そして、更に大きい声で弁論をつづけたら、さすがの裁判長も、何も言わなくなりました。

また、数か月前、東京地裁で法廷が終わったのち、一階の弁護士控室へ依頼者と入り、控室の中を、粗末な間仕切りで六室位にしきってある面談室の中で、打ち合わせをはじめました。するとまもなく、相手方の弁護士が同じく自分の依頼者をつれて、となりの面談室に入ってきたではありませんか。「これでは呉越同舟で、お互いの話がつつ抜けになるな」と思ったのですが、しかし、「別に悪いことを相談するわけではないから、どうということはなかろう」と思い、いつものとおり大声で私の依頼者と打ち合わせをはじめました。

ところが、となりの室からは、何もきこえてこないのです。間は板一枚で、天井はありません。「どうしたのかな」と思いながら、三〇分ほどの打ち合わせを終えて、依頼者と一しょにその室から外へ出て、はじめて分かりました。相手方は、そのとなりの室から抜け出て、私の室から一番遠い所にある間仕切りの中に入り、そこで依頼者と打ち合わせていたのです。

おそらく、となりの室に、僕の声がワンワンひびくもんで、遠慮して、一番遠い室に移動したのでしょう。

したがって私の場合は、「**ささやき言《ご》と**」をしろと言われてもできないので、この点は合格です。

さらに、こういう言葉もあります。「**家に両言《りょうごん》ある時は針をも買ふことなし。家に両言《りょうごん》なき時は、金《きん》をも買ふあたひあり**」と。「一家の中に意見の対立がある時は、針一本を買うこともできない。逆に、一家の中に意見の対立がない時は、金《きん》を買うこともできる」と。

そのとおりですね。一つの家庭の中でゴタゴタがある時は、話し合いすらできないわけですから、針を買うにも、みんなで相談のうえ、買うこともできないわけです。逆に、みんな一致協力して家事にいそしんでいれば、金《きん》を買うことだってできるわけです。

「兄弟《けいてい》、牆《かき》に鬩《せめ》ぐ」という言葉が、中国の古典の詩経にありますが、兄弟や仲間同士が内ゲバをやっていたのでは、その家や組織は、ひとりでに崩壊してしまいます。今の中核派と革マル派と革労協の如きものです。

今、私の家族は、私と妻けい子だけですが、家庭のことで何か問題がおきた場合、私は原則としてけい子の意見に従うことにしています。例外的に、けい子の意見が仏道に反する場合だけ、よく言って聞かせて翻意《ほんい》してもらうことにしています。ですから、わが家の場合は、針はもちろん、金《きん》でも買うことができるわけであります。

すなわち「**家をたもち城を守るに、同心ならざれば終《つい》にほろぶと云へり**」。心が一致しないと、家も城もほろんでしまうのです。

ところでそれは、在家人の言葉であります。在家人ですらそう言っているのですから、出家人の組織、すなわち教団の場合は、なおさらそうなるわけです。「**況《いわん》や出家人は、一師に学して水乳の和合せるが如くすべし**」。「正師《しょうし》なき仏法は仏法に非ず」ですから、一人の師匠のもと、水と牛乳がよくまじり合うように、一心同体となって道を求め、かつ実践しなければならないのです。

主体性尊重は誤り

私の師匠は、紀野一義先生（前・正眼《しょうげん》短期大学副学長）で、私の所属する仏教教団は、真如会《え》（立川に本部のある真如苑ではありません）です。そして、私ども真如会は、一師・紀野先生に学び、一心同体となって和合しています。

又、私が主宰する教団は、「現代人の仏教の会」と「弁護士会仏教勉強会」です。いずれも、私のもとで学び、一心同体となって和合しています。

もっとも、今の社会常識では、個の確立とか個人意識の尊重とか自我の確立とか言われていますす。したがって「一師に学して水乳の和合せるが如くすべし」と言われると、「それは前近代的な考えだ、個性を否定するのか」と言う人もいるでしょうが、たしかに、国家権力に対する関係においては、個の確立・個人意識の尊重・自我の確立ということは、いくら強調してもいいのですが、しかし、人間、対、人間の横の関係、とくに仏道を求める集団（これをサンガといいます）においては、そんなものは、百害あって一利がないのです。

というのは、前にものべたように、もともと人間は、オギャーと生まれたときには、すべて仏性を持って生まれてきているのです。ところが大きくなるにつれて、そのまわりに、必要以上の色んな欲望、すなわち煩悩というものを、二重にも三重にも、垢のようにこびりつかせてしまい、その煩悩を、「自分」と錯覚しているのです。今の人が、個人意識とか自我とか個と言っているものは、実はそれぞれの人の中にあるこの煩悩をさしているのです。

ところがすべての人の心の奥底に秘められている仏性というものは、大いなるもの・大いなるいのち・大いなるひかり、すなわち法身仏《ほっしんぶつ》と、ぶっつづきにつながっているものであって、それはすべて平等なのです。釈尊の仏性がすぐれていて、あなたの仏性が劣っているなどということは、ありません。

したがってその仏性の世界においては、個人意識の尊重もなければ自我の確立の必要もありません。まさに、水と乳がとけ合ったように、和合している世界なのです。

この点、道元さんの流れをくむと自称する日本国曹洞宗《そうとうしゅう》教団は、かつては「日本国騒動宗《そうどうしゅう》」と言われたように、永平寺派と総持寺派が対立し、宗議会議員の選挙や、永平寺貫主や総持寺貫主の選挙のときには、実弾がとびかうほどのケンカをくりかえしております。あれは、自分たちのセクトの利益だけを優先し、サンガにおける和合の大事さを忘れた現象であります。

もっとも、その曹洞宗教団においても、二〇〇〇年の一月まで管長をやり、今は鶴見の総持寺の貫首をつとめている板橋興宗《こうしゅう》和尚や、又一部の僧侶のように、「何とかしてお釈迦さまと道元禅師が広めようとした真の仏法によって、日本と世界を救わなければならない」と真剣に考えている人たちも、いくらかいます。しかし、教団全体の趨勢には、なっていません。

そのためには、「**六和敬《ろくわきょう》の法**」を実行することです。六和敬とは、瓔珞経《ようらくきょう》にある教えで、出家・在家を通じ、仏教者の組織を和合組織に持って行くための六つの行《ぎょう》、すなわち、同身と同《どう》口《く》と同意と同戒と同見と同行《ぎょう》のことです。

同身とは、からだの行動を一しょにすること、同口《どうく》とは、同じ言葉を話すこと、同意とは、心の働きを同じくすること、同戒とは、みんなで戒律を守ること、同見とは、同じ考えを持つこと、同行《どうぎょう》とはみんなで同じ生活をすることを言います。

したがって、この六和敬《わきょう》を徹底して実践するためには、かつて、旧制高校がそうであったように、全寮制をとらなければいけないことになりますが、それが無理だとしても、できるだけ、生き方を同じにすることは、できるはずです。

もっとも、ここまで行くと、先ほどの現代人的感覚は、そのまま肯定できないかもしれません。同じ行動をし、同じことをしゃべり、戒律を同じくするのはいいとしても、同じ心を持ち、同じ考え方を持ち、同じ生き方をすると言うと、「いったい、一人一人の主体性はどうなるのか」ということを言う人が出て来るでしょう。

しかし、先ほども言ったように、主体性というものは、諸悪の根源である国家権力に対しては、いくら強調してもいいけれども、仏道を学ぶ上においては、やはり百害あって一利のないものなのです。なぜならば、今の人が主体性と言っているのは、先ほども言ったように、要するに自分の煩悩のままに生きることを言っているからです。

真の己れは法身仏とぶっつづき

考えてみると、世界の歴史が近代に入り、特に日本の場合は、昭和二〇年八月一五日の敗戦から、「主体性、主体性」と言い出してから、世の中がだんだんおかしくなってきました。現代の地球上の社会をおおっている邪教が、主体性宗だと、私は、見ております。

もっとも仏教では、真の主体性は否定していません。法句経《ほっくきょう》でも言っています。「他をよりどころとするなかれ。己れをよりどころとせよ」と。

ただし、ここで言っている「他」とは、「他の人間」ということであるのに対し、ここで言っている「己れ」とは、真の己れのことです。そして真の己れとは、先ほども言ったように、法身仏とぶっつづきにつながっている仏性のことであって、その上をおおっている煩悩は、偽の己れであります。

ところが、鎌倉時代において、すでに、その偽の己れにしたがって行動する禅僧が現れていたみたいです。**「各《お》の各《お》の寮々をかまへて身をへだてて心《ここ》ろ心《ごこ》ろに学道の用心する禅僧」**です。

「寮々」とは、個室のことです。一つのお寺の中に、それぞれの個室を設けることです。

ところが、お釈迦さま時代の生き方からすると、個室というものは許されないんです。道元さんの考えも、そうです。

ところが、中国（宋）から道元さんが日本に帰ってきた頃になると、他の宗派においてはもちろん、かつて道元さんが修行していた建仁寺でも、その動きがはじまっていたようです。

そのように、それぞれが自分の個室にとじこもったらどうなるかというと、お互いの身と心がへだてられます。とくに、心がバラバラになってしまいます。それでは、六和敬の法を実践はできません。

ところで最近は、どこの家庭でも、子どもの個室をつくることに血道を上げています。

私にも四人の子どもがいました。長女が生まれた昭和三三年一二月から四人目が生まれた昭和四〇年六月までは、みんなお茶の間で、ワアワアやっていたんですが、物心がつくにつれて個室をほしがり、やむをえず、私も、四人の個室をつくってしまいました。その結果、四人の子どもたちは、てんでバラバラになってしまいました。

　ところが私が生まれた宮城県柴田郡大河原町《おおがわらまち》の生家には、個室など、ありませんでした。私の生家は入口を開けるとそこにいろりばたがあり、となりに座敷があり、外に井戸と便所があり、それだけ。姉と僕と弟の三人兄弟でしたが、個室など、ありませんでした。夏は、座敷の隅っこに机をおいて勉強し、冬はいろりの上にこたつを置き、それに入り、板切れを机がわりにして勉強しました。

　そして、昭和一二年九月、私が小学一年のとき、父に召集令状が来て徴兵され、そのまま中国で戦死されてしまった以後、母と子三人は、お互い羽を寄せ合い、身体と心を温め合って育ち、成長してきました。

　この点、今の個室主義は、家族共同体を破壊しています。親も子も、心がバラバラになっています。だから家庭内暴力と校内暴力といじめが頻発しているのです。「**各《お》の各《お》の寮々をかまへて身をへだてて心《ここ》ろ心《ここ》ろに**」生きているから、おかしくなってしまったのです。

　それではダメなのです。「**一船にのりて海をわたる**」ように、生きなければならないのです。家庭にしても、仏教者の集まりにしても、父や一人の師匠を中心に生き、真理を体得して行かなければならないのです。一つの船にのって荒海を渡る場合、一人だけあばれたり、わがままをしたりすれば、船がひっくりかえってしまいます。

道元禅師は、一二二三年（二三歳の時）宋に渡り、一二二七年（二七歳の時）、日本に帰りました。そして、宋から帰ってくるとき、東支那海で大暴風雨に見舞われ、道元さんたちの乗っていた船は、今にも転覆しそうになりました。その時、道元さんは少しもあわてず、木の葉のように揺れる船の上で、坐禅をはじめたのです。

まもなく船の前方に、一枚の蓮の葉に乗った観音さまが現れ、その観音さまの先導に従って船が進むと、その針路だけ、波がおさまりました。そして、船は、無事、九州に着くことができたのです。

道元さんは帰国後、自分が見た観音さまをつくり、その観音さまは、今も、永平寺に「一葉観《いちよう》音」として安置されています。

そのような経験をへた道元さんですから、船がかんたんに転覆するという話を、実感をこめて語られたのです。

そして、仏道を求める者たちの集団は、「**同心に威儀《いいぎ》を同ふし**」なければならないのです。心を一つにして、「**威儀《いいぎ》**」を同じくしなければならないのです。

大衆《だいしゅ》の威神力《いじんりき》

「**威儀《いいぎ》**」とは四威儀《いいぎ》と言い、人間の行動様式を四つに分けたものです。すなわち行《ぎょう》・住・坐・

臥《が》のことです。行《ぎょう》とは、立ったり、歩いたり、からだを動かしたりすること、住は、一か所にじっととどまっていること、坐は坐ったり坐禅をしたりすること、臥は寝ることです。すなわち、二四時間、仏道仲間は、行動をともにしなければならないのです。

永平寺や総持寺をはじめとする、全国の専門僧堂における雲水たちは、今も、そのようにして修行しております。

そして「たがひに非を改め、是《ぜ》に随《したがい》て同《おなじ》く学道すべきなり」。

お互いに「非を改め」るのです。みんなの力で、修行するのです。仏法というものをたった一人で修行するのは不可能なことです。たとえば坐禅一つにしても、そうです。私は今、毎日朝、自宅仏間で坐禅していますが、たった一人で坐っていると、一五分が限界です。ところが、みんなと一しょに坐禅していると、四十五分も、すわれるのです。これを「大衆《だいしゅ》の威神力《いじんりき》」と言います。

ですから、仏教書を本屋から一ぱい買ってきて、一人で自宅で読んだって、仏教は、絶対に会得できません。私の主宰する「現代人の仏教の会」の会員は約五〇〇人、「弁護士会仏教勉強会」の会員は約二〇〇人ですが、勉強会をやる港区西新橋のぼくの事務所がせまいので、一回に入れるのは四〇人位です。その四〇人の中で、毎回もまれているうちに、だんだんだんだん、仏道が得られていくのです。

そして「是《ぜ》に随《したがい》て同《おなじ》く学道すべきなり」。何が善で何が悪かを、自分の頭だけで考えていると、独りよがりに陥ってしまいます。ところが、志を同じくする四〇人の中にその問題を持ち出し、みんなで討議する中で、はじめて間違いのない結論がえられるのです。

そして**「是れ、仏在世より行じ来《きた》れる儀式なり」**。

お釈迦さまが悟りを開かれた紀元前四二八年からお亡くなりになる紀元前三八三年まで、ずっと実行して来られたやり方なのです。

まとめ

ここで言っていることは、サンガという仏教共同体のあり方についてです。一口に言えば、それは和合ということに尽きます。ですから、教団の和合を破ることは、破和合僧の罪と言って、最も重い五逆罪の一つとされ、死んだら、地獄の中で一番責め苦の多い無間《むけん》地獄に生まれかわることになっています。

そして、同じことは、今、崩壊に瀕している日本の家庭という社会における最小限の共同体についても言えます。子が親を殺し、親が子を殺すという地獄に至った日本の家庭を、本来の姿に戻すためには、父を中心にして水乳の和合せるが如く生き、**「各の各の寮々をかまへて身をへだてて心《ここ》ろ心《ごこ》ろ」**をバラバラにして生きるという今の家庭の在り方を、木っ端微塵に打ち砕く以外には、方法はないということです。

第六節　雨もり万歳

巻第四の一四　示して云く。楊岐山《ようぎさん》の会禅師《えぜんじ》、はじめ住持の時、寺院旧損《くそん》して僧のわづらひありし時、知事、申して云く。修理あるべしと。会《え》の云く。堂閣破ぶれたりとも露地樹下《ろぢじゅげ》にはまさるべし。一方破ぶれてもらば、一方のもらぬ処に居《こ》して坐禅すべし。堂宇造作《ぞうさ》によりて僧衆《そうしゅ》悟りを得《う》べくんば、金玉《きんぎょく》を以てもつくるべし。悟《さとり》は居所《こしょ》の善悪《ぜんなく》にはよらず、只、坐禅の功《く》の多少にあるべしと。翌日の上堂に云く。楊岐《ようぎ》、乍《はじ》めて住すれば屋壁疎《おくへきそ》なり。満床《まんしょう》、尽《ことごと》く布く雪の真珠。項《うなじ》を縮卻《しゅくきゃく》して暗《あん》に嗟吁《さく》す。良久《りょうきゅう》して云《いわ》く、翻《ひるがえ》って憶《おも》う、古人樹下《じゅげ》の居《こ》を、と。ただ仏道のみにあらず、政道も亦かくの如し。唐《とう》の太宗《たいそう》はいやをつくらず。竜牙《りゅうげ》云く、学道は先ず須《すべから》く且《しば》らく貧を学すべし。貧を学し貧にして後、道、方《まさ》に親《した》しと云ふ。昔し釈尊より今に至るまで、真実学道の人、たからにゆたかなりとは聞かず見ざるなり。

ボロ家で結構

前にも言いましたが、今、テレビその他のコマーシャルを見てると、出てくるのは、ファッションとグルメとマンションないし一戸建の住宅の宣伝ばっかりですね。というのは、視聴者のほうで関心があるからでしょう。

ひっくるめて言うと、衣と食と住の問題です。そして現代人が理想とする生活は、超一流の服を着、超一流の料理を食い、超一流の住まいに住みたいということ、これです。

ところがこれが道元さんの眼から見ると、どうなるか。それがここの問題です。

「楊岐山《ようぎさん》の会禅師《えぜんじ》、はじめ住持の時」。**「楊岐山」**というのは山の名前ではなくて、昔、中国にあったお寺の名前です。そこに**「会禅師《えぜんじ》」**という禅の師匠がいました。この**「会禅師《えぜんじ》」**というかたは、フルネームを、楊岐方会《ようぎほうえ》と言い、後に中国禅宗の一派・楊岐宗の開祖とされたかたです。九九二年生まれ、一〇四九年死亡のかたですから、日本で言えば、平安時代の中期で、清少納言が『枕草子』を書き、紫式部が『源氏物語』を書き、藤原道長が栄耀栄華をきわめていた頃です。法系図上、道元禅師とのつながりを示すと、つぎのようになります。

六祖慧能《えのう》
—南嶽懐譲《なんがくえじょう》—百丈懐海《えかい》—黄檗希運《おうばく》—臨済義玄—興化《こうげ》—南院慧顒《えぐう》—風穴延昭《ふうけつえんしょう》—首山省念—汾陽善昭—石霜楚円—**楊岐方会**《ほうえ》
—青原行思—石頭希遷—薬山惟儼《いげん》—雲巌曇晟《うんがんどんじょう》—洞山良价《りょうかい》—曹山本寂—同安同丕《どうひ》—同安観志—梁山縁観—太陽警玄《きょうげん》—投子義青《とうす》—芙蓉道楷《どうかい》—丹霞子淳—真歇道了《しんけつ》—天童宗珏《そうかく》—雲竇《せっちょう》智鑑—天童如浄—**道元**

右の系図のうち、右の流れ、すなわち南嶽懐譲《なんがくえじょう》の流れが、後に黄檗宗《おうばく》、臨済宗となり、左の流れ、すなわち青原行思《せいげんぎょうし》の流れが、後に曹洞宗《そうとう》となります。そして、ここでは曹洞宗の流れをくむ道元禅師が、臨済宗の流れをくむ楊岐方会《ほうえ》禅師のことをほめていることになります。ということは、道元禅師には、曹洞宗という宗派を立てる気持ちが、全くなかったということを意味します。

その方会《ほうえ》禅師が楊岐山《ようぎさん》というお寺に住職として入ったとき、そのお寺は、ぼろぼろだったのです。「**寺院、旧損《くそん》して僧のわづらひありし時**」。「**わづらひありし時**」とありますが、別に坊さんたちが病気になっていたというのではなくて、あんまりお寺がぼろぼろなことが、そこの雲水たちにとって、心のわずらいごと、つまり、気になっていたということです。

何しろぼろぼろぼろ。雨はもるは、ゆかは抜けるは。今のお寺は、日本国中、立派な建物だらけになっちゃったが、当時の中国の、とくに禅をもっぱらとするお寺は、ボロボロだったのです。

そこで「知事《ちじ》、申して云く」。禅寺には、主な役目に六つありまして、これを六知事と言います。「事を知《しろしめ》す」、すなわちお寺の事務を六つに分けてつかさどる役目のことです。

この禅宗にある「知事」という言葉を、明治政府が禅宗から借用して作ったのが、各都道府県の知事という名称です。したがって、都道府県知事とは、本来の意味では、「各都道府県の事務を管理する人間」という意味です。

その楊岐山の事務方が、赴任してきた方会《ほうえ》禅師に申し上げた。「修理して下さい」と。「修行僧たちは、雨は降るは、風は吹くはで、修行できません」と。

そうしたら師匠の方会《ほうえ》禅師は、言いました。「**堂閣破《や》ぶれたりとも露地樹下《ろぢじゅげ》にはまさるべし。一方破ぶれてもらば、一方のもらぬ処に居《こ》して坐禅すべし**」。お寺の建物がこわれていたって、外よりはいいだろう。樹の下よりはいいだろう。このお寺の中のどこかに雨がもって来たら、雨のもらない別の隅っこで坐禅をしたらいいではないか。そこにも雨がもってきたら、さらに別の隅っこで坐禅をすればいいではないか、ということです。

曹洞宗・臨済宗・黄檗《おうばく》宗を通じ、今の禅宗のお寺は、でっかい、立派な建物をつくることが仏法興隆になるんだと錯覚しています。しかし、道元禅師が賞揚する方会禅師の言葉は、全く逆なのです。

お寺の建築の無意味さ

ところで、この一節を読むと、愛妻けい子の家を思い出してしまうのです。けい子と私は、昭和五八年四月八日のお釈迦さまの誕生日に婚姻届を出しましたが、当時は二四才の長女をかしらに、一七才の末娘まで四人が、葛飾区新宿《にいじゅく》の自宅で私と暮らしており（先妻とは昭和五六年に離婚）、けい子と私は、そのまま別居結婚を続けました。そして、一九九八年に末娘が結婚して他に世帯を持ったため、葛飾の住まいは、私一人になってしまいました。そこでけい子を葛飾の住まいに呼び寄せようとしたところ、けい子は、今住んでいる台東区竜泉のマンションに昭和五〇年から住んでいるため、一人暮らしの自由さが気に入っているのでしょう。「当分このままでいいわ」と言うことになってしまいました。

そこで私は、毎週月ようと木ようの夜に、竜泉のマンションに泊まり、昼は毎日、港区西新橋の事務所で一しょに仕事をするという、妻問い婚の形で、ずっと過ごしているわけです（けい子は、遠藤法律事務所の事務局長の仕事もしているので）。

ところが、昭和五〇年二月からけい子が住んでいる竜泉のマンションは、ずさんな建築だったせいか、ちょっと雨が降ると、天井からポタポタ、雨がもってくるのです。私は、「ほかのマンションを買うなり、葛飾のぼくの住まいに来るなりしたらどう？」と言っているのですが、それでも、二十五年、四分の一世紀も住んだ部屋のために、そこがなれているのでしょう。やっぱり

「このままでいいわ」ということになっているのです。

だもんだから、雨がもるたんび、そのたたみの上に新聞をしいて、たらいをおき、別の所がもってくると、そこにも新聞をしいて、別のたらいを置いているのです。まさに「**一方破ぶれてもらば、一方のもらぬ処に居《こ》して坐禅すべし**」であります。

かくして我が妻けい子は、平安時代の名禅僧、楊岐方会《ようぎほうえ》禅師と同じ生き方をしているわけです。

そして、方会さんのつぎの言葉も、すごいですねえ。「**堂宇造作《ぞうさ》によりて僧衆《そうしゅ》悟りを得べくんば、金玉《きんぎょく》を以てもつくるべし**」。立派な大伽藍《だいがらん》を造れば、それだけで修行僧がみんな悟りを開けるというのであれば、金や宝石でお寺の建物を作れ、ということです。痛烈な皮肉です。

ところが、今日本のお寺は、各宗派を通じて、しょっ中、立派な「**堂宇造作《ぞうさ》**」を造っています。やれ「宗祖〇〇大師千何百年遠忌《おんき》大建築」とか、「〇〇禅師生誕何百年記念大建築」とか、「立宗千何百年記念大普請」とか。それは何のためか。それは、民衆は今なおバカだから、破れた堂閣のお寺におさい銭を上げてもご利益がないと思い、ばかでっかい建物のお寺だと、カネを払いたくなるからです。創価学会も、日本全国に、「〇〇創価文化会館」とか「〇〇池田会館」とか造って、バカな会員を集めています。

そういう風に、バカな在家が多いもんだから、坊さんのほうも、本来の仏教とは逆の行き方をするようになるんです。「坊主の堕落」は、堕落した在家の責任なのです。在家のほうが、仏法でないものを仏法と「顛倒夢想」（般若心経）しているもんだから、坊主の行き方を、仏法に反するほうに追いやっているのです。

さっき創価学会に触れましたが、学会と日蓮正宗が蜜月関係にあった頃、学会が莫大なカネを学会員から集めて、静岡県富士宮市の大石寺《たいせきじ》に、バカでっかい正本堂《しょうほんどう》というものを造って寄進しました。そしたらその後、日蓮正宗の大石寺と池田大作が大げんかになったため、大石寺では、その正本堂をぶっこわしてしまいました。そしたら学会から大石寺に対し、「あれは、我々がカネを出したのだから、損害賠償をしろ」とわめいています。「**堂宇造作《ぞうさ》**」にからむこのケンカにおいては、創価学会側にはもちろん、大石寺側にも、仏法は一カケラもありません。「**堂宇造作《ぞうさ》によりて僧衆《そうしゅ》悟りを得べくんば、金玉を以てもつくるべし**」。胸がスカーッとします。

そういえば、葛飾区新宿《にいじゅく》にある私の自宅を造ったのは昭和三二年でした。その後、昭和三六年に道路側に応接間を増築し、母屋は昭和四〇年に改築した木造二階家なので、今日まで三九年ないし三五年たっております。その間、手を入れておりません。ですから、ちょっと見ると、相当の老朽建物になっております。しかし、これでいいのです。まだ、雨は洩っていませんが、そのうちに洩れて来るでしょう。

「**悟《さとり》は居所《こしょ》の善悪《ぜんなく》にはよらず**」。住んでいる建物が善い建物か、悪い建物かということと、悟りを開けるかどうかということとは、全く無関係なのです。むしろ、立派な大伽藍《だいがらん》にいる坊主ほど、なまぐさであり、ぼろぼろのお寺にいる坊さんに、時々キラリと光るものを持った坊さんがいるのです。

そして、なまぐさと本ものは、何によって分かれるかというと、「只、坐禅の功《く》の多少にあるべしと」。坐禅を一ぱいしているか、しないかだけによるのです。私は、今、言ったように、三九年前に造った古い家の仏間で毎朝、一五分ずつ、毎日、坐禅をつづけています。これでいいのです。

そして「翌日の上堂《じょうどう》に云《いわ》く」。方会さんが、楊岐山に住職として赴任した翌日の「上堂」のときに、こう言いました。堂とは法堂《はっとう》のことです。禅宗の修行道場は、基本的に七つの建物から成っており（よって七堂《しちどう》伽藍《がらん》と言います）、その一つを法堂と言い、師匠が修行僧に対して、説法をする建物のことです。その法堂に、一段高い席があり、師匠はそこへ上がって説法するので、「上堂」と言ったのです。

天の理に反すると病気になる

そこで方会禅師は、みずから作った漢詩を、朗々と読み上げました。「楊岐《ようぎ》、乍《はじ》めて住すれば屋壁疎《おくへきそ》なり」（原文では「楊岐乍住屋壁疎」という七言詩になっています）。「わしは昨日、はじめてこの楊岐山というお寺に赴任してきた。ところが見たところ、このお寺は屋根も壁も、疎《まば》らである」。穴があいているもんだから、風がヒューヒュー入ったり、雪が降りこんだりする。「満床《まんしょう》、尽《ことごと》く布《し》く雪の真珠」（満床尽布雪真珠）。雪が降ると、どの部屋にも雪が降りこんでくる。あたかも、あらゆる部屋に、雪が真珠のように光っている。これで見ると、方会さんがこの楊岐山に赴任してきたのは、雪の降っていた冬と思われます。

「項《うなじ》を縮《しゅく》卻《きゃく》して暗《あん》に嗟《さ》吁《く》す」。そのため、お前たちは、首を縮め、暗澹《あんたん》とした顔をして「ああ、寒い、寒い」と言っている。縮は「ちぢめる」、卻も「ちぢめる」。嗟は、「ハーッ」と言ってなげくこと。吁《く》はおどろくこと。

「良久《りょうきゅう》して云《いわ》く」。「良久して」とは、ややしばらくして、一呼吸して、と言う意味。つまり、方会《ほうえ》さんは、ここで一息ついてから、さらに朗吟します。「翻《ひるがえ》って憶《おも》う、古人樹下《じゅげ》の居《こ》を」。お前らは、そうやって、首をちぢめ、「ああ、寒い寒い」と言っているが、ここで思い出しなさい。「古人」、すなわちお釈迦さまは、どこで坐禅をしたと思うか。建物の中ではないぞ。外の菩提樹の下でおやりになったではないか。あるいは、お釈迦さまのお弟子さんたちも、同じく、樹の下とか、石の上とか、墓地とか、森の中で坐禅をしていたではないか、ということです。

なるほど、祇園精舎とか竹林精舎も、あったでしょう。しかしそこは、例えば夏安居《げあんご》に、旧暦の四月一六日から七月一五日までの雨季に、修行僧たちが外出しないで一室にこもり、修行する時に使っただけであって、それ以外は「樹上樹下《じゅじょうじゅげ》」で坐禅をしていたのです。

だから「お前らが、お寺がぼろぼろで寒い暑いが気になって坐禅ができないというのなら、いっそのこと、外へ出て、木の下で坐禅しなさい。わたしには、そういう釈尊時代の良きならわしが、なつかしく思われてならん」ということです。

お寺がなくとも、修行はできるのです。これを読んでいる、あなたの自宅で、修行はできるのです。

　ここまでが楊岐方会さんの説法で、つぎはこれに対する道元さんのコメントです。

「ただ仏道のみにあらず、政道も亦かくの如し。唐の太宗《たいそう》はいやをつくらず」。このようなことは、仏道の世界の中だけの話ではなく、政治も又、そうなのです。唐の太宗も、人民のために、いや（家）をつくらなかった話は、前に『随聞記』の第三巻第六節に出てきましたね。


　唐の太宗即位の後、故殿に栖《す》み給へり。破損せる故《ゆ》へに濕気《しつけ》あがり、風霧《ふうむ》冷《ひやや》かにして玉体おかされつべし。臣下等《しんげとう》造作《ぞうさ》すべき由を奏しければ、帝の言く。時《と》き農節なり。民、定めて愁《うれ》ひあるべし。秋を待《まち》て造るべし。濕気に侵さるるは地にうけられず、風雨に侵さるるは天に合《かな》はざるなり。天地に背かば身あるべからず。民を煩《わずら》はさずんば、自《おのずか》ら天地に合《かな》ふべし。天地に合《かな》はば身を侵すべからずと云ふて、終《つい》に新宮を作らず、古殿に栖《す》み給へり。


　今、唐の宮殿の大改築をやると、国民から莫大な税金と労力を、取らなければならない。しかし、そうでなくとも、民衆は苦しいのだ。それだけではない。宮殿がぼろだって、民衆のために、正しい政治をしておれば、天の神と地の神が朕《ちん》のからだを守ってくれるのだと言って、宮殿の大造営を、唐の太宗が拒否したという、話です。

　すばらしいことです。ところが平成天皇が即位をするときには、皇居に新宮殿をつくり、皇太子が雅子と結婚した時には、青山御所に新宮殿をつくりました。どこかの建築会社が、工事代一〇〇円だかで請け負ったようですが、しかし、そこでかかった工事費は、結局、その建築会社に建築を注文する消費者の工事費にくみこまれるわけですから、やはり、民《たみ》の負担となるわけです。

さらにその他の政治家もそうですね。政界に出るのは、大臣や、党の要職につき、それによって大邸宅をつくり、大金をためこもうと思って出ているのが今の政治家、とくに保守系の政治家の大部分です。そのために収賄罪がバレて逮捕されるやつもいますが、逮捕されるのは氷山の一角でして、その背後には、その何層倍もの収賄がかくされているはずです。

唐時代といえば、中国の封建時代です。今の民主主義時代より、体制的には、おくれた時代のはずなんですが、とんでもない、なかなかのものです。

遠藤誠は釈迦の法孫

竜牙禅師《りゅうげ》の漢詩が、つぎに引用されています。竜牙さんは、フルネームを竜牙居遁《ことん》と言い、八三五年生まれの九二三年死亡のかたですから、先ほどの楊岐方会《ほうえ》さんより、約一六〇年位前の人です。日本で言えば、平安時代の初期、弘法大師が死んだ年に生まれ、菅原道真が九州の太宰府に流され、『古今和歌集』が編集された時代の人です。

先ほど、六祖慧能《えのう》さんから楊岐方会《ほうえ》さんまでの系図を示しましたが、その六祖慧能さんから竜牙さんまでの続柄を示すと、こうなります。

六祖慧能―青原《せいげん》行思―石頭希遷《きせん》―薬山惟儼《やくさんいげん》―雲巌曇晟《うんがんどんじょう》―洞山良价《とうざんりょうかい》―┬雲居道膺《うんごどうよう》
└竜牙居遁《りゅうげことん》

実は、この法系図、すなわち禅宗における法系図を唱えることを「祖堂諷経《ふぎん》」と言いまして、私は、毎朝、自宅仏間で、これを唱えることにしているのです。まず、釈迦牟尼仏大和尚からはじまり、摩訶迦葉《まかかしょう》大和尚、阿難陀（阿難）大和尚、（以下、この本では、時々とばします）、那《な》伽閼刺樹那《ぎゃはらじゅな》（竜樹）大和尚、菩提達磨《だるま》（達磨）大和尚、太祖慧可《えか》大和尚、大鑑慧能《だいかんえのう》（六祖慧能）大和尚、青原《せいげん》行思大和尚、石頭希遷《せきとうきせん》大和尚、薬山惟儼《やくさんいげん》大和尚、雲巌曇晟《うんがんどんじょう》大和尚、洞山良价《りょうかい》大和尚、雲居道膺《うんごどうよう》大和尚、天童如浄大和尚、永平道元大和尚、孤雲懐奘《えじょう》大和尚、瑩山紹瑾《けいざんじょうきん》大和尚、大安玄道大和尚、則心栄良大和尚、遠藤誠大居士、と。

この間、すべてで九六人の大和尚が登場します。最後のほうの大安玄道大和尚というのは、昭和四一年、私に坐禅を教えてくれた遠藤家の菩提寺・繁昌院《はんしょういん》（宮城県大河原町）の当時の住職（かつ曹洞宗教団の教学部長）で、つぎの則心栄良大和尚は、右繁昌院の現住職で、今なお、少なくとも年二回お会いして禅の道の教えを受けている大和尚です。

そして、この祖堂諷経《ふぎん》の読誦《どくじゅ》は、福井県の永平寺や鶴見の総持寺をはじめ、日本国中の曹洞宗の専門僧堂で、毎朝、雲水が、読誦している経文なのですが、正式のやり方は、投地礼拝と言って、大和尚の名前を一人読み上げるたんび、ゆかに体全体を投げ出して拝み、又立ち上がっては次の大和尚の名前を読み上げて投地礼拝をすることになっています。そして、正確に言うと、釈迦牟尼仏大和尚の前に、毘婆尸仏《びばしぶつ》大和尚、尸棄仏《しきぶつ》大和尚、毘舎浮仏《びしゃふぶつ》大和尚、拘留孫仏《くるそんぶつ》大和尚、拘那含牟尼仏《なごんむにぶつ》大和尚、迦葉仏《かしょうぶつ》大和尚という過去六仏がついておりますので、自分を除くと全部で一〇一大和尚になります。したがって、永平寺や総持寺の雲水たちは仏堂で、毎朝一〇一回、立ったり、体を投げ出したりして、礼拝していることになります。

ところで、その中に、大鑑慧能《だいかんえのう》大和尚というのが出てきましたが、このかたがおられたお寺は曹渓山《そうけいざん》というお寺だったので、別名を曹渓慧能とも言います。そして、右の祖堂諷経の少しあとに洞山良价大和尚が出てきますが、この曹と洞をとって、現在の曹洞宗《そうとう》という宗派名がついているのです。韓国にも曹洞宗があるのですが、韓国の曹洞宗は、ズバリ「曹渓宗」と名乗っております。

その竜牙居遁《りゅうげことん》さんが、つぎのような漢詩を詠《よ》んでおります。「**学道は先ず須《すべか》らく且《しば》らく貧《ひん》を学すべし。貧《ひん》を学し貧にして後、道《どう》、方《まさ》に親《ちか》し**」（原文では「学道先須且学貧《せんしゅそがくひん》　学貧貧後道方親」の七言詩）。仏道を学びたいのであれば、まず、しばらくの間は、貧乏になりなさい、ということです。物をほしがらずにまず貧乏になれ。そうすれば、その貧しい生活の中から、ひとりでに仏道というものが手に入るぞということです。

この点、創価学会や今の新宗教は、逆を行っていますね。「創価学会に入り、学会にカネを一ぱい寄付して、朝から晩まで、ナンミョーホーレンゲキョウと唱えていれば、商売繁昌、すなわちカネがもうかる」と宣伝しています。逆です。

だいたい人間の悩み、苦しみは、どこから生ずるか。それは、カネとモノと財産と名誉と地位に対するあくなき貪欲《とんよく》から生まれるのです。バブル全盛時代に、財テクとかマネー・ゲームとかがはやりました。私の事務所にも、毎日のようにあちこちの証券会社から、株の勧誘の電話が入っていました。当然のことながら、私はすべてことわりました。そしたら、ある証券会社の勧誘員は、こう言うのです。「先生は、カネがほしくないのですか?」と。「まったくほしくありません」と言ったら、「お前は、バカか」という一言でその電話は、切れてしまいました。そしてその証券会社は、その後、つぶれてしまいました。

今はバブルがはじけたから、それほどうるさい電話はかかって来なくなりましたが、しかし、人の心は、相変わらず、カネばかり求めています。株価は、相変らず上ったり下ったりしていますが、それは株の売り買いによって金をもうけようとする人々が、相かわらず多いからです。しかし、「竜は、追いつめられたときに、はじめて玉を吐く」のです。竜のように、すばらしい力を持った生き物ですら、ヌクヌクと飽食暖衣の生活をしていたのでは、呆《ほう》けてしまいます。ギリギリの窮境に追いつめられたときに、はじめてすばらしい力を発揮するのです。

カネや財産や地位や名誉や安楽な生活に対する、飽くなき欲望に振りまわされている限り、その人々に、心の平安は、永久に訪れてきません。たえず不満とイライラに、さいなまれるだけです。そうした欲望にふりまわされている自分から、そういう欲望をふりまわす、そういう欲望を自由にコントロールする自分に一八〇度転換したときに、その人は、すばらしい生き方ができるのです。「一日ニ玄米四合ト味噌ト少シノ野菜ヲ食べ」（宮沢賢治）るだけの生活をしていれば、仏道がひとりでにこちらの中に入ってくるのです。

この点、我々弁護士は、例外もありますけど、一般には普通人より貧乏ではないですね。したがって、弁護士が仏道を得るということは、普通の人が仏道を得るより、何倍もむずかしいことになります。

昭和五一年に私が組織した「弁護士会仏教勉強会」に、途中から、弁護士でない人も参加できることにしたら、今では、弁護士でない人だけ来るようになってしまいました。弁護士というものは、それ位、仏道から遠い所に存在しているのです。

名禅僧・乞食桃水《とうすい》

江戸時代の初期の日本に、桃水《とうすい》という曹洞宗の名僧がいました（一五九四？〜一六八三）。長崎県島原城の城主から招かれ、島原の曹洞宗・禅林寺という大寺の住職までしておりながら、ある時、寺を捨てて蒸発してしまいました。

時の島原城主・高力《こうりき》左近太夫をはじめ、弟子たちが八方手を尽くして探したのですが、どうしても見つかりません。何年か探しまわった末、弟子の琛洲《ちんしゅう》ほか一名は、京都、東山の清水《きよみず》寺の参道の下で、師・桃水和尚を見つけました。その坂の下は、乞食たちのたまり場でした。髪ぼうぼう、ひげぼうぼう、ボロボロの乞食姿となった師匠は、乞食の群れの中で楽しそうにくつろいでいました。

弟子二人は、懸命になって「島原の禅林寺にお戻り下さい。藩主以下、多くの弟子たち・信徒たちが待っております」と、たのみます。しかし乞食となった師匠は、頑として首をたてに振りません。ただ低い声で、ひとりごとのように何かを吟じました。それは、つぎのような漢詩でした。

是《かく》の如き生涯、是《かく》の如く寛《ひろ》し
弊衣《へいい》破椀《はわん》　也閑閑《またかんかん》
飢餐渇飲《きさんかついん》　只吾識《ただわれし》る
世上《せじょう》の是非　総《そう》に干《かん》せず

こういう意味です。
今のわしの生活は、見たとおり、のびのびしている。
破れころもに欠け茶わんもまた、のんびりしてて、いいもんだ。
腹がへったら食い、のどがかわいたら水をのむ気楽さを知っているのは、わしだけさ。
世間が何と言おうと、わしにはかかわり合いのないことだ。

そして師匠桃水は、泣いて別れを惜しむ弟子の琛洲《ちんしゅう》らを帰してしまい、以後、死んだ乞食のとむらいをつづけながら乞食をつづけ、最後は、京都北山の鷹の峰において、天和三年（一六八三年）九月一九日、坐禅をしたまま悠々と死にました。浅野内匠頭が江戸城内で吉良上野介に切りつける年の八年前です。そのかたわらに、自筆の遺偈《いげ》がありました。

七十余年、快なる哉《かな》
屎臭骨頭《ししゅうこつとう》、何の用にか堪《た》えん
咦《いい》
真の帰処　作麼生《そもさん》
鷹峰《ようほう》　月白く風清し

意味は、こうです。

七十余年の一生は、愉快であった。

糞と骨を包んでいるこの肉体も、そろそろ耐用年数が来たようだ。

ウフン
真に帰るべき処は、どこであろうか（それは永遠のいのち、すなわち法身仏《ほっしんぶつ》の世界である）。

京都北山のこの鷹の峰に冴えわたる月の光は白く、風は清い。

「七十余年」とありますが、実際は、八十九歳です。桃水師にとっては、自分の年齢など、どうでもよかったのです（桃水和尚については、田中忠雄『乞食桃水』曹洞宗宗務庁昭和五〇年発行）。

金持ちで尊敬されたやつはいない

ちなみに出家とは、読んで字の如く「家を出ること」です。そして出家者が食を得る方法は托鉢、すなわち乞食《こつじき》です。お釈迦さまも家を出てから、死ぬまで托鉢、すなわち乞食《こつじき》によって生命を保たれたわけです。したがって、お釈迦さまが生きたとおり生きた人が、桃水和尚であったわけです。

桃水さんは、島原の禅林寺という大きなお寺の住職の地位に甘んじている限り、仏道の本質は、わからないと思ったのです。まさに「**先ず須《すべから》く且《しばら》く貧を学し、貧にして後、道、方《まさ》に親《した》し**」を、地で行ったわけです。あらゆるものの拘束からはなれて生きたのです。最高の人生です。

そういう意味では、今、東京の隅田川の川べりに青テントを張って生きているホーム・レスの人たちが、最高の生き方かもしれません。彼らの中に、仏道があるとすれば。

もっとも、我々在家、とくに僕のような弁護士が、妻を捨て、子を捨て、依頼者を捨て、事務所を捨て、明日から桃水和尚のようにホーム・レスになれと言われても、仲々できません。しかし、形はホーム・レスにならなくとも、精神の世界において、桃水和尚の生き方や竜牙《りゅうげ》さんの詩にうたわれた生き方はできます。

つまり、自分は今、無一文になったと思うのです。そうすると、カネがこなくとも、「あ、そうか」で終わります。

我々弁護士の収入は不定です。顧問料以外の事件収入がゼロの月は、ときたまあります。しかし、事務所の家賃・事務員の月給・自宅の生活費等という経費は、必ず毎月出てゆきます（私の場合、その外に、別れた妻の妹の生活費と、姉夫婦と同居している私の母への仕送り等が、それ以外にも出てゆきますので、月最低一八三万円は出て行きます）。したがって、月末に貯金通帳の残高を見ると「どうなっちゃうのかな」と思う時もあるんですが、しかし、「**学道は先ず須《すべから》く且《しばら》く貧《ひん》を学すべし**」であります。何とも思わないで、相かわらず、事件という人助けの仕事をしていると、つぎの月にはどこからか入ってくるから不思議です。

ですから、私の場合、カネがガポッと入ってきても別段嬉しいという気はしません。逆に金がさっぱり入ってこなくても、別段どうということは、ありません。いざとなれば、お釈迦さまのように、そして桃水和尚のように、生きればいいだけのことです。

そして結論が出ます。「**昔《むか》し釈尊より今に至るまで、真実学道の人、たからにゆたかなりとは聞かず見ざるなり**」。

たしかにそうです。約二五〇〇年前のお釈迦さま時代から現在に至るまで、仏道を学び、真理を学んだ人として尊敬されている人に、財産家は、一人もいません。お釈迦さまも貧乏でした。前に掲げた、お釈迦さま以後の歴代のお祖師がたも、みな貧乏でした。道元禅師も、そうでした。

一九九六年、あるテレビで、ノンフィクション作家・佐木隆三さんが、こう語っていました。

「せんだって、所用があって、葛飾区新宿《にいじゅく》の遠藤誠弁護士の自宅を訪ねました。あれだけ高名な弁護士だから、さぞかし大邸宅かと思ってお邪魔したら、それが粗末な家なんです。それで更に思いました。〝遠藤弁護士は、やっぱり本ものの弁護士だ〟と」。

そうすると、私も「**貧を学び、貧にして**」生きているのかもしれません。

逆にこういうのがありました。私が一寸関係した寺に、港区の浄土宗W院というのがあります。バブル全盛の頃、そこの坊さんが欲を出して失敗し、最後はやくざから脅かされて逃げまわるという結末に至った事件がありました。

やはり「カネをもうけよう」としては、いけないのです。

まとめ

そこで、こうなります。衣と食と住は、どうでもいいのです。一枚洋服があれば死ぬまで着られるし、一日に玄米四合と味噌と少しの野菜があれば人間は死なないし、屋根と壁のある家かマンションかアパートさえあれば、「狭いながらも楽しい我が家」となるのです。

ところが今の人はそうではありません。前にも言ったように、女も男もファッションだ、ブランドものだと血道を上げ、グルメだと言って必要以上に美食し（そのため、糖尿病とか、コレステロールの増大とか、高血圧とか、肥満体とか、昭和二〇年八月一五日まではなかった病気がふえています）、高いマンションをローンで買うため、母親まで働かないとローンを返せなくなり、結局子どもたちがまともに親からしつけられないため非行や犯罪に走るという現象が頻発しています。

ここらで日本人は、一八〇度生き方を転換しないと、この社会は、滅茶滅茶になるでしょう。

第七節　食えなんだら食うな

巻第四の一五　一日有る客僧問《とう》て云く。近代遁世《とんせい》の法は、各《おの》各《おの》の斎料等《さいりょうとう》のことをかまへ用意して、後のわづらひなきやうに仕度《したく》す。是れ小事なりと云へども学道の資縁なり。かけぬればことの違乱出来《いできた》る。今、師の御様《おんさま》を承《うけたま》り及ぶには、一切其の支度なく只天運にまかすと。若し実《まこと》にかくのごとくならば後時《ごじ》の違乱あらんか、いかん。

答《こたえ》て云《いわ》く。事、皆な先証あり。敢《あえ》て私曲を存するにあらず。西天《さいてん》東地の仏祖、皆かくの如し。白毫一分《びゃくごういちぶん》の福の尽《つく》る期《ご》、あるべからず。何ぞ私《わたくし》に活計をいたさん。亦明日の事はいかにすべしとも定め図《はか》り難し。此の様《さま》は仏祖のみな行じ来れる所ろにて私なし。若し事と闕如《けつにょ》して絶食《ぜつじき》せば其の時にのぞんで方便をめぐらさめ、兼《かね》て是を思ふべきことにはあらざるなり。

仏道を実行するのにカネは要らない

「これから出家したいが、出家後の自分の生活費をためてから出家すべきか、それとも一文なしで出家してもいいのか」という問題です。

前に、「あとに残される家族が死ぬまで食えるように準備してから出家すべきか、それとも、全く準備をしないで出家すべきか」に付し、「全く準備しないで出家せよ」という道元禅師の答えがありましたが、今日の質問は、それを踏まえたうえで、それでは「出家する人自身の生活費をどうするか」という問題です。

一九九五年、大量逮捕されたオウムの出家信者たちは、全財産をオウムに寄付して教団に入って来ましたから、それ以後その出家信者の住居はオウムの施設内ということになり、食事も三度三度支給され、又着る物も教団からもらうことになっていました（在家信者は、もちろん別）。しかし、随聞記のこの所を見ると、当時の出家は、出家後の生活費は、自分で用意していたことになります。

今の出家も、当初、どこかの寺に入って修行する段階では、僧堂で寝泊まりし、食事はお寺から出され、衣服も雲水衣や作務衣《さむえ》として貸与されるわけですから、最小限の衣食住は確保されるわけですが、しかし、何らかの役僧にならない限り、月給まではくれないでしょうから、小使いは自分で用意ということになるのでしょうね。又、雲水として、専門僧堂に入るときに、入門料ないし講習料としてカネが要るとすれば、それは自分で用意しなければいけないことになります。

もっとも、これを書いている私にしても、これを読んでいるあなたにしても、これからどっかのお寺に入って出家することを考えているわけではないでしょうから、これから在家のままで仏道を修行しようとする場合、カネの用意をする必要があるか否かという観点で、お読み下さい。

そういえば、「ライフ・スペース」にしても、「法の華・三法行《さんぽうぎょう》」にしても、「オウム真理教」にしても、「統一協会」にしても、その他諸々のカルト教団にしても、入るときに、何十万円も何百万円も何千万円もふんだくる教団がありますね。そういう「教団」は、果たして本ものの宗教団体といえるのかどうか、それに対する答えも、この節に用意されています。

あるとき、道元禅師の許を訪れた客僧が質問しました。「**近代遁世《とんせい》の法は、各《お》の各《お》の斎料《さいりょう》等のことをかまへ用意して、後《のち》のわづらひなきやうに支度す。是れ小事なりと云へども学道の資縁なり。かけぬればことの違乱出来《いできた》る**」。近頃、すなわち鎌倉時代の現在、出家する人のやり方を見ていると、出家後の自分の食糧や生活費や勉学費をためて用意し、出家後心配のないようにしてから出家しています。これは小さいことのように思えますが、仏道を学ぶための助けとなることです。もし、カネも持たないで出家したら、あとになってカネがないために修行の妨げになることがあると思われますが、どうでしょうか、という質問です。

「斎料《さいりょう》」とは「斎粥料《さいしゅくりょう》」のことで、斎粥とは、禅寺において雲水の食べる食事のことです。粥《かゆ》が多いもので「斎粥」と言ったわけです。斎とは、戒律に従うことです。

「遁世《とんせい》」すなわち出家するときにカネを用意しておくべきかという問題と、我々が弁護士として独立して開業するときにカネを用意しておくべきかという問題は、もちろんイコールではありませんが、関係がありそうなので、少し触れてみましょう。

私は、昭和三六年四月に千葉地裁判事補を依願退官して、同年五月一日、当時丸ビル四階にあった若林清事務所のいそ弁（居候弁護士）になったのですが、一一カ月後に独立を決意しました。独立する以上は、事務所を借りる権利金・敷金・最初の家賃、それから什器備品を購入する資金が要ります。もっとも私の場合は、一年先輩の矢吹輝夫弁護士（現在の浄土宗教団と芝の増上寺の顧問弁護士）と共同で事務所を持つことになり、はじめに要る右の費用は、その全額を矢吹先生が立て替えて出してくれ、その半分を、開業後、月賦で返してくれればいいということになったのですが、しかし、開業後の事務所維持費、すなわち毎月の家賃・光熱費・共同で雇う事務員の月給・電話代・コピー代等の経費は、各二分の一づつ負担するという、当然の約束になっていました。

そうすると、それまでは、若林事務所のいそ弁として、家賃も事務員の月給もただ、逆に若林先生から月二万五〇〇〇円も月給をもらっていたのに、独立後は、矢吹先生に対する立替金の返済から、月々の事務所維持の経費の半分を払わないといけなくなります。しかも、客は、来るんだか、来ないんだか、分りません。来なければ収入はゼロです。

そこで私は、前から指導を受けていた四期先輩の星二良《じろう》弁護士（後の司法研修所教官）に相談に行きました。昭和三七年一月のことです。星先輩は言いました。「遠藤さん、貯金はいくらある？」「四〇万円位です」「それなら、独立しろ」ということになってしまいました。

死ぬまでの間に使うカネの量はきまっている

そこで、昭和三七年四月一日、現在、私の法律事務所になっている港区西新橋の中銀《なかぎん》虎ノ門ビル七階において、「矢吹・遠藤法律事務所」として、旗上げをしたわけです。

ところが、案ずるより生むが易し。独立したその月から、私の収支は毎月黒字で、矢吹先生に対する借金もまもなく払ってしまい、その後、矢吹先生は、もっと広い事務所に昭和三九年一二月移り、以後、中銀虎ノ門ビル七階は、「遠藤法律事務所」として現在に至っているわけです。

しかし、昭和三七年四月、独立する前は、正直言って**「各の各の斎料等のことをかまへ用意して、後のわづらひなきやうに支度《したく》す。是れ小事なりと云へども法律事務所の資縁なり。かけぬればことの違乱出来《いできた》る」**と思いました。このときの**「客僧」**の心配も、そうだったのです。そこで客僧は、道元さんに、さらにこう尋ねたのです。「今、師の御様《おんさま》を承り及ぶには、一切其の支度《したく》なく只天運にまかすと。若し実《まこと》にかくのごとくならば後時《ごじ》の違乱あらんか、いかん」。今、道元禅師の行き方を承りますには、一切そんな支度は要らない、ただ天運にまかすだけだということですが、しかし、後日、不時の出費が必要になったときは、ハプニングが起きてしまうのではないでしょうか、と。

私が、昭和三七年一月、すでに独立していた先輩の星二良《じろう》弁護士に尋ねたことを、この客僧も、たずねているわけです。

しかし、法律事務所開設の場合は、右にのべたように、たしかにカネがかかり、又、開設後も、毎月必要経費がかかるわけですが、出家の場合、最初は修行僧として、どこかのお寺に入るわけです。いわば、我々の世界における、いそ弁になるようなものです。いそ弁になるのにカネは要りません。

果たして道元禅師のきびしい答えが出てきます。「**事、皆な先証あり。敢《あえ》て私曲を存ずるにあらず。西天《さいてん》東地の仏祖、皆かくの如し**」。そんなことには、いっぱい先例があるよ。「**一切其の支度なく只天運にまかす**」ということは、私が事実を曲げて言ったことではない。西天、すなわちインドの仏祖たちも、東地すなわち中国の祖師たちも、すべて、出家するときには、その後の生活費などを持たないで出家している、ということです。

先ほどの「祖堂諷経《ふぎん》」に登場する釈尊から如浄禅師に至る仏祖のだれ一人として、カネをため、その貯金を持って修行に入った人は、もちろん、いません。そしてだれ一人として餓死した人はいないわけです。そのわけはなぜか。とくに、後世の我々仏教徒が、カネの心配をしなくとも餓死しないのはなぜか。それには、つぎのような理由があるからです。「**白毫《びゃくごう》、一分《いちぶん》の福の尽《つ》る期《ご》あるべからず**」。「**白毫《びゃくごう》**」というのは、白い毛のことで、釈尊の眉間に生えていた毛のことです。左巻きの巻き毛になっていたそうで、お寺のしるしの卍は、それから出来ました。そしてこれは釈尊特有の三十二相の一つとされており、したがって「白毫」というと、釈尊のことをさしております。

そしてその「一分《いちぶん》の福」というのは、こういうことです。釈尊は、すばらしいその過去世の行ないによる宿業《しゆくごう》により、紀元前四六三年にオギャーと生まれたときには、一〇〇歳まで生きる寿命をもって生まれてきたのだそうです。ところが、その釈尊は、後の世の仏教者の命分《みようぶん》、すなわち寿命と、食分《じきぶん》、すなわちある人が一生の間に食う食物の量を残すために、一〇〇歳まで生きられる寿命を二〇年ちぢめ、八〇歳でお亡くなりになったという考えが、昔から仏教にあるのです。

「一分の福」というのは、一部の福ということです。一〇〇年のうちの二〇年ですから、五分の一です。お釈迦さまが持っておられた一〇〇年間の衣食住のトータルのうち、五分の一をお釈迦さまは、我々のために残されたのです。しかもお釈迦さまの持っておられた命分と食分の五分の一というのは、そんじょそこらの五分の一とはちがい、無尽蔵のものなのです。ですから、お釈迦さまのあとをつごうとして、このように学びかつ行じようとしている我々は、あれこれと衣食住のことなど、考えなくていいんです。「何ぞ私《わたくし》に活計をいたさん」とは、そういうことです。お釈迦さまの福分が私に残されているのに、「明日の生活費をどうしようか」とか、「今月事務所の事務員に払う月給をどうしようか」などと、己れの小ざかしい考えで、あれこれ心配する必要は、全くないのです。

口があればエサはついて来る

私のように弁護士をやっていると、こういう依頼者が時々来ます。「先生、この事件には、私の生活がかかっているので、絶対に勝って下さい」と。原告にもいるし、被告にもいます。「食うためには、必ず勝ってもらわないと困ります」とか。

ところが「生活がかかっている」とか「食うため」と言っているその依頼者の生活をよく見ると、別に餓死する気配はありません。

仮りに餓死する可能性のあるギリギリの場合でも、人はめったに餓死しないものです。

この『随聞記』の第二巻第六節にもありましたね。「大宋宏智《わんし》禅師の会下《えげ》天童は、常住物《じょうじゅうもつ》千人の用途《ようと》なり。然あれば、堂中七百人、堂外《どうげ》三百人にて千人につもる常住物《じょうじゅうもつ》なるに、好《よ》き長老の住したる故へに、諸方の僧、雲集して堂中千人なり。其外にも、五、六百人あるなり」。

昔、宋国の天童山の住職に宏智《わんし》禅師という超名僧が住職として入ったため、定員千人のお寺に千五、六百人も集まってしまった。したがって、千人分の備蓄食糧で千五、六百人を食わせることはできない。今の会社なら、五、六百人をリストラして首を切るしかない。そこで、時の天童山の知事、すなわち事務総長も悲鳴をあげてしまった。「知事の人、宏智《わんし》に訴たへて云く。常《じょう》住物《じゅうもつ》は千人の分なり。衆僧《しゅぞう》多く集まりて用途不足なり。枉《ま》げてはなたれんと申ししかば、宏智《わんし》云く。人人みな口《く》ちあり。汝ぢが事にあづからず。歎くこと莫《なか》れと」。

「人はみな口を持っている。食い物が足りないというのであれば、その口が適当にどこからか食物をくわえてくるだろう」と。誠に痛烈、かつ適切、かつ明快な答えですね。

そしてその理由は、その第二巻にも、こうありました。「人人皆生得《にんにんみなしょうとく》の衣食《えじき》あり。思念により ても出《い》で来《きた》らず、求めざれば来《きた》らざるにもあらず」と。一人の人間がオギャーと生まれてから死ぬまでに食う食物の量と着る服の量は、その人が過去世から生まれる時までにやってきた善い行ないと悪い行ないの総決算として、生まれながらにきまっているのです。したがって、それ以上ほしいと思って財テクをやっても、株の売り買いをやっても、それ以上のカネは絶対に入って来ず、又逆にそのきまった衣食の総量はいらないから、もっと少しでいいと思っても、きまった衣食の量は、必ず来ることになっているのです。まったくそうですね。私は、昭和三六年から二〇〇〇年の今日まで三九年間弁護士をやっていますが、これまで依頼者に対し、ガツガツ報酬を請求したことは一ぺんもなく、中には、ひとをさんざ働かせておいて、事件が解決したら報酬を払わないで来なくなってしまった依頼者も十数人いますが、しかし、事務所の経費はチャンチャンと払え、家族の生活費は、チャンチャンと払えてきました。

ましていわんや、出家人の場合は、なおさらそうだと、その第二巻にも書いてありました。「釈尊遺付《ゆいふ》の福分あり。諸天応供《おうぐ》の衣食《えじき》あり。亦、天然生得《しょうとく》の命分《みょうぶん》あり。求めず思はずとも、任運《にんぬん》に命分《みょうぶん》あるべきなり」と。仏教を信仰してなくとも、「生得の衣食」が与えられているのに、仏教を学び行じている人、すなわち自分のことを勘定に入れず、他のしあわせを念じ、かつそのように毎日を生きている人には、お釈迦さまが残された二〇年分の福分がプラスされているのみならず、神々がその人に衣と食物を与えてくれるというのです。みんなは、柴又の帝釈天や江ノ島の弁天にお参りに行っておさい銭を上げていますが、仏教者には、逆に帝釈天や弁天が服と食物を与えてくれるというのです。

のみならず、ひとが普通「生活がかかっている」とか、「食うために要るのだ」と言っている場合の九九％は、本当は食えるのだけれども、もっとぜいたくをしたい、もっとカネや財産をほしいと言っているだけのことなのです。そしてそのように、カネを求め、財産を求め、死ぬまで不満を持ちながらみんな死んで行くのです。考えてみれば、アホみたいです。

それればかりではありません。「明日の事はいかにすべしとも定《さだ》め図《はか》り難《がた》し」。前にも書きましたが、ひとは、将来楽をしようとして、今、あくせくとカネを求めて走りまわっています。しかし、そう思っていても、その翌日、死ぬことが、いくらもあるのです。

毎日のように、自動車事故で死んだとか、火事になって焼け死んだとかいうニュースが報道されています。しかし、その死者は、その前日には、「明日、自分は死ぬ」とは思っていないのです。しかし、それでも死ぬのです。

明治の文豪兼軍医総監・森鴎外《おうがい》は、ある本で、こういうことを言っています。「人は若いとき、将来、いい会社に入り、いい仕事をして、人より多くカネを得ようとして、あくせくと勉強する。そして会社に入り、仕事につくと、今度は、会社や仕事をやめたあとの第二の人生を楽しもうと、又あくせくと働く。しかし、定年まで生きられる保証は誰にもなく、ましていわんや、定年後も生きられるという保証は、なおさらないのである」と。

実に名言です。

そしてこれは、道元禅師の独断でも何でもないのです。「此の様《よう》は、仏祖のみな行じ来れる所ろにて私《わたくし》なし。若し事と闕如《けつにょ》して絶食《ぜつじき》せば、其の時にのぞんで方便をもめぐらさめ。兼《かね》て是《これ》を思ふべきことにはあらざるなり」。このような行き方は、お釈迦さまから現在の祖師がたに至る仏々祖々が、みんな実行してきたことなのです。道元さんが、勝手に考え出したことではありません。もっとも、そうは言っても、将来、もし本当に食う物がなくなったらどうするか。それはそのときに、改めて考えればいいことです。

岩手県の曹洞宗報恩寺の名禅僧・関大徹和尚は、「食えなんだら食うな」という名言をはいています。ゼニを追い求めないで食えなくなったら、餓死すればいいのです。そうすれば、又、まもなく、人間に生まれかわります。

もっとも、自分のことを勘定に入れず、たえずひとのしあわせを念じ、かつそのように生きている人が食い物がなくなって餓死しそうになったら、まわりが放っておきません。たのまなくとも、みんなが助けに来てくれます。

したがって、今食い物があるのに「将来なくなったらどうしよう」と思って、今、東奔西走するのは、バカというものです。

まとめ

「江戸っ子は、宵越しのカネを持たない」という言葉がありますが、この言葉は、まさに禅と合致した考えです。仏道と合致した考えです。「米のめしと天道《てんとう》さまは、ついてまわる」のです。

前にも言ったように、私は、昭和一二年九月、小学一年生のときに父を日中戦争に召集令状で取られ、翌昭和一三年七月、小学二年の時に中国の安慶で戦死され、以後、父なし子となりました。手にこれと言った技能を持っていない母と一歳上の姉と六歳下の弟をのこされ、以後私は、遠藤家の家督として、たえず家族全員の将来の生活のことを考えるようになり、人一倍苦労性で大きくなってしまいました。来年もさ来年も、家族全員が生活して行けるめどが立たないと、今日現在、夜も眠れないという心配性に育ってしまったのです。

ところが昭和四一年、この『随聞記』の一節に出会ってからというものは、「何が起きても屁のカッパ」ということになってしまいました。そしてその後の三四年間、何をやってもうまく行くようになりました。

又、そのように腹をくくってしまうと、ジタバタしなくなります。ジタバタしないと、只今現在、自分に与えられた仕事に全力投球するようになります。そしてそのように生きていると、その結果が、うまいようになってしまうのです。

明日のために今日を犠牲にすることは、もうやめにしましょう。今しかないのです。

第八節　子どもや人を叱る法

巻第四の一六　示して云く。伝へ聞く、実否は知らざれども、故持明院の中納言入道、あるとき秘蔵の太刀を盗まれたりけるに、士《さむら》ひの中に犯人ありけるを、余の士《さむら》ひ沙汰し出《いだ》してまひらせたりしに、入道の云へらく。此れは我が太刀にあらず。ひがことなりとてかへされたり。決定《けつじょう》その太刀なれども、士《さむら》ひの恥辱を思ふてかへされたりと人皆な是を知りけれども、其の時は無為にしてすぎけり。故に子孫も繁昌せり。俗なを心ろある人は、かくの如し。いはんや出家人《しゅっけにん》、必ずしも此の心あるべし。出家人はもとより身に財宝なければ、智慧功徳を以てたからとす。他の無道心なるひがごとなんどを、直《じき》に面《おも》てにあらはして非におとすべからず。方便を以て彼れのはらたつまじき様に云ふべきなり。暴悪なるは其の法久しからずと云ふ。設《たと》ひ法を以て訶嘖《かしゃく》するとも、あらき言葉なるは、法も久しからざるなり。小人下器《しょうにんげき》は、いささかも人のあらき言ばに必ず即ちはらたち、恥辱を思ふなり。大人《たいにん》上器には似るべからず。大人《たいにん》はしかあらず。設《たと》ひ打たるれども報《ほう》を思はず。今我国には小人多し。

つつしまずんば、あるべからざるなり。

平安時代の「レ・ミゼラブル」

これは、自分の家族、会社の同僚・部下、友人が悪いことをしたときに、どのように叱るのがいいかという問題です。

「故持明院の中納言入道」とは、一条基家《もといえ》（一一三二―一二一四）のことです。平安時代末期から鎌倉時代初期の人で、道元禅師は、一二〇〇年に生まれて一二五三年に死んでますから、道元禅師が一四歳の時まで生きていた人です。建仁六年（一二〇一年）に在家として得度を受け、持明院真智入道となります。藤原氏の流れをくむ一条家の人で、有名な藤原道長との続柄を示すと、つぎのとおりです。

藤原道長―頼通―師実《もろざね》―師通―忠実―忠通―兼実―良経―（一条）基家

その故持明院の基家入道が、ある時、秘蔵の太刀《たち》を盗まれました。ところが、基家に仕えている武士の中に、その犯人がいたのです。そこで他の武士がそれを発見し、盗まれた太刀を取り返してきて基家にお返ししようとしました。ところが基家は、「**此れは我が太刀にあらず、ひがことなり**」と云って、返してしまったのです。「これは、私の太刀ではない。まちがいだ」と言ったわけです。

もちろん、盗まれたのがその刀であることは間違いないのですが、「これは盗まれた刀に間違いない」と言うと、盗んだ武士の恥になると思ったので、刀を返したのだなと、みんな思ったわけです。そして、それは事なくすんでしまいました。

言うならば、ヴィクトル・ユーゴーの名作『レ・ミゼラブル』の主人公ジャン・バルジャンが、教会にあった銀の燭台を盗んだのにたいし、ジャン・バルジャンを捕らえた警察から尋ねられたその教会の神父が、「これは、私がこの男にくれたものだ」と言って、ジャン・バルジャンを助けたようなことです。

ジャン・バルジャンがそうであったように、この犯人である武士も、からだの置き場所がない位に恥しくなり、以後一八〇度の転換をとげて、「主君基家公のためならば、からだも要らなければ命も要らぬ」という男になって、終生基家に仕えたものと思われます。基家さんは、その犯人を叱ることをしないで、その人間を生まれかわらせてしまったのです。

「**故に子孫も繁昌せり**」。「陰徳あれば陽報あり」です。その一条家は、その後ずっと繁栄したのです。一条家の子どもたちは、道元さんと同時代であり、又、道元さんも、同じ藤原氏の一族である久我家《こがけ》の出ですから、その一条家の繁栄を自分の眼で見ていたわけです。

ところで一条基家は、在家の人です。そこで「**俗なを心ろある人はかくの如し。いはんや出家人、必ずしも此の心あるべし**」。出家人、すなわち仏道を求め、かつ実践しようとしている者には、なおさら、このような心があってしかるべきなのです。すなわち、間違ったことをした人に対し、どのようにしてその人を教え導いて行くかの問題です。

「出家人はもとより身に財宝なければ、智慧功徳を以てたからとす」。仏教者の宝物とは何でしょうか。カネや財産というものは、一ぱい持てば持つほど、その人間の心をダメにする毒ですから、そんなものが仏教者にとって宝であるはずはありません。仏教者の宝ものとは、智慧による功徳のみなのです。

ここに言う智慧とは、今の学校教育で言うような偏差値とか知能指数とかではなしに、物事の本質をズバリ見抜く眼のことであり、大事であるものを大事であると思い、大事でないものを大事でないと思う叡智《えいち》のことです。すなわちお釈迦さまの持っていた智慧のことです。もちろんお釈迦様の智慧と全く同じ智慧を私どもが持つということは、なかなか大変なことですから、せめてその何分の一かの智慧のことと思えばいいです。

そのような智慧を持ち、そのような眼で物事を眺めて生きていると、何ごともよくなります。それを「功徳《くどく》」と言っているわけです。御利益《ごりやく》のことです。

こどもに勉強をさせる法

そこで、まちがいを犯した人を、そのような「智慧功徳」を以て、教化《きょうげ》をするには、どうしたらいいか。**「他の無道心なるひがことなんどを、直《じき》に面《おも》てにあらはして非におとすべからず」**。「お前の行動やお前の考えは間違っている」と直接言うだけではなしに、怒り狂ったような顔をして相手をなじってはならないのです。

この点、今の家庭におけるしつけや、学校における教育は逆ですね。高校生の娘が援助交際という名の売春をはじめると、親は、怒り狂って娘をなじります。学校は学校で、登校時刻におくれて学校にとびこんで来た生徒を、荒々しく怒鳴ります。しかし、なじられた娘は、いよいよ売春にせいを出し、怒鳴られた生徒は、ますます遅刻にせいを出し、あげ句の果ては、登校拒否して非行少年・少女になります。

それではいけないのです。しからばどうしたらいいか。「**方便を以て彼れのはらたつまじき様に云ふべきなり**」。「**方便**」とは、ウソのことではありません。ある問題で相手を説得するのに、直接的表現でズケズケ言うのではなしに、それとは全く別の話をすることによって相手に分らせたり、時には、言葉ではなくて行動を以て示すことにより、相手に分らせることであります。

逆に、相手にズケズケ言うことによって相手を怒らせ、反発させ、前よりもっと悪くしてしまうのは、下の下《げげ》であります。

先ほど、家庭のしつけと学校教育のことを言いましたが、今の親も学校も、子どもに対し、とにかく「勉強しろ」です。親も先生も、主観的には子どものために言ってるつもりでしょうが、しかし、これが仏教の叡智の眼でみると、実は、そうではないのです。

まず親の場合。親が子どもに「勉強しろ」と言ってる時の親の心理を分析すれば、こうなります。「勉強していい上級学校に入り、いい勤め先に就職して、定年までラクに暮らさせたい」と。

しかし、それは他の多数の受験生を蹴落すことを意味し、要するに「自分だけトクすれば、ひとのことなど構わない」という我利我利のエゴイストになれと言っていることです。のみならず、最近の就職氷河期においては、「いい大学」を出たってまともな就職ができるかどうかは、全く保証されていません。仮りに何とか入れたとしても、最近は、四〇代、五〇代になると、もう「肩叩き」です。

学校の先生にしてもそうです。「勉強しろ」というのが高校の先生だとすれば、その先生が本当に意図しているのは、自分の高校から東大をはじめとする有名大学になるべく多く合格させることによって、自分の高校に「有名大学進学高校」というブランドをはりたいということに帰着するのです。

ところが人間、とくに子どもというのは妙なもんで、自分では「勉強しなきゃいけないな」と思っていても、親や先生から「勉強しろ、勉強しろ」とガミガミ言われると、かえっていやになって遊びに行ってしまうという本質を持っているのです。

私にも、かつて四人の子どもがいました。しかし私は、その四人の子どもに対し、一回も「勉強しろ」と言ったことはありません。ただ、私が自宅に帰ったら、なるべく机に向かって、私が勉強しました。又、子どもが中学・高校に入った頃は、春休み・、夏休み・冬休みのときに、なるべく事務所につれて行って、仕事を手伝わせました。

その結果、だまってても長女は上智大学文学部心理学科を卒業し、二女は能率短期大学を卒業し、長男は帝京大学文学部英文学科を卒業し、三女は国学院大学法学部を卒業し、今、それぞれ家庭を持っております。

しかも長女は、二児の母となった今、やはり向学心がなくならないのでしょう。税理士試験の受験勉強をしており、二女も一児の母となりながら、区の主催する社会人教育のカルチャー・センターに通学しており、長男は、家庭を持ち、かつ株式会社ベル・システム24（第一部上場会社）の職員として元気に働いており、三女も家庭を持ちながら、富士通の女性中堅社員として、夫より高い給料をとってバリバリやっています。

これでいいのです。「方便を以て、子どものはらたつまじき様に云」えばいいのです。人を説得するのに、言葉は、むしろ無力です。こちらの行動と行き方が、最大の説得力を持っているのです。

創価学会の「折伏《しゃくぶく》」というのは、この点から言っても仏教における正道ではありません。仏教における正道は「摂受《しょうじゅ》」と言って、相手をすっぽりと包みこみ、受けとめて上げた上で、その相手を仏道に入らせることなのです。

判決と調停・和解

「暴悪なるは其の法久しからずと云ふ」。法、すなわち道理にかなったことであっても、その説き方が乱暴で荒々しいと、その道理そのものがすたれてしまうのです。それはそうですね。どんな真理であっても、乱暴な悪い方法でひろめようとしたら、そんなことには相手も興味を示さないし、世の中に通じません。世の中に通じないということは、この世に存在していないのと同じことです。

「設《たと》ひ法を以て訶《か》嘖《しやく》するとも、あらき言葉なるは法も久しからざるなり」。たとえ、正しい筋道をもって人を責め立てても、その言葉が乱暴な言葉であれば、その「正しい筋道」なるものは、永つづきしません。

もっとも、ぼくら弁護士は、人と人との間の争いごとにおいて、一方当事者の代理人として提訴したり応訴したりして、時には法廷で「**直《じき》に面《おも》てにあらはして相手を非におとそう**」としたり、「**暴悪なる**」言葉を使ったり、「**あらき言葉**」を使ったりすることも、あります。しかし、そのようにしてえられた判決に対しては、勝ったほうは別として、負けたほうは、それに従おうという気は、普通おきません（だから、強制執行制度が必要になってくるのです）。

これに対して、同じく裁判所で行われる手続に、調停と和解というのがあります。調停というのは、相手方所在地の簡易裁判所の民事調停係に調停申立てをすると、一件につき二人の調停委員（普通、一人は地元の弁護士で、もう一人は地元の有識者）がつき、話合いによって解決する手続のことです。

これに対して和解というのは、まず裁判所（普通は地方裁判所）に訴えを起こし、ある程度、審理が進んだところで、担当裁判官が間に入り、同じく話合いで解決する手続きのことです。

そして判決の場合、主張と立証がしっかりしていれば、全部勝訴の判決が下りるのに対し、調停・和解は「お互いが譲歩し合って解決する手続」となっていますから、例えば一千万円の貸金であれば八百万円か五百万円に値切られる場合が多いことになっています。又、一千万円満額を払わせる場合でも、数年間の月賦払いになることもあります。

しかし、判決の場合は、まけたほうが控訴・上告をすれば、事件は第三審まで長引き、又、判決が確定しても、先ほどのべたように、負けたほうは普通それに従おうとしませんから、結局は強制執行という、カネもかかるし時間もかかる手続までやらないといけなくなるのに対し、調停・和解で解決すれば、控訴・上告は絶対にできないことになっており（したがって最終解決となる）、又、調停・和解は、双方当事者が納得した所で成立することになっているので、その内容どおりの履行率も高いことになっています（したがって、強制執行の必要もない）。

そして判決とちがい、調停・和解は、あくまで相手を納得させた上でないと成立しないことになっておりますので、判決手続のように、「**直《じき》に面てにあらはして非におと**」したり、「**暴悪なる**」言葉を使ったり、「**訶嘖《かしやく》したり**」、「**あらき言葉**」を使ったりしていたのでは、絶対に、調停や和解は成立しません。どうしても「**方便を以て彼れのはらたつまじき様に云**」って、はじめて相手が納得してくれるのです。

この点、毎月最終金曜のま夜中にやっている『テレビ朝日』の「朝まで生テレビ」は、相手を説得するためにやっているのではなくて、相手に腹を立たせるためにやっているのです。

もっとも、この点については、相手の人物の大小にもよります。

「小人《しょうにん》下器《げき》はいささかも人のあらき言ばに必ず即ちはらたち、恥辱を思ふなり。大人《だいにん》上器には似るべからず」。世界人類六〇億人の中には、人間としての幅《はば》が全く小さい人間と大きい人間とがいます。又、下等な器《うつわ》の人間と上等な器《うつわ》の人間がいます。これは職業の貴賤にかかわりません。政治家や高級官僚や大会社の社長にも小人《しょうにん》・下器がいれば、最下層の庶民の中にも大人《だいにん》・上器がいます。

そして、その中の小人物や下等な人間は、ちょっとでも人から乱暴な口をきかれると、トタンに切れてしまい、「恥をかかされた」と思うのです。その点、大人《だいにん》・上器は、ちがいます。大人物・上等な器の持主は、ひとからぶんなぐられても、仕返しをしようとは思わないものです。

私のところにも、いろんな悪口を言って来る人がいます。その多くは、私の知らない所でコソコソ言っているようですが、中には私に直接言ってくる者もいます（但し、匿名で）。そのとき私は無視します。なぜならば、バカとまともにケンカしていると、こっちもバカになってしまうからです。

同じように、お釈迦さまや道元さんは、ひとから「バカ」と言われようが「気ちがい」と言われようが、あるいはブンなぐられようが、意に介さなかったのです。

恥ずべくんば明眼《みようげん》の人を恥ずべし

私は、昭和五六年一月一日、五千人の有縁《うえん》のかたに、つぎのような年賀状をさし上げました。「今から七四三年前、道元禅師は、次のように申されました。『愧《は》づべくんば、明眼《みようげん》の人を愧《は》づべし』（正法眼蔵随聞記巻第六、第一節）と。

現代語訳すれば、『他人から何か批判された場合、自分が恥ずかしいと思うのなら、眼《め》が、明るく澄んでいる人からの批判のみを、自分の恥と思いなさい』と言うことです。言いかえれば、自分が、他から批判された場合、その批判者の眼がにごっていたら、そんなやつらの批判など、無視しろということです。

ところで、この遠藤誠も、世間の批判を受けることがあります。しかし私は、そのとき、その批判者の眼を、ジーッと見つめることにしています。そしてその批判者の眼が、権力をもおそれず、また、『世間の常識』という先入観にもくもらされず、明るく澄んでいる場合には、直ちに私は、その人の前に、ひれふすことにしています。しかし、そうではなくて、批判者の眼が、権力に気がねしていたり、また、時と所によってたえず変化する『世間の常識』という先入観にくもらされて、にごっている場合には、これを無視することにしています。　合掌」

ところでこれは、「**大人・上器**」が「**訶嘖**《かしやく》」された場合のことですが、問題は、相手が「小人・

下器」の場合に、これを「訶嘖」するとどうなるかということであります。これは、やるだけムダであります。しかも、今日本に一億二六七〇万人の人間がいるのですが、この大部分は、「小人・下器」なのです。「今、我国には小人多し。つつしまずんばあるべからざるなり」。

まとめ

結局、ここで道元さんが言っていることは、方便の大事さということです。何度も言いますが、方便とは、ウソのことではありません。ウソは、不妄語戒違反と言って、地獄に落ちる犯罪であります。

方便とは、相手に対する愛にもとづく説得のことです。仏教で愛というと「愛欲」すなわち性欲のことであって、いい意味では使われていないのですが、ここで言う愛は、現代日本語で言ういい意味での愛のことです。自分の子どもでも、会社の部下でもいいです。それが何か悪いことをした場合、相手に対する愛があれば、それは注意していいです。しかし、愛がなければ、だまっているべきなのです。

愛とは何か

「愛語、よく廻天《かいてん》の力あることを学すべきなり」（道元『正法眼蔵』）。相手に対する愛情から自然に発せられる言葉は、天、すなわち全世界を動かすほどの力があるのです。

慶応四年（一八六八年）三月一三日から三月一四日にかけての江戸高輪の薩摩藩邸における幕府代表・勝海舟と官軍総大将・西郷隆盛との江戸城明渡しに関する談判においても、両者の脳裏にあったものは、日本の民衆に対する愛だったのです。

さらに又、私は、昭和五七年一月一日の年賀状に、こう書きました。

「二五〇〇年前お釈迦さまは、申されました。『我、過去世において亀身《きしん》たりし時、その血肉《けつにく》を以て諸蟻衆《しょぎしゅ》を充足せしむ』（根本説一切有部毘奈耶破僧事《うぶびなやはそうじ》」第一一巻）と。

これは、お釈迦さまが、過去世において大亀だったときのことです。たまたまその大亀が疲れて浜辺でぐっすり眠っていたさい、餓《う》えた八万びきの蟻《あり》たちがその大亀の体にむらがって、その肉を食べようとしました。そこで大亀は、はじめて目がさめました。ところが大亀は、『いま自分がここで動き出したのでは、八万びきのこの蟻《あり》たちが、自分の巨大な体におしつぶされて死んでしまうだろう』と思い、そのまま自分の全身を蟻たちに食わせ、死んでしまったという話でございます。

私も、及ばずながら、この亀の生きざま、死にざまにならって、今年も生き、そして死んで行こうと思っています。　合掌」

そうしたら、いろんな返事が来ました。

「何て間抜けたカメなんだろう。なぜ、アリをつぶして立ち上がらなかったのか」と。「私がカメなら、なるべく少い数のアリをふみつぶして、立ち上ろうと思います」と。

しかし、この亀の行き方が本当の愛なのです。

ところで愛語の反対は、瞋恚《しんに》です。怒りです。人間は、なぜ怒るのでしょうか。それは、自分というものがあると思っているからです。そのあると思っている自分がひとから非難されたり、名誉を毀損されたり、侮辱されたり、叩かれたりすると、怒るわけです。

しかし、自分というものはないのです。これが自分だと思っているものは、単なる夢・幻・錯覚なのです。そう考えれば、ひとから何と言われようと、そのひとは、ないものに対して悪口を言っているわけですから、どうということは、ないのです。

オウム問題が、相変らず尾を引いています。今でも、「私の子が、オウムにとられたので、返してもらうにはどうしたらいいですか」という相談がきます。そういう人は、大てい、こう言います。「あの子のために、返してもらいたいのです」と。

そこで、「おたくのお子さんは何才ですか」とききます。そうすると、「三〇才です」とか「四〇才です」とか言います。れっきとした大人です。

そして、そういうことを相談に来る親には、共通点があります。「あの子のため」と言っておりながら、実は、「親のため」なのです。「息子がオウムに入っていることが世間に知れたら、親の立場がなくなる」とか、「〇〇家のあとつぎとして必要だから」とか、「オウムが又犯罪を犯したら、親の私どもが世間から非難されるから」という気持が、心の中のどこかにあるのです。

邪教オウムから、わが子を引きはなす方法は、簡単です。親が真の仏教者となり、お釈迦さまや道元さんが生きたように、自分のことを勘定に入れず、たえず、自分以外の人のしあわせを念じ、かつ、そのために毎日行動することです。そうすると、眼が輝いてきます。全細胞がフル回転をしてきます。生きているのが楽しくてしようがないという行き方になってしまいます。

それを風のたよりに聞いた子どもは、ひとりでに、オウムから帰ってきます。

方便とは、そういうことを言うのです。

第九節　永遠の世界に身をまかせる

巻第五の一　一日示して云く、仏法の為には身命《しんみょう》を惜《おし》むことなかれ。俗猶《ぞくな》を道の為には身命《しんみょう》をすて、親族をかへりみず忠を尽し節を守る。是《これ》を忠臣とも云ひ賢者とも云ふなり。昔《むかし》し漢の高祖、隣国といくさを起《おこ》す時、ある臣下の母、敵国にありき。官軍も二た心《ごこ》ろ有らんかと疑ひき。高祖も、かれ若《も》し母を思ひて敵国へさることもやあらんずらん、若《も》しさあらば軍《いくさ》やぶるべしとてあやぶむ。爰《ここ》に彼《か》の母も、我が子もし我れによりて我が国へ来《きた》ることもやあらんかとおもひ、誡《いましめ》ていはく、われによりていくさの忠をゆるくすることなかれ、我れ、もしいきていたらば、汝《なん》ぢ二《ふ》た心《ごこ》ろもやあらんと云ひて、劔《つるぎ》に身をなげてうせてげり。其の子、本よりふた心なかりしかば、其のいくさに忠節を致す志《こころざ》し深かりけると云ふ。況《いわん》や、衲子《のっす》の仏道を存ずるも、必ずしも二《ふ》た心無き時、まことに仏道に契《かな》ふべし。仏道には慈悲・智慧、本《もと》よりそなはる人もあり。設《たと》ひ無きひとも学すれば得《う》なり。只、身心を倶《とも》に放下《ほうげ》して、仏法の大海《だいかい》に廻向《えこう》して、仏法の教に任せて、私曲《しきょく》を存ずることなかれ。亦、漢の高祖の時、ある賢臣の云く、政道の理乱は、なはの結《むす》ぼふれるを解《とく》くが如し。急にすべからず。能々《よくよく》むすびめを見てとくべしと。仏道も亦かくの如し。能々《よくよく》道理を心得て行《ぎょう》ずべきなり。法門を能《よ》く心ろふる人は、必ず強き道心ある人、よく心得《こころう》るなり。いかに利智聡明なる人も、無道心にして吾我をも離れえず、名利《みょうり》をも棄《すて》えぬ人は、道者ともならず、正理《しょうり》をも心ろ得《え》ぬなり。

漢のガラシヤ夫人

いい話です。「**仏法の為には身命《しんみょう》を惜むことなかれ**」。「仏法」を真理と置きかえてもいいです。仏法ないし真理のためには、からだも命も、惜しんではならないのです。ですから、仏法を守るか、自分の命を守るかという決定的瞬間になったら、ためらわず、命を捨てるということです。昔、踏み絵というのがありましたね。あるいは、ある教団が権力の眼から見て好ましくないものになったとき、弾圧されたことも、いっぱいあります。そういうとき、我々の先人は、仏法・真理を守るために、命を捨てて行きました。

もっとも「**仏法の為には身命《しんみょう》を惜むことなかれ**」と、今の人たちに言うと、「命あっての物だねですから、そんなことは、とんでもない」と思うでしょう。

しかし、私はこれを額面どおり、受け取っております。ちなみに「**仏法《ぶっぽう》**」とは、自分のことを勘定に入れないで、たえず、自分以外の人たちのしあわせを願い、かつそのために生き、そして死んで行くことを言うのです。

そこで私は、いつの頃からか忘れてしまいましたが、初詣でや毎年八月の観音霊場の巡礼をはじめとし、あちこちの神社・仏閣に詣でる時、そこに絵馬を売っていると、必ず買い、そこにつぎのような願いごとを書いて、絵馬札をかける板に、かけて来ることにしているのです。

「仏様。世界中の虐げられている人々を救うための死に場所を、私にお与え下さい」と。

私は、本気でそう考えています。

そして、私が、本当にそのような場で死ぬことができたとすれば、まもなくこの地球上のどこかの女性の胎内にまた宿り、二八〇日後に又「オギャア」と生まれ、そこで又、現世でやり残した仕事をつづけることでしょう。そしてそのことは、お釈迦さまも、道元さんも、太鼓ばんを押して、保証しておられるのです。

人間は、おそかれ早かれ、死にます。どちらにしても死ぬとすれば、老人ホームに「うば捨て」され、ヨイヨイになって動物的生き方をしたうえで死んで行くよりは、仏法、すなわち人類救済のため、死んで行くほうが、はるかにすばらしいことになります。

そして、そのように、道、すなわち正義のために命を惜しまない者は、仏教者ではない、普通の俗人の中にも、結構いるのです。「**親族をかへりみず忠を尽し節を守る。是を忠臣とも云ひ賢者とも云ふなり**」。

「**昔し漢の高祖、隣国といくさを起す時、ある臣下の母、敵国にありき**」。「**漢の高祖**」とは、前漢の初祖、劉邦《りゅうほう》（紀元前二四七－紀元前一九五。在位は前二〇二－前一九五）のことで、この話は、日本で言えば、縄文時代から弥生時代に移る頃の話で、出典は『前漢書列伝』であり、その後『蒙求《もうきゅう》』にも取り上げられています。

この漢の劉邦が、楚の項羽《こうう》と戦ったとき、劉邦の輩下に王陵《おうりょう》という武将がいました。王陵は、数千の軍勢をひきいていました。ところが、楚の項羽は、敵将王陵の母をとらえてこれを人質とし、王陵が漢にそむいて項羽の味方となることを求めたのです。ちょうど、関ヶ原の合戦の前に、石田三成が大阪・京都周辺にいた徳川側の武将の妻子をとらえて人質としたようなことです。

そこで漢軍も、味方の武将王陵が、敵に寝がえるのではないかと心配をしたわけです。さらに漢の皇帝・劉邦も「かれ若し母を思ひて敵国へさることもや、あらんずらん。若し、さあらば、軍《いくさ》やぶるべしとて、あやぶ」みました。

ところが、ここで偉かったのは、敵国楚に人質として抑留されてしまった王陵のお母さんです。「爰《ここ》に彼《か》の母も、我が子もし我れによりて我が国（楚のこと）へ来ることもやあらんかとおもひ、誡《いまし》めていはく、われによりていくさの忠をゆるくすることなかれ、我れ、もしいきていたらば、汝ぢ二た心ろもやあらん」という手紙を、漢国にいる息子・王陵につかわしました。そして、どうしたか、です。

「剱《つるぎ》に身をなげてうせてげり」。何と、このお母さんは、刀をつき立て、それに自分の体を投げ出し、自分の体を串ざしにして死んでしまったのです。それから約一八〇〇年後の慶長五年

（一六〇〇年）夏、石田三成軍から人質としてとらえられることを拒否した、徳川側の武将・細川忠興の夫人ガラシャさん（当時三七歳）が、自殺したのと、同じ結末になったわけです。

もっとも「**其の子、本よりふた心ろなかりしかば、其のいくさに忠節を致す志し深かりけると云ふ**」。剣に身を投げて自殺した母親の息子王陵は、もともと漢の劉邦に対し、絶対の忠誠心を持っていたので、母親が敵国に人質として捕えられていたとしても、それを物ともせず、敵の楚と戦ったはずの男でしたから、ましていわんや、愛する母が息子のために自殺したとあっては、「亡き母の弔い合戦」とばかり、獅子奮迅の戦いをし、敵の楚軍を蹴散らしてしまったのです。

王陵とその母は、仏教によって出家した僧尼ではありません。にもかかわらず、祖国ないし自分の皇帝に対して、二心《ふたごころ》が全くなかったのです。ましていわんや、私どものように、仏道を志す者は、仏道に対して二心《ふたごころ》を持ってはならないのです。「況《いわん》や、衲子《のつす》の仏道を存ずるも、必ずしも二た心無き時、まことに仏道に契ふべし」。「衲子《のつす》」とは、前にも出ましたが、狭い意味では禅僧のことですが、実質的には、在家をも含めた仏教者と思っていいでしょう。仏教を求める者においては、仏教に対し、なおさら、二心《ふたごころ》を持たないことです。

精神的放浪者

私が主宰している「現代人の仏教の会」や「弁護士会仏教勉強会」にも、仏道に対してふた心を持っている者が、時々います。私の会に来る前には、創価学会や統一協会などを転々とし、私の会に一、二回来ると、つぎは又どっかの新々宗教のほうへ行ったり、と。

そのようにして、死ぬまで流れ流れ、結局何の安心《あんじん》も得られないまま、フラフラした気持で死んで行く。そういう人が、時々います。結局それは、仏道に対して、二心《ふたごころ》を持っているからです。

私も、昭和四一年頃までは、仏道に対して二心を持っていました。肉眼で見えている世界だけが真の実在であり、科学で立証できるものだけが真理であり、六道輪廻などは迷信と思っていたからです。だから、ウツ病になったのでした。

しかし、今は違います。今は、お釈迦さまや各宗派の開祖がたの言ったこと、すなわちお経と仏典に書いてあることは、すべて真実と確信しています。もはや、いかなる二心も、持っていません。そして、そのように信じている今のほうが、はるかに、からだも心も調子よく、また、何事もうまく行っています。これは、事実です。

ただ、どうしても二心を持っている人もいます。「遠藤先生の言ってること、書いてることは、そのままでは信じられない」と思っている人が、います。つまり、「**仏道には、慈悲・智慧、本《もと》よりそなはる人もあり**」。また、そなわっていない人もいるのです。もともと、仏道を理解するのに最も必要な慈悲心と本質を理解する眼を持っている人もいれば、持ってない人もいるのです。しからば持ってない人は、どうしたらいいか。

「**設《たと》ひ無きひとも学すれば得《う》なり**」。自分のことを勘定に入れないでいきる生き方をせず、また、すべての物事の本質をズバリ見抜く叡智《えいち》を持っていない人は、今日からそのように生き、また、そのような叡知を持てばいいだけのことです。それには「**身心《しんじん》を倶《とも》に放下《ほうげ》して、仏法の大海《だいかい》に廻《え》向《こう》して、仏法の教《おしえ》に任せて**」しまえばいいのです。

まず、からだと心を放下《ほうげ》すること。人間、何に執着しているかというと、自分に対してであります。ところが自分というものは、法身仏《ほっしんぶつ》の眼から見ると、何ら本質的実体としては存在していないのです。だとすれば、もともと存在していないものですから、これを仏法という名の大海原に、みーんな放り出してしまえばいいのです。仏法の世界に、みーんな、まかせてしまえばいいのです。仏法という、でかーい世界に、自分の心も身体も、ぜんぶまかせてしまえば、おのれの小ざかしいはからいなどは、すっとんで行ってしまいます。つまり「**私曲を存ずること**」が、なくなってしまうのです。

毎日の新聞の社会面に、殺人やストーカーや恐喝や贈収罪や誘拐やバス・ジャックの記事が出ていますが、あれはみんな、「**私曲**」、すなわち、自分勝手な、間違った欲望から起こしているわけでして、「**私曲《しきょく》**」というものは、他をも傷つけ、自分をもダメにする諸悪の根源なのです。

犯罪とまで言わなくても、私ども弁護士が、毎日のように相談を受けたり、依頼を受けたりしている紛争事件も、すべてそうです。こちらの依頼者の私曲と相手方の私曲が衝突すると、これがトラブルとなります。

この私曲をなくすための修行法、それが坐禅なのです。頭の中をカラッポにして、何も考えない。何ものをも求めず、又何ものをもきらわない。そして、天地と同根、万物《ばんもつ》と一体になる。これが坐禅です。すなわちこれが、自分の身体も心も、仏法の大海に投げ入れ、仏法の世界にまかせ、おのれのはからいをなくすことなのです。

ところで、一般に、禅宗は自力の仏教であり、念仏宗は他力の仏教であると言われています。しかし、この「**只、身心を俱に放下して、仏法の大海に廻向して、仏法の教に任せて、私曲を存《そん》ずることなかれ**」という世界になりますと、これは、もう他力の世界です。

坐禅も他力

他力の代表と思われている親鸞聖人の言葉にも、こうあります（「末燈抄」）。「自然《じねん》といふは、をのづから、しからしむといふことばなり。行者《ぎょうじゃ》のはからひにあらず。法爾《ほうに》といふは、如来の御ちかひ・法の徳なるがゆへに、しからしむるといふなり。すべて、ひとのはからはざるなり」。現代語訳すると、「大事なことは、自然法爾《じねんほうに》ということである。自然《じねん》とは、おのずから、しからしむということであって、阿弥陀仏のはからいのままに生かさせていただくことであり、人間のはからいによって生きることではない。又、法爾とは、阿弥陀仏の誓い（全人類を救い取ろうという誓い）、すなわち阿弥陀仏の徳のまにまに生かさせていただくということであって、小ざかしい人間のはからいによって生きることではない」ということです。

そうすると、道元さんと言い、親鸞さんと言っても、結局においては、同じ世界に生きておられることになります。この点から言っても、私は、何宗がよくて何宗がダメだというようなセクト主義には、いっさい与《くみ》しないことにしているわけです。

ここで又、前にでてきた、『前漢書』からの引用が出てきます。**「漢の高祖の時、ある賢臣の云く。政道の理乱は、なはの結《むす》ぼふれるを解《とく》が如し。急にすべからず。能々《よくよく》むすびめを見てとくべしと。」**

先ほど出てきた「漢の高祖」、すなわち劉邦《りゅうほう》の時代に、ある賢臣が、劉邦皇帝に、こう言いました。「高祖様、政治の乱れをおさめるのは、からみ合って固くなった縄を解きほぐすようなものでございます。あわてては、いけません。どことどこが結び目になっているか、まずそれを見きわめてから、解かなければなりません」と。

ほんとにそうですね。私も、書類や小包をたばねるのに、よく荷造り紐をつかうことがありますが、ときどき、グチャグチャにからまることがあります。それを解くのに、目茶苦茶にやってると、ますます、こんがらかってしまいます。まず、結び目から、解きほぐして行くしかありません。

ところが、今の日本の政界などを見ていると、政府・与党と野党が、いろんな議論をしていますが、いずれもあれは、縄の結び目、すなわち、日本の失業者三二八万人（家族を入れると約一三一二万人）に仕事を与え、かつ、人間の心と心との間に隙間があいてしまった日本人全体の精神的貧困を解決するにはどうしたらいいかという最も大事な問題を議論しているのではなしに、自分の政党の議席をふやし、以て自分の政党が権力を握るための議論だけであります。これでは、政治の乱がときほぐれることは、絶対にありません。そういう意味では、森喜朗《よしろう》首相をはじめとする与党と野党の政治家全員は、漢の高祖の賢臣の爪の垢を煎《せん》じて飲むべきです。

そして「**仏道も亦かくの如し**」なのです。仏道における車の両輪たる慈悲と智慧を得るためには、書店から仏教書を一ぱい買って来て読むだけではダメなんで、「**能々《よくよく》道理を心得て行ずべきなり**」なのです。そして「**道理**」とは何か。それは「**道心**」、すなわち道を求める心です。「**法門を能《よ》く心ろふる人は、必ず強き道心ある人、よく心得《こころうる》なり**」。

私の仏教会にはじめて来る人は、みな「法門を心得よう。仏教とは何かを知ろう」と思って来るわけです。その結果、現在会員になっている人で、古い者は二五年前からずっと来ている人もいます。

ところが、古い会員、新しい会員を通じて、本当に仏法を腹の中にガッチリおさめ、それによってえられたすばらしいエネルギーに支えられて毎日をすばらしく生きている人と、いつまでたっても理屈ばっかりこねまわして、まわりの顰蹙《ひんしゅく》を買っているバカがいます。その差は、この道心の有無にあります。仏道を自分のものにし、それによって一人でも二人でも多くの人をしあわせにしようとする心を持った人は、短期間にのび、そうではなしに、理屈だけを覚えようとしている者は何十年たっても、きらわれ者の生活を送っています。知能指数の高低には関係ありません。むしろ、知能指数の高い者ほど、理屈屋が多いです。すなわち「**いかに利智聡明なる人も、**

無道心にして吾我をも離れえず、名利《みょうり》をも棄《す》えぬ人は、道者ともならず、正理《しょうり》をも心ろ得《こえ》ぬなり」。

いかに知能指数が高い大学出でも、あるいはインテリ階級でも、あるいは我々のような判検事・弁護士という、「頭のいい人」と世間から思われている人でも、今言った道心がない限り、絶対に仏教者とはなれず、又真理も会得できないのです。どうしてかというと、そういう人は、「おれが、おれが」という自惚れ意識が強く、「世間からほめてもらいたい」という名誉欲がつよく、又、金銭欲・財産欲が、強いからです。

むすび

ここでは又、いろんな珠玉の教えをいただきました。まず「仏法のためには、身命を惜しむな」。そして「仏法に対しては、二心を持つな」。

そして一番大事なことは、「吾我」の意識、すなわち「ここに自分がいるという意識」と、名誉欲と金銭欲を持っている限り、永遠に仏教は、えられないということです。

しかし、そのように「吾我を離れ、名利を棄てる」ことは、言うは易く、行うはかたいことです。しかし、それを可能にする秘訣があります。それは、自分というものを、始めのない過去から終りのない未来にかけてこの天地大宇宙を生きつづけに生きつづけている大いなるもの、大いなるいのち、宇宙の大生命、永遠のひかり、宇宙エネルギー、宇宙意志、宇宙の霊性、すなわち法身仏《ほっしんぶつ》に、すべて投げ入れ、おまかせし、生きるも死ぬもおまかせして生きることです。

私は、今日も、そのように生きています。そうすると、からだも、心も、甚だ具合がよくなります。

第一〇節　カネとモノを追いかけるとロクなことが起きない

巻第五の二　示して云く。学道の人は、吾我の為に仏法を学することなかれ。只、仏法の為に仏法を学すべきなり。其の故実は、我が身心《しんじん》を一物《いちもつ》ものこさず放下《ほうげ》して仏法の大海に廻《え》向《こう》すべきなり。其の後は一切の是非管《かん》ずることなく、我が心を存《そん》ずることなく、なし難《がた》く忍び難《がた》きことなりとも、仏法の為につかはれてしひて此れをなすべし。我が心に強《しい》てなしたきことなりとも、仏法の道理なるべからざる事は放捨すべきなり。穴《あ》な賢《かし》こ。仏道修行の功《く》を以てかはりに善果を得んと思ふことなかれ、只一度《ひとたび》仏道に廻向《えこう》しつる上は再び自己をかへりみず、仏法のおきてに任《まか》せて行じゆひて、私曲を存《そん》ずることなかれ。先証皆かくの如し。心にねがひ求《もと》むることなければ即ち大安楽なり。世間の人も、他にまじはらず己れが家ばかりにて生長したる人は、心のままにふるまひ己が心を先として、人目をしらず、人の心を兼《かね》ざる人は、必ずしもあしきなり。学道の用心も亦かくのごとし。衆《しゅ》にまじはり師に順じて我見を立《りっ》せず、心をあらためゆけば、たやすく道者となるなり。学道は先づすべからく貧《ひん》を学すべし。名をすて利をすて、一切諂《へつ》らふことなく、万事なげすつれば、必ずよき道人《どうにん》となるなり。大宋国によき僧と人にも知られたる人は、皆貧窮人《びんぐうにん》なり。衣服《えぶく》もやぶれ諸縁も乏しきなり。往日《そのかみ》天童山の書記、道如《どうにょ》上座と云し人は、官人《かんにん》宰相の子なり。しかれども親族をも遠離《おんり》し世利《せり》を貪《むさぼ》らざりしかば、衣服《えぶく》のやつれ破壊《はえ》したること目もあてられざりしかども、道徳人に知られて名藍大寺《めいらんだいじ》の書記とも成られしなり。予《よ》あるとき如上座に問《とう》て云く。和尚は官人《かんにん》の子息にて富貴の種族なり。何ぞ身にちかづくる物、皆下品《げぼん》にして貧窮《びんぐう》なるや。如上座、答て云く。僧となればなり。

坐禅をしても何にもならない

ここでは、二つのことがテーマになっています。一つは、吾我を離れるということ。もう一つは、貧を学ぶということ。そして、吾我を離れるためには貧を学ばなければならず、又貧を学ぶためには吾我を離れなければならないという、相関関係に立っています。そしてこれは、仏法を会得するためには、絶対に必要な車の両輪なのです。

まず、「**学道の人は、吾我の為に仏法を学することなかれ**」。私は、人からよく聞かれることがあります。「遠藤先生は、弁護士なのに、何のために仏教を学んだり、人に説いたりしているのですか？」と。この質問には前提があります。「仏教をやっているからには、何か目的があるはずだ」。つまり、仏教や禅や念仏や唱題を、何かの目的のための手段と考えているわけです。しかし、仏教や禅や念仏や唱題というものは、それ自体で最高のものであって、何かのためにする手段ではないのです。

何かのために仏法を学んではいけないのです。何か利益を得るために仏法を学んではいけないのです。したがって、今の仏教教団は、すべて仏法に違反しています。

というのは、例えば初詣でがそうです。毎年、正月の三《さん》が日《にち》には、みんな、どこかに初詣でに行きます。ある調査によると、日本人の約八五％は、初詣でに行っているそうです（ちなみに、どのお経を読んでも、「正月に神社・仏閣にお参りしろ」とは、一言も書いてありません）。

ところで初詣でには、なぜ行くのでしょうか。言うまでもなく、身体堅固、商売繁昌、試験合格、良縁獲得、会社安泰、家族安泰などを願って行くわけです。そのために、おさいせんを払う。そして、どこのお寺でも、「うちのお寺におさいせんを上げれば、ご利益があります」と宣伝しています。

又、日本国中のお寺は、しょっ中、建築ばっかりやってます。そのため、檀家の者からカネをまき上げてばかりいます。そして出すほうは、出せば御利益があると思っています。

ところが、仏法というものは、身体堅固のためにあるのでもなければ、商売繁昌のためにあるのでもなければ、試験合格のためにあるのでもなければ、良縁獲得のためにあるのでもなければ、会社安泰のためにあるのでもなければ、家族安泰のためにあるのでもないのです。「**只、仏法の為に仏法を学すべきなり**」なのです。

すべてを利益に換算するクセがついてしまった現代人には、この呼吸が分らないのです。もちろん、仏法のために仏法を学び、仏法のために仏法を実行していれば、必ず、いい結果は出ます。お釈迦さまはじめ、歴代のお祖師がたの一生を見れば、それは明らかです。

しかしそれは、あくまで結果であって、それを求めてはいけないのです。

前にも申したかもしれません。昔、曹洞宗の名禅僧に、沢木興道師（明治一三―昭和四〇）がおりました。彼は、大正五年から大正一二年まで、熊本市の大慈禅寺と大徹堂の僧堂講師をしていた時に、毎日、坐禅ばかりしていました。檀家対策は、全くやりません。

そうしたら、ある日、地元の旧制五高生がやってきていわく。

「和尚。坐禅を何のためにしているのですか」

「坐禅をしても、何にもならん」

五高生たちは、ビックリして帰ってしまったが、翌日、前日の倍の人数でやってきていわく。

「和尚。何にもならないことをしに来た」と。

以来、旧制五高生は、毎晩のように、大慈禅寺、のちには大徹堂に参り、和尚の指導のもとに坐禅がつづけられたのです。これが前後七年間です。

そこで沢木和尚の薫陶を受けた五高生の総数は数百名にのぼるそうで、彼らは、以後、日本の財界・官界・政界で、それぞれ、すばらしい働き手になったそうです。のちに有名な日本思想史学者となった三枝博音《さえぐさひろと》氏も、その一人です。

仏法の大海に身と心をまかせる

これが本当の坐禅なのです。精神統一のためとか、気の小さいのを直したいためとか、うつ病を直したいために坐禅をしてる人がいます。ところが、何かを得るためにやる坐禅というものは、単なる手段となってしまいます。言いかえると、八百屋に行ってカネを払い、それを手段として大根を買ってくるのと同じで、大根という目的を得るために払うカネが坐禅ということになってしまうわけです。

しかし、禅は、それ自体が最高のものであって、何かの目的のための手段ではないのです。坐禅という代金を払って健康という商品を買おうとしたって、それは不可能なことなのです。

何かのためにする坐禅は、商売禅です。同じように、商売繁昌と公明党議員の票集めのために「南無妙法蓮華経」を唱えている創価学会の唱題は、商売唱題や選挙唱題にすぎません。しかし、仏教は商売でもなければ、票集めでもなくて、最高の目的なのです。

しからば、「**仏法の為に仏法を学す**」るには、どうしたらいいか。「**其の故実は、我が身心《しんじん》を一《いち》物《もつ》ものこさず放下《ほうげ》して仏法の大海《だいかい》に廻向《えこう》すべきなり**」。さきほどの第一節にも出てきましたね。大海原があるとします。こちら側を岸とします。ふつうの人間は、こちらの岸（此岸《しがん》）にいるわけです。しかし、此岸は、先ほど出た私曲の世界、苦悩の世界なのです。ところが人間は、何かおこると、おのれの小ざかしいはからいによって解決しようとするもんですから、かえって苦しみ、悩みをふやしてしまうのです。毎日の新聞の社会面をにぎわしている、あらゆる犯罪事件が、正に私曲のみちみちた此岸の世界なのです。

そうではなしに、その岸から、太平洋の無限倍もある仏法海という大海原に、自分のからだも心も、ザブーンと投げこめばいいのです。そうすれば、あとは仏法というすばらしいものが、その人をうまい具合に動かしてくれるのです。何がおきても、みんな仏法にまかせてしまえばいいのです。

ちなみに、今「**廻向**《えこう》」というと、坊さんにカネを払って死んだ人間の供養をしてもらう意味で使ってますが、本来は、あるものを廻《めぐ》らし向けることを言います。この場合は、我々の体と心をめぐらして仏法の大海にほうり投げることを言っています。

この辺も、親鸞聖人の世界と通底しています。道元さんが「仏法の大海」と言ったのは、親鸞さんの場合は「弥陀の世界」ということになり、道元さんの此岸は、親鸞さんの「人間のはからい」の世界ということになります。

したがって、冒頭の私に対する質問の答えに戻りますと、「遠藤誠は、弁護士業のために仏法を学んではいません。仏法のために仏法を学んでいるだけです」ということになります。

もっとも、しかし、その私は、結果として仏法から偉大なご利益《りやく》をいただいております。仏教に四果の教えというのがありまして、まず「仏法の大海」に身をまかせると「預流果《よるか》」という結果がえられます。仏法の大海という流れに「我が身心」を預けた結果えられる、しあわせへ向かっての第一歩というご利益です。

しかし、その次が「一来果《いちらいか》」と言って、流れに身をまかせたはずなのに、「吾我」の意識が強いもんだから、一ぺんまた、此岸にもどって来てしまうのです。私の仏教会に、せっかく顔を出しておりながら、そのうち来なくなっちゃうという人が、これです。

しかし、そこであきらめては、元の木阿弥《もくあみ》です。もう一回、勇気を振るって、「仏法の大海」に身投げをするんです。そうすると、あとは、戻らなくなります。これを「不還果《ふげんか》」と言います。もはや「還《かえ》らない」ということです。

あとは仏法にすべてをまかせ、死ぬも生きるも仏法のお気に召すままという思いで生きていると、いずれ「阿羅漢果」に到達します。阿羅漢とは、自らの悩み苦しみから完全に解放された人のことであり、言いかえると、煩悩に振りまわされていた自分から、煩悩を振りまわす自分に変身した人のことを言います。

インテリが悟りを開くのはむずかしい

これを読んでいるあなたは、どの辺でしょうかね。

いずれにしろ、「仏法の大海に廻向」したら、いいの、悪いのは、一切考えないことです。「其の後は一切の是非管ずることなく」。「管ずる」は、見る、かかわることです。

ところで、「仏法の大海」とは、すなわち法身仏《ほっしんぶつ》の世界です。したがって、「仏法の大海」を悠々と泳いでいる限り、何が善いことで何が悪いことかは、すべて法身仏の判断の問題であって、人間の考えることではないのです。したがって「**我が心を存ずる**」必要もなくなります。

もっとも、そうは言っても、これは、言うは易く、行うは難《かた》いことです。それほどに、人間の自我意識や煩悩は、しつこいものです。しかし、「**なし難《がた》く忍び難きことなりとも**」やるしかないのです。そして、それをやって阿羅漢、いや、それ以上の域にまで達した人たちは、現に一ぱいいるのです。まずお釈迦さま。そして日本だけでも、伝教大師、弘法大師、法然聖人、親鸞聖人、一遍聖人、栄西禅師、道元禅師、隠元禅師、日蓮聖人、みんなそうです。

それらの方々は、出家以前は、すべて我々と同じ凡人でした。とくにお釈迦さまの場合は、出家することが、我々よりも「**なし難く忍び難きこと**」だったと思います。というのは、彼が生まれた環境は、カピラバストゥー国の皇太子で、美人の奥さんたちとかわいいラーフラという赤ちゃんまで恵まれ、何不自由ない生活環境だったわけです。今の日本の皇太子みたいな身分だったわけです。

それが、皇太子という地位を捨て、愛する妻子を捨てて出家したわけですから、それに比べたら、我々庶民が「**我が身心を一物ものこさず放下して仏法の大海に廻向す**」るほうが、よっ程、楽なわけです。

そして「**仏法の為につかはれて、しひて此れをなすべし**」。この「つかはれて」は「使われて」ということです。これは面白い表現です。仏法がご主人様になり、自分が、その仏法という御主人様のために使われるということです。

ところが普通は逆ですね。とくにインテリが仏法を学ぼうとする場合、自分がご主人様になり、仏法を家来にしようとします。だから仏教書を読んで、自分に都合のいい所は受け入れるのですが、のみこめないことは否定します（輪廻転生《りんねてんじょう》の否定とか）。しかし、それでは、いつまでたっても、元の木阿弥です。私曲の世界をうごめいているだけです。

浄土真宗に、「妙好人《みようこうにん》」という言葉があります。生きながらにして仏になった人たちのことを言います。ところが、妙好人とされている人のすべては、無学文盲《もんもう》の最下層の人たちで、田舎の百姓とか木こりとか下駄屋なのです。インテリで妙好人になった人は、一人もいません。ですから、私のようなインテリは、悟りを開くには、最も悪い條件に置かれていることになります。

しかし、それでも、仏法を御主人様とし、仏法に使われる人間になるために、「**しひて此れを**な」さなければならないのです。「**此れ**」とは、さっき出てきた「**我が身心を一物ものこさず放下して仏法の大海に廻向す**」ることを指しています。

もっとも、今の人間が、強いてやりたいことと言えば、金もうけでしょうね。中には、必要以上に金がほしさに、ひとをだまし、おどし、傷つけ、誘拐し殺す者もいます。

そこで、そういう場合、どうするか。「**我が心に強《しい》てなしたきことなりとも、仏法の道理なるべからざる事は放捨すべきなり**」。我々の行動基準は、すべて仏法でなければなりません。どんなにやりたいことでも、それが仏法にかなっていなかったら、やめるべきです。又、どんなにやりたくないことでも、それが仏法の命ずることであったら、やらなければならないのです。

したがって、国家権力のきめた法律であっても、あるいは内閣総理大臣の命令であっても、それが**「仏法の道理」**に反していたら、ダンコとして拒否すべきです。一九九九年、小渕恵三は、自自公の数合わせによる絶対多数の力の下に、「周辺事態法」を通してしまいました。そのため、いずれ、北鮮か中国がアメリカの支配者の気に食わないことをやれば、「多国籍軍」の名の下に、アメリカの支配者は北鮮や中国に対する侵略戦争をはじめます。そのとき、我々日本国民は、周辺事態法により、内閣総理大臣から動員命令をかけられます。そのとき我々は、仏法における不殺生戒の名の下に、ダンコ、その命令を拒否すべきなのです。それで逮捕されたって、刑務所にぶちこまれたって、いいじゃないですか。留置場や刑務所で、毎日、坐禅をしていればいいだけのことです。

ところで道元さんは、ここで「**穴《あ》な賢《かし》こ**」と言っています。「あなかしこ」というと、今は、女性の手紙の末尾に書く「さようなら」という意味です。しかし、ここで言っているのは、もちろん、そんな意味ではありません。『広辞苑』を引くと、「あなかしこ」の「あな」は「ああ」という感動詞で、「かしこ」は「かしこし」の語幹であって、つぎの四つの意味があるとされています。
①ああ、おそれ多い。ああ、もったいない。
②恐れ入りますが、という、呼びかけのことば。

③（下に禁止の語を伴い、副詞的に）けっして…でない。けっして…をするな。
④恐れ多いという意味で、手紙の文末に用いる挨拶の語。

女性の手紙の末尾は、右の④の意味ですが、ここで使っているのは、③の意味です。すなわち、つぎに出てくる文章と一しょになって、決して「**仏道修行の功《く》を以てかはりに善果を得んと思**」ってはならないとつづくわけです。

無功徳！

今の仏教は、既成仏教教団も新宗教も新々宗教も、みな「**仏道修行の功《く》を以てかはりに善果を得ん**」としています。すべてのお寺も、創価学会も、阿含宗も、幸福の科学も、オウム真理教も、ライフ・スペースも、加江田塾も。それらは、すべて邪教です。本ものの仏教は、「**仏道修行の功《く》を以てかはりに善果を得んと思**」ってはならないのです。

前にも話しましたが、中国禅宗の第一祖達磨大師が、西暦五一〇年頃（日本でいえば、魏志倭《ぎしわ》人伝《じんでん》に出てくる倭《わ》の国王の五代目・武王（雄略天皇らしい）が死んだ頃）、インドから中国の梁《りょう》に渡り、仏教の支援者を以て任じていた梁の武帝に会いました（以下は、『碧巌録《へきがんろく》』巻第一・第一則による）。武帝「朕《ちん》、寺を起《た》て僧を度《ど》す。何の功徳《くどく》か有る」。

朕は、多くの寺を造り、また多くの僧侶に布施している。さぞかし功徳があるだろうと思っているのだが、さて、どんな功徳があるのかな？と聞いたわけです。

達磨「無功徳！」

そこで驚いた武帝は、達磨さんに聞きました。

「如何なるか、これ聖諦《しょうたい》第一義」

聖なる真理、すなわち仏法の神髄は何かね？と。

達磨「廓然無聖《かくねんむしょう》」

仏法とは、天地大宇宙のごとく、無限大の広がりを持っているものであって、だれが聖《しょう》でだれが凡だなという、人間の小ざかしい左脳の働きから完全に超えた世界だよ、という意味であります。

そして、このときの達磨さんの正しい答えを、仏教の大支援者を以て任じていた梁の武帝さんも、まったく理解できなかったとのことですから、これを読んでいるあなたにも、分らないかもしれません。そこで、もう少し分り易く話しましょう。

仏道を修行すれば、たしかにすばらしい結果をえられます。しかし、それは要するに結果であって、最初からそれを得ようとしてはならないのです。

何ものをも期待しない善行

善因善果・悪因悪果ですから、善い行為をすれば善い結果がえられ、悪い行為をすれば悪い結果がえられることは、たしかです。しかし、善い結果を得ようという欲を以て善い行為をしても、それは「善い結果がほしい」という欲にもとづくものですから、それはトタンに悪因となってしまうのです。

例えば、AがBの面倒を見たとする。その時に、Aが「Bから感謝されたい」とか「将来Bから面倒を見てもらいたい」という下心があってBの面倒を見た場合、それは善因ではなくて悪因となるのです。だから、Bから感謝されなかったり、Bから面倒を見てもらえなくなったときに、「こん畜生」という悪果に陥ってしまうのです。

真の善因というのは、善果を期待しない行為のことを言うのです。

昭和五七年一月、アメリカ・ワシントン市の郊外を流れるポトマック川に旅客機が墜落して、多くの人が死んだ事故がありました。そのとき、寒い川でアップアップしている乗客たちに向って、救助のヘリコプターが上から命綱を投下しました。ところが、その綱を手にしたある紳士は、そばで溺れかかっている、ほかの女性に、その綱を渡してしまったのです。

そこでその女性を陸へ揚げたヘリコプターが戻ってきて又命綱を下げたら、又、その紳士のそばに落ちてしまった。ところがその紳士は、又々その綱を別の女性に渡し、自分は冷たい一月のポトマック川の中に沈んで行きました。

これが善因なのです。これが仏道なのです。おそらくその紳士は、まもなくこの地球上のどこかにおいて、「オギャー」と、すばらしい赤ちゃんとして生まれかわっていることは、大地を槌で叩くことより、確実なことです。

最近、親が子を殺し、子が親を殺す事件がはやっています。あれは、「子どもの面倒を見たのに、子どもは、親の言うことをきかない」と思って親が子を殺したり、「親が子どもの面倒を見るのは当り前。それなのに、何でギャアギャア子どもに干渉するのか」と思った子が親を殺しているわけです。要するに、どちらにしても、「おれが、おれが」という意識だけでものを考えるもんだから、悪果となるわけです。

おのれの小ざかしいはからい

問題は、その「おれが」という意識なのです。そこで「**只一度《ひとたび》仏道に廻向《えこう》しつる上は再び自己をかへりみず、仏法のおきてに任《まか》せて行じゆひて、私曲を存ずることなかれ**」。

いやしくも、仏道によってわが身を救おうと決意した以上は、二度と「おれが、おれが」ということを意識せず、すべて仏法の教えにまかせて毎日を生き、おのれの小ざかしい左脳の働きなど、なくしてしまえばいいのだということです。「**行じゆひて**」は「行じゆいて」の誤記です。誤記というのは、こういうことです。もともとこの『随聞記』は、道元禅師が口で話したことを弟子の懐奘《えじょう》さん（永平寺第二世）がメモとして筆録しておいたものを、さらにその後、懐奘さんの弟子たちが手で整理編纂《へんさん》して六巻ものに、まとめたものなのです。しかし、それは永い間、曹洞宗の宗門内に死蔵され、世に知られることはありませんでした（この点は、親鸞聖人における『歎異抄』と似ています）。それを、明和六年（一七六九年。江戸時代中期で、杉田玄白や前野良沢《りょうたく》らがオランダの人体解剖書「ターヘル・アナトミア」の翻訳書「解体新書」を作り、田沼意次《おきつぐ》が老中になった頃）に、曹洞宗の学僧の面山瑞方《めんざんずいほう》和尚（福井県永福寺の住職）が、その古い写本をもとに、さらに整理して出版したのを面山本《めんざんぼん》と言い、その面山本を原本として、昭和四年に出版されたのが今の岩波文庫本なのです。ですから、何度も何度も写本されているうちに「ゆいて」が「ゆひて」と誤写されてしまったわけです。要するに「行じ行《ゆ》いて」ということです。

要するに、何か分らないことがあったら、「**仏法のおきて**」、すなわちお経にどう書いてあるか、その教えのとおりに生きて行けばいいのです。そこには、おのれの小ざかしいはからいなど、いささかもまじえてはならないのです。

私も、身心《しんじん》を仏道に廻向《えこう》して以来三三年。どうしたらいいか分らないことが起きたときは、「お釈迦さまの教えではどうなっているか」「お釈迦さまだったらどうしたか」と考えます。その結果えらんだ道は、日本国中から非難攻撃されることでも、やってきました。逆に、仏法のおきてに反することは、たとえ一〇億円のカネがもうかることでも、拒否してきました。その結果は、すべてうまく行っています。

そして「**先証皆かくの如し**」。昔からの実例も、すべてそのとおりなのです。摩訶迦葉《かしょう》尊者も、竜樹菩薩も、達磨大師も、二祖慧可《えか》さんも、六祖慧能《えのう》さんも、如浄禅師も、そして道元禅師も、すべて「**仏法のおきてに任せて行じゆいて、私曲を存《そん》じ**」なかったのです。

そして、「**仏法のおきてに任せて行じゆいて、私曲を存《そん》じ**」なくするための近道は、「**心にねが**

ひ求《もとむ》ること」をしないことです。ところがこれが現代人には、なかなかできません。というのは、戦争中「滅私奉公」（私を滅して公《おおや》けに奉ず）のスローガンのもと、猫も杓子も太平洋戦争に協力したら、スッテンテンに負けてしまったもんだから、終戦後はその反動で「滅公奉私」（公けを滅して私に奉ず）ということになり、「私」、すなわちおのれの心が願い求めるままに東奔西走することが正しい人生だと錯覚してしまったからです。バブル全盛時代には、一億二六七〇万人の日本人が目の色をかえてカネと不動産を追い求め、バブルが崩壊した今は、グルメだ、風俗産業だ、レジャーだ、スポーツ見物だ、インターネットだと「ねがひ求めて」います。インターネットと言えば、今日（二〇〇〇年五月五日）の『毎日新聞』朝刊5頁の「オピニオン・ワイド」欄に、面白い投書が出てました。いわく。

「このごろIT（情報技術）関連、インターネットがらみの株は、恐ろしいような値をつけているらしい。これからの産業は、インターネット抜きには考えられない。だが、これらが日本を支えていく産業なのだろうか。例えば、銀行へ行かなくても簡単に振り込みができるといっても、今までの手間が少し便利になっただけで、何かを生み出したわけではない。株高のインターネット会社が、雨後のタケノコのように出現しているが、売り上げがどれだけあり、利益を出しているのかと思っていたら、資本金に対して売り上げが一割にも達していないところもあると知って、あぜんとした」と。

まったくそのとおりです。インターネットというものは、何ものをも生産しません。

極楽はこの世にある

そしてそのように、何かを「ねがひ求めて」、えられても、人間の欲には限りがありませんから、一のモノがえられたら二のモノがほしくなり、二のモノがえられたら三のモノが欲しくなり、ついに人間は、死ぬまで「あれもほしい、これもほしい」と餓鬼のように追い求め、そして不満足のままに死んでしまうのです。

だいいち、この世においては、求めて得られる場合より、求めて得られない場合のほうが圧倒的に多いのです。そして得られない場合は、苦という感情が残ります。釈尊は、これを「求不得《ぐふとっ》苦《く》」と言われました。「求めて得られざる苦しみ」です。そして釈尊によれば、「人生とは、求苦得苦である」とされています。

もっとも、「それでは、仏法をねがい求めることは、いいことではないか」という疑問が湧いてきます。しかし実は、それも否定されるのです。

道元禅師の主著『正法眼蔵《しょうぼうげんぞう》』第三巻現成《げんじょう》公案の巻に、こうあります。「華《はな》は愛惜《あいじゃく》にちり、艸《くさ》は棄嫌《きけん》におふるのみなり」。美しい花は、みんなから愛され、惜しまれる。だから散って行くのです。逆に雑草は、みんなから棄《す》てられ嫌《きら》われるから、かえってドンドン生えてくるのです。

そして花は悟りです。雑草は煩悩です。したがって、悟りたい、悟りたいと、悟りをねがい求めれば求めるほど、悟りはその人から逃げて行くのです。逆に煩悩をいやがって捨てよう、捨てようとすればするほど、煩悩は、つぎからつぎと拡大再生産されてくるものなのです。

正しい道は、悟りをも求めず、煩悩をも嫌わない。そこにはじめて、仏法がその人の中にみちみちて来るのです。

私は毎朝、自宅仏間で坐禅をしてから出勤します。坐禅をしているときは、正にこの心境です。「悟りをも求めず、煩悩をもきらわず」。そしてそういう気持で、二四時間を、生きています。そうするとどうなるか。森羅万象、すべて法身仏《ほっしんぶつ》の現れに見えてきます。毎日毎日が楽しくなります。「日々《ひび》是れ好日《こうじつ》」。これも禅の言葉です。

すなわち「**大安楽**」となります。「安楽」とは、浄土系では、浄土の意味で使っています。阿弥陀仏を念じて死ねば生まれかわるという安楽浄土のことです。しかし、道元禅師においては、安楽浄土は、死んだ先のあの世にあるのではなしに、この世にあるのです。日本人一億二六七〇万人すべてが「**心にねがひ求むることなければ**」、この日本は、このままで極楽浄土になるのです。世界の人類六〇億人のすべてが、「**心にねがひ求むることなければ**」、地球は、このままで極楽浄土になるのです。かつて地球上は、そのような時代でありました。日本の場合は、紀元前三万年頃から紀元前三〇〇〇年頃までつづいた縄文時代がそれであり、アメリカの場合は、アングロ・サクソン人種が侵略をはじめる前のインディアン時代がそれであります。

ところが今の人類は、余りにも多くのものを「**ねがひ求める**」ようになったもんですからしっちゃかめっちゃかになり、年中、殺し合いと自然破壊をくりかえし、果ては、人間の心の世界に隙間風が吹くようになってしまったのです。

今の子どもたちは大人たちの犠牲

なぜそうなったかというと、今から七六二年も前に、道元禅師はここでそれをつぎのように予言しています。

「**世間の人も、他にまじはらず己れが家ばかりにて生長したる人は、心のままにふるまひ己が心を先として、人目をしらず、人の心を兼《かね》ねざる人は、必ずしもあしきなり**」。例えば今はやりの一人っ子のように、よその子どもたちとの間の人間的ぶつかり合いもなく、自分の家の中にとじこもってパソコンやテレビゲームだけで生長した人間は、自分の欲のままにに行動するエゴイストとなる。又、恥という感覚を持ち合わさず、他人の心を理解できない者は、必ず悪に走る、ということです。まるで、二〇〇〇年の現在の日本の子どもたちを描写しているみたいです。

今日（二〇〇〇年五月五日の子どもの日）の『朝日新聞』朝刊2頁の「社説」にも、こうあります。

「かつては、年齢の違う子どもたちが集まって、うまとびや、おしくらまんじゅうなどに興じながら、互いの体の強弱や発達の度合いを、体を通じて確かめ合った。体をぶつけ合うことで、だれの中にもある暴力性を発散させることができたし、泣いたり、けがをしたりしながら、手加減や我慢を学んできた。三角ベースなどの遊びは、加わるメンバーに合わせてルールを自在に変えた。自分たちでルールをつくりだす体験を通じて、社会にある約束事の意味を実感できた。情報化が進むいまは、パソコンや携帯電話などの機器が子どもたちをつなぐ。裏腹に、生身《なまみ》の体と体は疎遠になる」。

昭和五年、宮城県柴田郡大河原町《おおがわらまち》という、人口七千人の東北農村に生まれ、昭和二五年、東大法学部に入るまで、そこで育った私も、子ども時代、隣り近所の子どもたちと、毎日、体をぶつけ合っては、遊んでいました。これをひきいる餓鬼大将は、太田照雄ちゃんと言って、私より二年上級生でした。彼は、自分の上級生の頭を瓦でぶち破ったこともある位の暴れん坊でした。私が小学三年の冬、大河原町から隣りの船岡町《ふなおかまち》に流れる白石川《しろいしがわ》の土手を、私どもをひきつれてブラブラ歩きをしていた時、その餓鬼大将の命令により、私も一しょになって土手の枯れ草にマッチで火をつけ、それが燎原《りょうげん》の火の如く燃えひろがってしまったため、あわや大火になりかけたとき、土手の向う岸で作業をしていた五、六人の土方《どかた》の小父さんたちが血相変えてとんできて、辛うじて消しとめてくれたいたずらも、やりました。そのかわり、照雄餓鬼大将や私を含め、餓鬼ども六人は、一列横隊に並ばされ、土方の親分から往復ビンタを食わされました。私は、眼から火が出ました。

そしてその太田照雄ちゃんは、現在、上野駅前にある東北温泉旅館協同組合の理事長としてバリバリいい仕事をしており、私は、弁護士業にいそしんでいるわけです。

誠にめぐまれた群れ遊びでした。

ところが今の子どもたちは、どんな生活を送っているのでしょうか。次は、今日（二〇〇〇年五月五日）の『毎日新聞』朝刊5頁の「社説」です。

「今の子供らには、子供らしさが薄れたように感じる。あどけなさ、無邪気、純真、無垢《むく》、底抜けの明るさといった形容がふさわしい子供が、めっきり減っている。少子化の影響も受け、大都会では子供たちが遊んでいる姿さえめったに見られない。たまに出会う子供の顔には生気が抜けていたりする」。

社会が犯罪少年をつくっている

その結果、七六二年前に、道元禅師がここで予言しているとおり、「**心のままにふるまひ、己が心を先として、人目をしらず**」（人の目を考えないの意）、「**人の心を兼《かね》ざる人**」となったために、「**あしき**」犯罪を犯す少年がふえてしまったのです。

ここ三年だけの例でも、一九九七年五月には、神戸市須磨区で中学三年の少年（14）が小学六年の男児を殺し、その首を中学校の正門の上に置きました。又この少年は、その二カ月前の同年三月にも、小学生の女の子一人を殺し、一人に重傷を負わせています。

そして一九九八年一月、大阪府堺市で、少年（19）がシンナーを吸って路上に飛び出し、女の幼稚園児（5）とその母親と、別の女子高生を次々と包丁で刺し、うち女児を殺しました。

そして同年二月、東京都江東区の男子中学生（15）が「ピストルを撃ちたい」と警察官からピストルを奪うことを計画。パトロール中の警官をナイフで刺しました。

又同年三月、鹿児島県鹿屋《かのや》市で、少年（17）が独り暮らしの老人（93）の首を絞めて殺し、死体を山林に捨てました。

さらに一九九九年四月、山口県光市で、少年（18）が、アパートに侵入、若い人妻（23）を殺して強姦し、その母の体にすがって泣き叫ぶ生後一一カ月の女の赤ちゃんを、コンクリートの床に叩きつけて殺しました。

そして、二〇〇〇年四月、名古屋市の少年（15）らが、中学生の同級生に殴る蹴るの暴行を加え、合計五五〇〇万円のカネをおどし取りました。

更に二〇〇〇年五月一日、愛知県豊川市で、少年（17）が、「殺す経験をしてみたかった」と、見知らぬ主婦（64）を刺殺し、その旦那さんをも殺そうとして切りかかりました。

そして二〇〇〇年五月三日から四日にかけて、佐賀市の少年（17）は、佐賀市から東広島市までの高速道路でバスジャックをし、刃渡り三〇センチの大型包丁で元女教師（68）を殺し、さらに他の二人の女性の首や胸も刺して重傷を負わせ、かつ六歳の少女の首にその包丁を押しつけて一五時間半人質に取りました。正に殺人鬼であります。

しからば、どうしたら、これからの子どもたちを、このような殺人鬼ではなしに、「あどけなく、無邪気で、純真で、無垢で、底抜けの明るい」（前掲、毎日新聞の社説）子供たちに育てて行くことができるのでしょうか。そのためには、**「衆《しゅ》にまじはり師に順じて我見を立《りっ》せず、心を**

あらためゆけば、たやすく道者となる」のです。

まず「衆《しゅ》にまじは」らさなければいけません。我々が子供のときに、体と体をぶつけ合ったように、群れ遊びのできる環境に、戻すべきです。そのためには、パソコンやテレビゲームという、百害あって一利のない玩具を全廃すべきです。

と同時に、親が子どもをいい学校に入らせるための塾通いを、全廃にすべきです。東京大学を出たって大したことはないのです。その東大を出た私が言うのですから、まちがいありません。

さらに、親は子どもをドシドシ生むべきです。子供の群れ遊びは、家庭内の兄弟姉妹間における群れ遊びからはじまります。そのためには、子供四人位を生んでも育てられる程度に、今の労働者の賃金を上げるべきです。

父性の復権

そして「師に順じ」るようにしつけること。ところで、ここに言う「師」は、子供の場合は、父母、とくに父のことを言うと私は思います。なぜならば、人間の性格は、オギャーと生まれてからまず数え三歳（満二歳）までの間に最も基本的な部分が形成され、ついで数え五歳（満四歳）までの間に形成された部分がそれに加わり、そして数え七歳（満六歳）までの間に形成された部分が更にそれに加わり、そのようにして形成された人間の性格は、その一生を通じて変らないとされているからです。「七五三」のお祝いは、古人もそのことを知っていたからです。

つまり、小学校に入学するまでに、その子の性格は、基本的にできてしまっているのです。ところが今の若い親は、子供にしつけをしません。欲しいものは、何でも買って与えます。他人に迷惑をかけても、殆ど叱りません。そうすると子どもたちは、「**心のままにふるまひ、己が心を先として、人目をしらず、人の心を兼**《かね》**ざる人**」、すなわち、全くの自己中心のエゴイストとして小学校に入ってしまうのです。

そこで先生が、はじめて、しつけをしようとしても、もうおそいのです。したがって、最近の少年少女の非行化の責任は、一〇〇％親にあって、学校の教師にはありません。

最近、林道義先生が「父性の復権」ということを強く唱えています。月刊誌『致知《ちち》』の二〇〇〇年六月号で、小田晋《すすむ》教授（犯罪精神医学）も、こう書いています。「少年犯罪に共通しているものは、いずれも家庭が崩壊しているということです。父親の影が薄い。あるいは死去したり、別居したりで、家庭内に確固たる秩序、父性が存在していません。彼ら犯罪少年は、家庭の暴君として振る舞い、それを誰も止めることはできなかったのです。良心という言葉があります。その担い手は、本能や自我に対する超自我で、善悪の判断基準になるものです。これは、人間が自分の父親のようになろうとして、父親の価値基準を自分の中に無意識のうちに採り入れることによって形成されるものです。彼ら犯罪少年には、その良心が欠落しているのです。要するに一連の事件の底流には、父性の喪失という問題が潜んでいるのです。そのことを、林道義氏も『父性の復権』をはじめとする著作の中で説いておられます。国民や子どもたちには、やはり畏敬すべき父親的な存在が必要なのです。しかし、そうした存在や価値観を社会からなくしてしまう方向で来たのが、戦後の日本です」。

たいがいの問題につき、国家権力の手先のような発言ばかりしている小田晋教授は、私のキライな男の一人ですが、しかし、この意見だけは賛成です。

子ども、とくに男の子というものは（右に上げた事件の犯人は、すべて男の子である）、たとえ庶民的な考えにしろ、何らかの人生観・世界観を持つ父親とぶつかり、時にはそれの発展的継承者として、時にはそれに対する反撥者として、息子みずからの人生観・世界観を形成してゆくものであり、人として何をしてはならないか、何をすべきなのかも、その過程を通じて、おのずから会得してゆくものなのです。

ところが、終戦後の親は、自分の人生観・世界観を持っていません。したがって、ただ「勉強していい学校に入り、いい学校に入っていい就職をしろ」という、自分のしあわせのためには他人を蹴落としてもいいというエゴイズム的しつけだけをするもんだから、昨今見られるような、非行少年・犯罪少年を生み出してしまったのです。

かつてこわいものは、「地震、かみなり、火事、親父」でした。そして今こそ、日本国中の父親は、「地震、かみなり、火事」に匹敵する頑固おやじにならなければならないのです。とくに満六歳以下の子どもを持つ父親は。七歳以上の子どもの場合は、さきほど述べたように、性格がもう固まっちゃっていますから、これからでは、どうしようもありません（ただし、七歳以上でも、その子を取りまいている家庭環境と社会環境と教育環境を変えてやれば、ある程度、矯正できます。もっとも、それも、一九歳まで位のことです)。

本を読んでも仏教は分らない

もっとも、父親のいない家庭もあります。その場合は、母親が、そのような父親の役割を果たさなければなりません。よくある話ですが、電車の中で、うるさく暴れている子どもに、他人が注意してやると、若い母親は、子供によくこう言います。「こわいおじさんがいるから、○○ちゃん、大人しくしていなさい」と。そう言われた子どもは、「こわいおじさんさえいなければ、あばれてもいいのだ」と思って成長します。その結果、バレなきゃいいと思って人のものを盗み、恐喝をし、人を殺してしまうのです。

ところで、以上は、道元禅師のすばらしい予言にもとづいて、現在日本の若い父親の果すべき役割のことをのべたのですが、仏道の世界においても、もちろんそうなのです。「**学道の用心も、亦かくのごとし**」。道、すなわち仏道を学ぶ上における秘訣も、それとおなじなのです。とくに仏道を学びかつ行ずるのに、たった一人でやるということは、至難の業《わざ》なのです。

何度も言いますが、書店から仏教書を買ってきて、一人で何百冊読んだって、それは知識・雑学が左脳に入るだけです。つまり、仏教がリクツとして頭に入ってくるわけです。そうすると、その人は、ますます仏教から遠ざかってしまうのです。なぜならば、仏教とは、頭の中からリクツを全部追っ払い、リクツをこえた、右脳でしかつかめない世界のことだからです。

それにはどうしたらいいかというと、「衆《しゅ》」すなわち、志を同じくする仲間たちと一しょに学び、一しょに修行すればいいのです。これを「大衆《だいしゅ》の威神力《いじんりき》」と言います。

何度も言うように、私は毎朝、自宅仏間で坐禅を組んでますが、しかし、たった一人で坐禅をすると、せいぜい一〇分か一五分が限度です。しかし、月に三回、港区西新橋の私の事務所で、仏教会に来た諸君と一しょに坐禅をすれば、三〇分でも平気です。そして、鶴見の総持寺や福井県の永平寺でやっている坐禅は、四五分です。

又、一人で仏法を学んでいると、時々、勝手な思いこみをしてしまいます。例えば、「お釈迦さまは輪廻転生《てんじょう》を否定した」とか、「お釈迦さまは、死後の世界を否定した」とか、「お釈迦さまは、すべての人間に仏性《ぶっしょう》が備わっているとは言っていない」とか。

ところが、私の仏教会のように、毎回三〇人ないし四〇人が集まり、私の講義が終わった後に、みんなで「ああでもない、こうでもない」と議論をしていると、いつとはなしに正しい結論に落ちついてくるものなのです。

これを「**衆にまじはる**」と言います。

ですから、一人だけで仏教書というペーパーを一生懸命読んで「仏教が分った」と思っている人間のことを「ペーパー仏教者」と言いますが、「ペーパー仏教者」は「仏教者」ではなくて「雑学の持主」にすぎないのです。

正師《しょうし》なき仏法は仏法にあらず

今、大きい本屋に行くと、仏教書コーナーがあります。コーナーがあると言うことは、買う人がいるということです。しかし、仏教書が何万冊、何百万冊売れようが、そんなものは仏法の興隆でも何でもなく、リクツ屋の大量生産にすぎないのです。

そして仏道修行においてもう一つ大事なことは「**師に順ずる**」ことです。「正師《しょうし》なき仏法は仏法にあらず」。そして、自分の意志で「これが自分の正師だ」ときめたら、その師匠の言動を、すべて肯定することです。師匠のことを、仏教では「知識」とも言います。「知識若し仏と云《いう》は蝦蟆蚯蚓《がまみみず》ぞと云はば、蝦蟆蚯蚓《がまみみず》を是ぞ仏と信じて日比《ひごろ》の知解《ちげ》を捨つべきなり」（『道元禅とは何か』第一巻二八頁以下）。さらにまた「百尺竿頭、如何が歩を進めん」（同書第三巻七頁以下）。いずれも師匠の教えであればそのまま信じ、師匠の命令であれば、そのまま実行するということです。

私の師匠は、紀野一義先生です。したがって紀野先生から、「遠藤君、仏とは、犬や猫のことだよ」と言われれば、私は、犬や猫を仏と信ずることにしています。

そうなれば、それまで持っていた「**我見**」などは、どこかへ、すっとんで行ってしまいます。私が仏法の世界に入るまで持っていた我見は、日本で一番えらい者は自分だ、したがって自分にできないことは何もないという自惚れと、肉眼で見えている世界がすべてで、肉眼で見えないものは存在していない、そして今の自然科学で立証できないことは迷信であるという考えでした。

その結果、昭和四〇年一月にウツ病にかかってしまったのです。

その後、仏法と出会い、紀野先生の弟子となり、我見を放り出してしまいました。つまりそれまでの「**心をあらため**」てしまいました。

そしたらウツ病がなおり、何をやってもうまく行くという現在になってしまいました。誠に「**大安楽**」なる毎日になってしまったわけです。

それともう一つ。仏法をおのれのものとすることについて大事なことは、金持ちになってはいけないということです。

「**学道は、先《まず》すべからく貧《ひん》を学すべし**」。仏道を学び、かつ実行するためには、貧乏でなければならないということです。

近頃の日本人には、心がなくなりました。あるものは、煩悩、すなわち欲だけです。終戦前後の物が貧しかった頃は、日本人、お互いに助け合いました。しかし、物が豊富になったら、人間は、すべて我利我利亡者になってしまいました。欲のため、あるいは不平不満を他に転嫁するため、平気で人を殺すようになってしまいました。「竜は、追いつめられた時に玉を吐く」と言われています。正に「ハングリー精神」が必要なのです。

ところで、この「**学道は先《まず》すべからく貧を学すべし**」という道元禅師の教えに逆らっているのは、現在の日本国曹洞宗の大本山総持寺（鶴見）の監院《かんにん》・渡辺剛毅《ごうき》及び人権擁護推進室統監・長谷川文丈《もんじょう》をはじめとする総持寺の宗門官僚たち（但し、板橋興宗《こうしゅう》・貫首を除く）であります。

総持寺貫首のカレンダー事件

かねてから私が尊敬している板橋興宗《こうしゅう》貫首は、毎年、自分の言葉を印刷したカレンダーを作っては、有縁《うえん》の人たちに配っています。一九九九年一二月、私も、二〇〇〇年度のカレンダーをいただきました。月めくりのもので、毎月毎月、すばらしい言葉が興宗和尚の筆で記され、かつ興宗師みずから描いた禅画がそえられてあります。その中の二〇〇〇年一二月の所に「清貧が人を育てる」と書いてありました。私は思いました。「ああ、興宗和尚は、正法眼蔵随聞記の第五巻第二節からこれを採った。さすが、道元禅師の弟子だ」と。

ところが、二〇〇〇年の四月二四日になって、総持寺から私に手紙が参り、「あのカレンダーは差別カレンダーだから、返してくれ」とあります。発信者として「監院・渡辺剛毅、統監・長谷川文丈」とあります。読んでみてたまげました（この手紙は二月の言葉「服装は人格の表現である」をも問題にしていますが、ここでは、この随聞記第五巻第二節に関係する分だけを紹介します）。いわく。

「平成十二年のカレンダーについては、以下に述べる理由により、今回、回収するはこびとなりました。

その理由は、当カレンダーの十二月の『清貧が人を育てる』の寸言が、人権上、問題を含んでいるからです。

この寸言に関しては、まず山内《さんない》から指摘があり、幾度も協議し、さらに曹洞宗人権擁護推進本部とも検討の上で、回収を決定いたしました。

この寸言は、清貧を心のありようとしてとらえ、示されたものでありますが、この語を物質的・経済的制約として解釈した場合には、問題性のあることを否定することができないという結論に至りました。

つきましては、誠にお手数ですが、当カレンダーを、同封の返信用封筒にてご返送下さるようお願い申し上げます」と。

ところで宗祖・道元禅師がここで「**学道は先《まず》すべからく貧を学すべし**」と言ったのは、何も「心のありようとしてとらえ、示されたもの」ではなく、まさに「物質的・経済的」な意味で言っているのです。要するに「貧乏にならないと、仏道は学べない」ということです。そのことは、これからあとのことを読めば分ります。

本ものの禅僧・板橋興宗和尚は別として、これを問題にした総持寺の「山内《さんない》」の者たちや、曹洞宗人権擁護推進本部の坊主どもや、渡辺剛毅・監院《かんにん》（貫首に代って総持寺の寺務を監督する役）や、長谷川文丈・統監たちの収入が豊かになったもんだから、「清貧が人を育てる」という道元直伝の教えに「人権上、問題がある」などと、ほざいたわけであります。

ちなみに、この回収要求を、私は、拒否しております。

そこで、道元禅師が何を以て「貧《ひん》」と言ったかの説明が、つづいてきます。「**名をすて利をす**

て、一切諂《へつ》らふことなく、**万事なげすつれば、必ずよき道人《どうにん》となるなり**」。

まず「**名をすて**」ることです。日本国曹洞宗大本山総持寺・監院《かんにん》とか、総持寺・後堂《ごどう》（禅堂における指導僧）とかの役職を求めないことです（長谷川文丈《もんじょう》和尚は、総持寺の後堂でもある）。

そして「**利をすて**」ることです。総持寺につとめている坊さんたちは、自分のお寺に帰ったら、檀家のお葬式や法事をやっても読経料《どきょうりょう》を取らないことです。死人に戒名をつけるときも、タダでつけるべきです（もっとも、「要らない」「要らない」と言っても置いて行かれたお布施は、もらっていいです。私は、相談料や弁護士報酬は、貧乏人に対しては、「要らない」と言うのですが、それでも置いて行かれたら、お布施として頂戴することにしています）。

そして「**一切諂《へつら》らふこと**」をしないことです。人の気に入るようにふるまったり、こびたり、おもねたり、お追従《ついしょう》をしたりしないことです。

ちなみに、前記興宗和尚のカレンダー事件の震源地は、総持寺内の「人権擁護推進本部」のようですが、この総持寺内の「人権擁護推進本部」とは、差別戒名その他の問題で、部落解放同盟から糾弾《きゅうだん》を受けた時に応対する本部なので、「清貧が人を育てる」と言うと、部落解放同盟から「部落民のように貧乏になれと言うことか」と糾弾されることを恐れ、解放同盟が何も言わないのに、これにへつらってしまったことから起きた騒動なのです。

このようにして「**万事なげすつれば、必ずよき道人《どうにん》となる**」のです。「**よき道人《どうにん》**」とは、「よき仏道の人、すなわち仏教者」のことです。こうして見ると、今の曹洞宗総持寺に巣食っている坊主どもは、板橋貫首を除き、その殆んどが「名を取り、利を取り、他に諂《へつ》らい、よろずの事をせおいこんでいる」わけですから、とうてい仏教者とは言えないわけです。

そしてつぎに、道元さんの言っている「貧《ひん》」が、総持寺の官僚どもが否定している物質的・経済的意味であることの証拠が、出て来ます。

「大宋国によき僧と人にも知られたる人は、皆貧窮人《びんぐうにん》なり」。宋は、九六〇年から一二七九年まで中国にあった大国で、その間の一二二三年から一二二七年までの四年間、道元さんは留学してきたわけです。その宋国において、名僧といわれた人たちは、皆、貧乏人だったのです。

「衣服《えぶく》もやぶれ諸縁も乏《とぼ》しきなり」。**「諸縁」**とは、この場合、禅僧として生活をして行くための縁、すなわち条件、生活物資・生活用具のことです。宋国における本もの禅僧は、着ている衣服もボロボロ、又身のまわりの用品も、殆ど持っていなかったということです。この**「衣服もやぶれ」**について感動的な話は、この『随聞記』の第六巻第四節にも、出てきます。「まのあたり見しことは、西川《せいせん》の僧、遠方より来《きた》れりし故に、所持の物なし。纔《わずか》に墨二、三丁もてり。そのあたひ両三百文《もん》、此国の両三十文にあたれるを持《もち》て、唐土の紙の下品《げぼん》なる極めて弱きを買ひとりて、襖《ふすま》或は袴《はかま》などに作《つくり》てきぬれば、起《た》ち居に破るるおとしてあさましきをも顧みず、うれへざるなり。或る人の云く。汝、郷里にかへりて道具装束《しょうぞく》ととのへよと。答《こたえ》て云く。郷里遠方なり。路次の間に光陰を空《むなし》ふして学道の時を失せんことを憂ふと云て、猶更に寒《かん》をも愁《うれ》へずして学道せしなり。しかある故に大国にはよき人も出《いで》来るなり」。

「西川」は、今の四川省《しせん》のこと、天童山より大分遠いです。「襖《ふすま》」とは着物のことです。

この四川省から来た雲水のようなひとが、道元さんが留学していた当時、天童山にいたのです。「往日《そのかみ》天童山の書記、道如《どうにょ》上座と云し人は、官人《かんにん》宰相の子なり。」「書記」とは住職の補助者として文書作成をつかさどる役、上座は道元さんから見て先輩の坊さんのことです。この道如《どうにょ》先輩は、出家前は、西川《せいせん》の内閣総理大臣の息子でした。

ボロ服、万才！

そのような名門の出でありながら、「親族をも遠離《おんり》し世利《せり》を貪《むさぼ》らざりしかば、衣服《えぶく》のやつれ破壊《はえ》したること、目もあてられざりしかども」。彼は、俗界における親族と縁を切り、又、出家するとき大したカネも持ってこなかったもんで、着ている服が古くなり、ボロボロになっていたわけです。目もあてられないほどのボロだったわけです。

一九九三年、作家、佐木隆三さんが、所用があって、葛飾区新宿《にいじゅく》の拙宅に来ました。その一寸あと、佐木さんはあるテレビで、つぎのように話していました。

「この前、遠藤誠弁護士の自宅に行きました。遠藤弁護士は、自宅で和服を着てました。ところが、あれほどに有名な弁護士でありながら、その和服は、ヨレヨレでボロボロでした。私は、改めて『遠藤弁護士は本ものの弁護士だな』と思いました」と。

そうなのです。私は、今日も、自宅で和服を着ながらこの原稿を書いているのですが、昭和五二年一二月に前妻和子に家出されて以来、昭和五八年に今の妻けい子と結婚したのですが、けい子の希望により、けい子は今なお結婚前の台東区竜泉のマンションに住んでいるのです。そこで、私の着ている和服は、前記のように、昭和五二年（一九七七年）一二月からこれを書いている二〇〇〇年五月まで、二三年間、同じ和服を毎日着ております。したがって、この道如和尚と同様、**「衣服《えぶく》のやつれ破壊《はえ》したること目もあてられざりし」**状況になっているわけです。しかし、どういうことはありません。先ほども、このボロボロの和服を着て、新宿《にいじゅく》中を散歩してきました。

ところがこのボロ衣服の道如さんも、**「道徳、人に知られて名巒《めいらん》大寺の書記とも成られしなり」**。この**「道徳」**は、その人が得た道によってその人の中に形成された人徳のことです。元々の道徳の意味はそうだったんですが、今、使っている道徳は、それが変化して、ある社会において、その成員の社会に対する、あるいは成員相互間の行為の善悪を判断する基準として、一般に承認されている、個々人の内面的な規範という意味になっているわけです。

したがって、このボロ服の道如和尚の人徳は人にも知られ、天童山という名刹の書記という重要な地位につくに至ったわけです。天童山は、当時の宋国曹洞宗における総本山であり、書記は、今でいえば曹洞宗の宗務次長に当ります（今の宗務総長は、通寺《つうす》と言いました）。

そこで道元さんは、あるとき、その道如先輩に、じかに尋ねたのです。

「和尚は、官人《かんにん》の子息にて富貴《ふうき》の種族なり。何ぞ身にちかづくる物、皆下品《げぼん》にして貧窮《びんぐう》なるや」。

道如和尚さんは、宋国の宰相《さいしょう》の息子さんで、お金持の出身です。それなのに、どうして身のまわりのものが皆粗末で、貧乏しておられるのですかと、道元さんも、ズケズケ尋ねました。この時の道元さんは、満二三才ないし二七才。青年だったから、ズバリ聞けたんですね。

ところがこれに対する道如禅師の答えがいいですねえ。「**僧となればなり**」。出家したからです、と。

今の坊主は在家である

出家とは、家を出ることです。家とは、家族であり家庭であり俗人としての職業であり地位のことです。そういうものからすべて遠離《おんり》しないと、悟りを開くことは、むずかしいのです。

そうしてみると、今の日本の坊さんは、みんな妻を持ち子どもを持ち、庫裡《くり》という名の立派な住居を持っています。そして、自分の息子が無能でも、自分のお寺を継がせるために、有能な弟子を追い出しています。したがって、今の日本の坊さんの九九%は、在家です。

なぜ出家は、家族を捨てなければならないか。それは、妻や子との間の恩愛のしがらみにしばりつけられている限り、絶対的自由を得ることができないからです。精神の世界における真の自由を得ることを悟りと言います。人からぶんなぐられようが屁のカッパ。破産しようが屁のカッパ。第二次関東大震災が起きてお寺が全壊しようが屁のカッパ。これを悟りと言います。妻と子ども持ちだと、そうは行きません。

ところで、この「**僧となればなり**」という一言は、感動的ですね。

ところで私は、形は僧ではなくて弁護士です。そしてその遠藤弁護士は、ひとからよく聞かれます。「遠藤先生は、帝銀事件とか、一力一家事件とか、やくざの山口組事件とか、永山則夫事件とか、オウムの青山吉伸事件とか、反権力自衛官事件とか、普通の弁護士なら、やりたがらない事件を、どうしてやっているんですか?」と。

答えるとすれば、「弁護士となればなり」ということになりますね。仏教が仏道であると同様に、弁護士にも弁護士道があります。弁護士道というものは、救いを求められたら、全世界を敵にまわしても、引き受けるべきなのです。但し、その依頼の趣旨が、「ウソをついてくれ」という場合だけは、別です。その場合、カネになるかどうかとか、こんな事件を引き受けたら、日本国中から、そして自分の親や子どもたちや兄弟たちや親戚中から非難攻撃を受けるかどうかなどは、一切考えてはならないのです。

この第五巻の第二節にもありましたね。「只、**仏法の為に仏法を学すべきなり**」と。同じように、「只、弁護士道の為に弁護士道を行ずべき」なのです。この点、最近の弁護士には、カネになることは何でもやる、カネにならないことは一切やらないというやからが現れております。そういう連中は、弁護士のカラをかぶった悪徳商人であって、中味は、弁護士でも何でもありません。

そしてそのような生き方は、仏道や弁護士に限らず、あらゆる場について言えます。今、各企業にリストラという名の首切りがはやっています。サラリーマンはみんな、戦々きょうきょうとして生きています。しかし、人間は、必ず死ぬのです。首になろうがなるまいが、今与えられている仕事に、全力を注いでいればいいのです。それでも会社が首を切るというのなら、そんな分らんちんの会社は、こっちから縁切りにしてやればいいのです。

「それでは女房・子どもを養えない。マンションのローンも払えない」というのであれば、そのような不合理な政治を改革するための世直し運動をはじめるべきです。もちろん一人ではできません。日本全国の勤労者と、そして全世界の勤労者と手をむすび、場合によっては世界的一斉武装蜂起も辞さない展望で、立ち上がるべきなのです。

ところが日本だけで一九九九年、三万人をこす人が自殺しました。理由の大半は、企業の倒産ないしリストラによる首切りです。どうせ自殺するのであれば、このように日本を目茶苦茶にしている元凶たる内閣総理大臣と差し違えて死ぬ位の元気をもって、蹶起すべきなのです。

まとめ

これで第二節は終りますが、ここで言っていることの第一は、己れの小ざかしいはからいを捨てて、仏法という名の大海原に、自分の身も心も、すべてゆだねてしまうこと。そして第二は、そのために、貧乏になること。もちろん食うだけのものは必要ですが、しかし、今の日本で餓死した人は、まだいません。老女が一人餓死しましたが、あれは生活保護を請求しなかったことによるものです。

ところが、今の世の中は、日本も世界も、この逆を行ってますね。大事なのは、カネと財産と株とハイテクとコンピューターとインターネットだと。先進国もそうだし、後進国も、そうです。

しかし、そのために人類は、自然を破壊し他の生物を次々と絶滅させ、地球を破壊し、オゾン層を破壊し、そして今や宇宙まで汚染しています。同時に、人の心と心との間はバラバラになり、親は子を殺し、子は親を殺し、少年は無差別殺人に走っています。

ここらで人類は一時停止し、方向転換をはからないと、この地球上は、ヒト族という名の化け物が充満する世界になってしまうでしょう。

第一一節　仏祖の道を好む

巻第五の第三節　一日示して云《いわ》く。俗人《ぞくにん》の云く。宝はよく身を害する怨《あだ》なり。昔も是れあり、今も是れ有りと。云ふこころは、昔し一人の俗人《ぞくにん》あり。一人の美女をもてり。時に威勢ある人、是を請《こ》ふ。彼の夫《おっと》、是を惜《おし》む。終《つい》に兵を起して其家を囲めり。既に奪ひ取《とら》れんとする時、夫《おっと》が云く。我れ、汝が為に命を失ふと。女が云《いわ》く。我れも夫《おっと》の為に命を失はんと云《いい》て、高楼《こうろう》より落《おち》て死す。そののち彼の夫、うちもらされて、後に物語りにせしとなり。亦云く。昔し一人の賢人《けんにん》、州吏として国政を行ふ。時に息男《そくなん》あり。官事によりて父を辞し、拝して去る。時に父、一疋《いっぴき》の縑《きぬ》を与ふ。息《むすこ》の云く。君は高亮《こうりょう》なり。此の縑《きぬ》、いづくよりか得たるや。父云く。俸禄のあまりなりと。息《むすこ》、さりて皇帝に奉りまいらせてその由を奏す。帝、太《はなは》だ其の賢なることを感じたまふ。息男申さく。父は名をかくす。我れは名を顕《あら》はす。真に父の賢、勝《すぐ》れたりと。此の心は、一疋《いっぴき》の縑《きぬ》は、是れ少分なれども、賢人は私用せざること聞へたり。亦、寔《まこと》の賢人は名をかくす。俸禄なれば使用するよしを云ふなり。俗人猶《な》を然り。況《いわん》や学道の衲子《のっす》、私《わたくし》を存ずることなかれ。亦寔《まこと》の道を好まば道者の名をかくすべきなり。亦云《いわく》。仙人ありき。或人問《とう》て云く。如何がして仙を得ん。仙人の云く。仙を得んと思はば仙道を好むべしと。然れば学人《がくにん》も仏祖の道を得んと思はば須《すべから》く仏祖の道を好むべし。

ここでは、三つのことを言っております。第一は、「**宝はよく身を害する怨《あだ》なり**」ということ。第二は、自己宣伝をしてはいけないということ。そして第三には、仏道によって救われたいのであれば、仏祖の道を好きにならなければならないということです。

カネはあなたをダメにする

まず、第一の問題。「**宝はよく身を害する怨《あだ》なり**」。財産というものは、その人をほろぼす、かたきみたいなもんだ、ということです。

今の人は、株を買ったり、利殖の道をはかったり、必死になってカネを追い求めています。しかし、カネや財産というものは、たまればたまるほど、その人をダメにするものなのです。私は職業柄、よく遺産相続の事件をやらされます。親が生きているときには、兄弟姉妹、何の問題もなく仲良くつき合っていた。ところが父が遺産を残して死んだ。そうすると、必ず争いが起きます。長男は長男で、「おれが父の面倒を見たんだから、よけいよこせ」と言います。弟や嫁に行った娘たちは、生前、実家の親の面倒もみてなかったくせに、「民法では、平等の相続権があるときめられているのだから、平等によこせ」と言います。

それも、遺産の中に、何億円という預貯金があるなら、それを分けて話をつけることができます。しかし、大がい、遺産の中の大部分を占めるものは土地・建物で、それも死んだ父と長男夫婦が一しょに住んでいたものというパターンが多いです。そうすると、仮りに長男の取り分を弟や姉妹より多少多めにしたとしても、残りはやっぱり平等に分けないといけないので、結局は、長男家族の住んでいる土地・建物を売ってカネで分けるか、あるいは土地・建物を長男だけの単独相続にして、あとは長男から弟・姉・妹に長期の月賦でカネを払うかしかありません。

そういう争いを防ぐためには、父は生きているうちに遺言書をつくり、その中に「私が死んだら、この土地・建物は、長男のみに相続させる」と書いておけばいいではないかと思われるでしょうが、その場合でも、他の弟・姉・妹には、遺留分と言って、遺言を以てしても犯すことのできない相続人固有の権利が民法で保証されている（遺留分の範囲は、原則として全遺産の二分の一）ので、やはり争いは残ります。

そして、残された子どもたちが、そうやって争い、お互いに弁護士がつき、家庭裁判所の調停から始まってつぎは審判、それに対し高裁に対する抗告、最後は最高裁に対する特別抗告と争っているうちに、一〇年位たってしまいます。それでは、死んだ父親の霊は浮かばれず、苦悩しながら中有《ちゅうう》の世界をさまよってしまうことになります。すなわち「財産は、よく身を害する怨《あだ》となる」わけです。

こういう場合、その住居が借家や賃借マンションであれば、そういう争いは起きません。なぜならば、借家権は、それまでの借家人と一しょにそこに住んでいた相続人だけに相続されるからです（借地借家法二六条参照）。

だから、財産は、持ってないほうがいいのです。

つぎにこれを説明するのに道元さんは一つの実話を示していますが、しかし、この実話は、この教えの説明としては、適切ではありません。その理由は、以下の実話を読んで行けば分ります。なおこの話は、中国の歴史書『晋書《しんじょ》』（晋国《しんこく》の歴史を書いたもので、唐の房玄齢《ぼうげんれい》らが六四八年に完成したもの）の第三三巻石崇《せきすう》伝に出ている話です。

晋国《しんこく》（二六五－四二〇年）に、石崇《せきすう》という男がいました。すごい美人の緑珠《りょくしゅ》を妻に持っていました。時に、その晋国政府の中書令（今の宮内庁長官兼自治大臣）の孫秀《そんしゅう》が、その奥さんに惚れこんで、「その緑珠をわしにくれ」と言いました。豊臣秀吉をはじめ、戦国時代や江戸時代に、色好みの権力者も似たようなことをやっていましたが、そのパターンです。

当然のことながら、夫の石崇はこれを拒否します。そしたら、孫秀は、軍隊をつかさどる趙王倫に、あることないことを吹きこんで、「**兵を起して其《その》家を囲**」んでしまったのです。昭和五〇年頃、黒沢明監督・三船敏郎主演の映画に『切腹』というのがありました。三船敏郎の奥さんが絶世の美女だったため、三船敏郎の主君がこれに横恋慕し、「わしにくれ」と言うのです。しかし、三船は、これを拒否します。そしたら、この晋国の孫秀と同様、三船の殿様も、軍勢を三船邸に派遣し、奥さんを強奪するために三船邸を包囲するわけです。その時三船は、愛する妻の希望によって妻を刺し殺し、みずからも切腹して死ぬという壮絶なドラマでした。

一六〇〇年前の細川ガラシャ夫人

ところがそれから千数百年前の石崇《せきすう》はどうしたか。石崇は妻の緑珠にぼやいたのです。「おれは、お前のために殺されてしまう」と。このように石崇はだらしなかったけれども、妻の緑珠は立派でした。「私も、あなたのために死にます」と言って、それから一六〇〇年後の細川ガラシャ夫人のように、高楼から身を投げて自殺してしまったのです。「愛するあなたと別れて権力者・孫秀によって強姦される位なら、死を選びます」ということです。

ところが石崇のほうは、どこまで行ってもだらしがない。緑珠が夫に対する操を立てて自殺したのに、石崇のほうは、そこから逃げ出してしまいました。

私がこの石崇だったら、どうしたか。もっとも、今どき、「遠藤弁護士の奥さん・けい子は美人だから、私にくれ。くれなかったら機動隊と自衛隊をさし向け、実力を以て奪取する」という権力者がいるはずはありませんが、私が千数百年前の晋国において、こういう目に会ったら、私は、おし寄せる孫と趙の軍勢をバッタバッタとなぎ倒し、最後は、切り死にをして、壮烈なる戦死を遂げるでしょうな。そして愛する妻けい子も、ともに敵と斬りむすびながら、殺されて行くでしょう。

かくの如く、この晋の実話は、弱虫の夫とすばらしい美女の話にしか私には思えないのですが、道元さんは、これを「**宝はよく身を害する怨《あだ》なり**」の例として挙げているわけです。つまり、この夫が、美女という宝を持っていたがため、わが身にとってマイナスになってしまったという意味です。

しかし、宝はモノであるのに対し、美女は人間です。財産を持ちすぎたために身をもちくずしてしまう実例は掃くほどありますが、美しくかつ夫を真底から愛する妻を持ったために、夫の害になってしまったというのでは、妻がかわいそうです。だいいち、「美しくかつ夫のために命を捨てられる妻を持つことが間違いだ」ということになれば、「ブスで夫を愛さない妻を持て」ということになり、とんでもないことになってしまいます。

したがって、「**宝はよく身を害する怨《あだ》なり**」ということは、まぎれもない真理ですが、しかしその例証としてバカな夫とすばらしい妻の事件を挙げたのは、「弘法も筆のあやまり」と言うべきでしょう。

昔の公務員は高潔だった

そして次に第二話が出てくるわけですが、ここの話は、そのまま頂戴できる、いい話です。第二話で言っていることは、今、テレビやラジオや雑誌や新聞の折り込みでやっているコマーシャル、すなわち宣伝に対する道元禅師の見方です。

「**昔《むか》し、一人の賢人《けんにん》、州吏として国政を行ふ**」。「**州吏**」とは地方の長官、今の日本で言えば、都道府県知事のことです。そしてこの話は、同じく『晋書《しんじょ》』の中の「胡威伝《こいでん》」に出ています。「**州吏**」の名前を、胡質《こしつ》と言います。魏国《ぎこく》につかえ、荊州《けいしゅう》、すなわち今の中国の湖北省と湖南省（洞庭湖《どうていこ》の北と南）を合わせた州の州知事をしていました。その息子を胡威《こい》と言い、これは、当時、下級官吏として、父と同居していました。ある時、息子の胡威が転勤となり、父にいとまごいをして出発しようとしました。その時、父の胡質は、餞別として縑一疋《きぬいっぴき》を与えました。縑とは、絹の一種で、普通の絹より、織り目をこまかく織った最高級の絹織物のことで、貢物に用いられていました。一疋《いっぴき》とは、二反《たん》、すなわち大人にして二人分の衣服をつくれる大きさのことです。

その縑《きぬ》を見ると、あまりのすばらしさに息子はたまげてこう聞きました。「**君は高亮《こうりょう》なり。此の縑《きぬ》いづくよりか得たるや**」と。「父上は、高亮《こうりょう》のかたです」。「**高亮《こうりょう》**」とは、節操を持することが高く明らかなこと、すなわちワイロなどには眼もくれない清廉潔白なことを言います。「それなのに、こんな高価な絹を、どこから手に入れたのですか」と。

「**父云《いわ》く。俸禄のあまりなりと**」。「皇帝からいただいている俸禄を少しづつ残し、それで買ったのだ」と。

その後、息子の胡威は、徐州の州知事となり、大いに治政の実をあげた後、宮廷に参内して魏の武帝にその絹を献上し、その絹についてのエピソードを武帝に申し上げたわけです。そこで武帝は、父・胡質が大変すぐれた賢人であることに感心しました。そして、息子の胡威は武帝にこう言いました。「父は、このようなことをしても世にこれを宣伝することをしませんでしたが、私は、その絹を帝に献上することによって、自分の名前を宮廷に知らしめてしまいました。ですから、賢人としては、父のほうが私よりすぐれています」と。

これに対する道元さんのコメントは、こうです。この話からくみ取れる第一の教訓は、賢人（父・胡質のこと）というものは、絹一反であっても、役所の財産を横領して自分の物にするということをしないということであり、第二に、そのように清廉潔白な生き方をしておりながら、「自分はこんなにいいことをしてるぞ」ということを世間に宣伝しないものである、と。

見様によっては、この胡質さんのやってることは誠に当り前のことであって、何もこの程度では、「寔《まこと》の賢人《けんにん》」とまで持ち上げなくてよさそうにも思いますが、しかし、これを只今現在の日本の官僚にひき当てて考えてみると、たしかに賢人なのです。だって第一に、今の日本の官僚は、公けの物と自分の物を混同しています。我々からしぼり取った税金でもって、カラ出張の手当をもらったり、物見遊山のための出張費に使ったり、「賄《まかな》い雑費」ないし「食糧費」というわけの分らない名目で税金を自分たちのものにしたり、超過勤務をしないのに超過勤務手当をもらったりしています。もっとひどいのになると、各省の高級官僚が億に近い単位の退職金をもらって退職すると、○○公団とか○○公社とか○○機構に天下りし、そこに二、三年いると又莫大な退職金をもらって別の政府関係機関に横すべりし、まもなくそこを辞めると、又莫大な退職金を手にしています。そして、そうした退職金の出どこは、すべて我々の税金です。

桃李《とうり》は言わず

私が参議院法制局の主事をしていた昭和二八年から昭和三一年までの間、国会が休会・閉会になると仕事がパタリとなくなりました（今でも、そうだと思いますが）。ですから、誰も仕事をしません。しかし、月給は、忙しい時の額と同額のものが毎月支給されるのです。そこで私は、私の所属していた〇〇部〇〇課のM課長に言いました。

「課長。何も仕事をしないのに、国民の税金で月給をもらうのは、心苦しいです」と。

そしたらM課長は、こう言いました。

「遠藤君。国が公務員をやとっているのは、失業対策事業みたいなもんなんだよ。だから、大いばりで受けとりなさい」と。

したがって、今の日本国中の官僚、とくに高級官僚は、この父・胡質さんの爪の垢でものむべきです。

第二に、今の官僚、とくに高級官僚になると、自民党の幹部にすり寄って名前を売り、あわよくば次の選挙で自民党から出馬しようとして、懸命の工作をはじめます。まさに名を顕わそうして汲々《きゆうきゆう》となっています。したがって、国民の血税を一円も私用せず、又、一生懸命正しい行政をやっておりながら、一向に自分の名前を世に出そうとしなかった胡質は、やはり賢人であったわけです。

　ところで、胡質は、出家者でなく在家の人です。**「俗人《ぞくにん》猶を然り。況《いわん》や学道の衲子《のっす》、私《わたくし》を存《そん》ずることなかれ。亦、寔《まこと》の道を好まば、道者の名をかくすべきなり」**。前にも言いましたが、**「衲《のう》」**は、雲水の着る粗末な衣のことで、**「衲子《のっす》」**とは、出家者、とくに禅僧のことです。仏道を志す者であれば、なおさら、自分の利益を考えたりしてはならないのです。この点でも、今の日本の坊さんたちは落第ですね。自分の住居（庫裡《くり》）が古くなると改築するために、莫大な布施を檀家に割り当ててきます。亦、檀家が死ぬと、お釈迦さまやその弟子たちですら要求しなかったお葬式の読経《どきょう》料、戒名料（法名料）を、莫大に請求してきます。四十九日や一周忌、三周忌、七周忌の法事になると、又カネを要求します。そして、自分の宗派の所依《しょえ》の経典に書いてあることの意味を学ぼうともせず、又自分の宗派の開祖の教えを学ぼうともせず、自分勝手に「仏教はお葬式と法事をすることと、墓守りをすることだ」と曲解し、庶民をまどわしています。まさに**「私《わたくし》を存ずること」**だらけです。

　そして、宗議会議員の選挙のたび、立候補者は自分の名前を宣伝するために、時には選挙人（日本国中のお寺の住職）に対し、現ナマをばらまくこともあるそうです。中にはテレビに出て、仏教に非ざることを仏教なりとしゃべって「名を顕わそう」としているバカ坊主もいます。

　すばらしい人は、宣伝しなくとも、人が集まるのです。仏教の言葉に、こういうのがあります。「桃李《とうり》は言わざれども、おのずから蹊《けい》を成す」。春、奥山に人知れず咲く桃や李《すもも》の花は、かぐわしい香りを発し、又、遠くのふもとから遠望しても、美しく咲いているのが見えます。そこで、桃や李の花は、何も宣伝しないのに、ふもとの村人たちが、われもわれもと、その花を見に、奥山まで登ってきます。そのため、道がなかったのに、そこまで蹊《こみち》が、ひとりでにできてしまうのです（なお、成蹊《せいけい》大学の語源は、ここから出ています）。

コマーシャルの商品はダメ商品

そしてこの禅の精神にもとづき、我々弁護士も、昭和三〇年日弁連総会で議決した「弁護士倫理」により、原則として広告を禁止してきました。すなわち「弁護士倫理」第八条にいわく。「弁護士は、学位または専門の外、自己の前歴その他宣伝にわたる事項を名刺、看板等に記載し、または広告してはならない」と。言ってる意味は、①名刺や看板をつくるときは、「法学士」「法学博士」とか「民事専門」とか「刑事専門」とか「〇〇専門」ということは書いてもいいが、それ以外の「元弁護士会長」とか「勝訴率一〇割」とかは、名刺や看板に書いていけないということと、②広告は一切してはいけないということです。ですから、これまで弁護士は、テレビのコマーシャルはもちろん、新聞、雑誌の広告をやってはならず、もしやれば懲戒処分に付されたのです。

ところが、アメリカの圧力による「規制緩和」と「自由競争」のスローガンのもと、今年（二〇〇〇年）春の日弁連臨時総会において、「原則として広告は自由とする」ことに、会規が改悪されてしまい、これからは、弁護士の広告は、原則自由ということになってしまいました。

ところで、私の事務所では、これからも広告宣伝をするつもりは、全くありません。なぜならば、私の事務所には、しょっ中事件の依頼者が行列し、一〇の依頼のうち九件は、ことわっているからです。

逆に広告宣伝をしたがっている事務所は、無能又は一生懸命やらないために閑古鳥が鳴いている事務所か、又はカネをもうけようとしている事務所かの、いずれかであろうと思われます。したがって、これを読んでいるあなたが、今後、テレビやラジオや新聞や雑誌で、弁護士の広告・宣伝を見た場合、「ああ、この事務所は、無能か、頼んでも何もやってくれない事務所か、あるいはカネもうけをしたがっている事務所だな」と思って、恐らくまちがいないでしょう。

実を言うと、同じことは、現在の企業のすべてについて言えることなのです。性能がよくて安い商品は、宣伝しなくともバンバン売れます。逆に、性能がわるいか、高いか、あるいはあってもなくてもいい商品は、宣伝をしないと売れません。

したがって、今、テレビ、ラジオのコマーシャルで宣伝している商品は、すべて性能がわるいか、値段が高いか、あるいはあってもなくてもいいもののいずれかと思って、まちがいありません。

私は、毎週、土曜、日曜と休日には、朝午前九時半からよる一一時まで、ねじり鉢巻で、仕事場の書斎で原稿書きをしています。そして、朝食・昼食・夕食のあとは、腹がこなれるまでの一時間ないし二時間、テレビを見ます（従って、月曜から金曜までは、テレビを全く見ません）。

そして、ある番組を見ているうちに、コマーシャルになると、トタンに別の番組に切りかえます。そして、その別の番組もコマーシャルになると、すぐ又別の番組に切りかえます（これを「ザッピング」と言うそうですな）。それは、コマーシャルを出している商品は、すべて売れない商品だからです。

かくして、現在、世界中を席捲《せつけん》しているIT（infomation technology）革命、すなわち情報技術革命というものは、「桃李は言わず。おのずから蹊《けい》を成す」という仏道、とくに禅の精神に逆行するものであって、いずれろくな結果には、ならないはずです。

仏祖の道が好きでたまらない

そしてこの第三節の三番目の教えが、つぎに出てきます。**「亦云《またいわく》。仙人ありき。或人問《と》て云く。如何《いかん》がして仙を得ん」**。これにも出典がありまして、中国の古典の『神仙伝』巻三です。昔、黄《こう》初平《しょへい》という羊飼いの少年がある仙人に見込まれて連れ去られ、その教育によってついに仙人となってしまいました。一方、残された兄の黄初起《こうしょき》が、弟を探しに出かけ、弟が山の中で羊を飼っているうわさを耳にしました。そして、ついに山の中で、弟とめぐり合います。ところが羊が一頭もいません。弟のまわりには、白い石が無数にころがっているだけです。そこで兄は、「羊はどこに行った」ときくと、弟は、「羊はここに一ぱいいるのだが、兄さんがそれを見ようとしないだけだ」と言います。しかし兄は納得しません。そこで弟は、「羊ども。起きよ」と言うと、白い石がムクムクと起き上がって、数千頭の羊になったのでした。

そこでびっくりした兄の黄《こう》初起は、仙人となってしまった弟に言います。「我が弟、神通を得ること、かくの如し。吾、如何がして仙を得ん」と。

同じような話は、芥川竜之介の名作『杜子春《とししゅん》』にもありますね。杜子春も、仙人になろうとして、老仙人に弟子入りするわけです。

そこで、弟の黄初平《こうしょへい》、答えていわく。「**仙を得んと思はば仙を好むべし**」と。仙人になりたかったら、仙人になるための道を好きになりなさい、ということです。「好きこそ、ものの上手なれ」。仙人になるためには、仙人になるための修行が、めしより好きという風にならないといけないわけです。同じように、一流の弁護士になりたければ、弁護士の仕事が好きで好きでたまらないという所まで行かないといけないわけです。

私は、昭和三六年から三九年間、弁護士をやっていますが、正直言って、弁護士の仕事が好きで好きで、たまらないですね。めしより好きです。私に対し、だれかが、「お前は自分の命を捨てるか、それとも弁護士の仕事を捨てるか」と言われたら、私は、ためらわず、「弁護士の仕事を取ります」と言って死んで行くでしょう。

これを読んでいるあなたが、もし勤め人であるとすれば、あなたは、自分の会社の仕事が好きで好きでたまらないという所まで、行けばいいのです。そうすれば、あなたは、あなたの会社の中で、最も優秀なスタッフとなり、リストラになろうが不景気になろうが、あなたがクビになることは、絶対にありません。仙人となった黄初平が保証しているのですから、大丈夫です。

そして、兄の黄初起も、弟から言われたとおり、仙人になるための修行が好きで好きでたまらなくなり、ついに最後は、仙人になってしまったという話です。仙人になると、変幻自在の術を得、不老・不死の身になると言われています。

これと同じように「**学人**《がくにん》**も、仏祖の道を得んと思はば、須**《すべから》**く仏祖の道を好むべし**」。これを読んでいるあなたが、もし、天地大宇宙のエネルギーをからだ中にみちあふれさせ、自由自在にこれからの人生を送る、そのために仏祖、すなわちお釈迦さまから摩訶迦葉《まかかしょう》尊者、竜樹菩薩、達磨大師、二祖慧可《えか》、六祖慧能《えのう》、如浄禅師、道元禅師に至る世界を自分のものにしたければ、そのような仏祖たちが生きたように生きることが好きで好きでたまらないという所まで行けばいいのです。

私は、何の本を読んでるときが一番楽しいかというと、お経や、この随聞記や、仏祖たちの言行録を読んでいるときが一番楽しいです。又、何を行なっているときが一番楽しいかというと、お釈迦さまをはじめとする前記の祖師たちのように行動しているときが、一番楽しいです。

ところが現代人が好んでいるものは、そういうものではなくて、グルメと性産業とスポーツ見物とレジャーと金もうけだけです。しかし、そんなものは、ホンの一瞬、人間の末梢神経をくすぐるだけで、魂の奥底までズシンと来る永遠の喜びでは、絶対にありません。

第一二節　人を説得する法

巻第五の四　示して云く。昔し国王あり。国を治て後ちに諸の臣下に問ふ。我、好《よ》く国を治む。よく賢なりやと。諸臣みな云く。帝、甚だよく治む。太《はなは》だ賢なりと。時に一臣ありて云く。帝は賢ならずと。帝の云く。故は如何。臣が云く。国を治《おさめ》て後ち、帝の弟に与へずして息に与ふと。帝の心にかなはずしてをひ立られて後、亦一臣に問《とう》。朕、よく仁なりや。臣が云く。甚だ仁なり。帝の云く。其の故いかん。臣が云く。仁君には必ず忠臣あり。忠臣は直言あるなり。前《さ》きの臣、太《はなは》だ直言なり。是れ忠臣なり。仁君にあらずんば得じと。帝、是《これ》を感じて即ち前《さ》きの臣をめしかへさるるなり。亦云く。秦《しん》の始皇《しこう》のとき、太子の花園をひろめんとの玉《たま》ふ。臣の云く。最もよし。花園ひろふして鳥、獣《けもの》多く集りたらば、鳥獣を以て隣国の軍を防ぐべしやと。是《これ》に依《より》て其の事止《ことどど》まりぬ。亦、宮殿を作り柱を漆《うるし》にぬらんと言ふ。臣の云く。最も然《しか》るべし。柱をぬりたらんには敵とどまらんかと。然《しか》あれば其の事《こと》も止《とど》りぬ。儒教の心はかくのごとくたくみに言《ことば》を以て悪事をとどめ善事すすめしなり。衲子《のっす》の人を化《け》する意巧《いぎよう》も其の心有《ある》べきなり。

方便の重要性

ここで言っていることは、方便の大切さです。もっとも、今は「ウソも方便」というように、ウソのことを方便と言っております。もともと方便という言葉はお経から出ている言葉ですが(例えば法華経の第二章方便品《ほうべんぽん》)、お経で方便というのは、あることを相手に分らせるためにその相手に最も適した手段・方法のことです。言いかえると、相手が何か悪いことをした場合、「それは悪いことだから、やめなさい」とか、「そんなことをしていると世間からうしろ指を指されるぞ」とか、「そんなことをやっていると逮捕されて刑務所にブチこまれるぞ」という風に、ただ結論だけを押しつけるのではなしに、一見そのこととは別の話をしてやることによって、相手に「なるほど」と心の底から思わせ、相手の自発的意志によって、悪行をやめ善行をやろうと決意させることを言います。場合によると、言葉ではなしに、こちらの行動によって相手を分らせること、たとえば「背中で教える」というのも、それです。

現代人、とくに今の若い母親には、このことが分りません。だから、子どもに、朝から晩まで、「勉強しろ、勉強しろ」とばかり、ガミガミ言うのです。だいたい、人間、とくに子どもというものは、ヘンな生物でございまして、「勉強しろ、勉強しろ」とガミガミ言われると、勉強しようかなという気持を持っている場合でも、いやになっちゃって、遊んでしまうものです。そうではなしに、親が子どもに「勉強しろ」と言いたくなったら、一言もそれを言わないで、親自身が、机に向かって黙って毎日勉強をすればいいのです。

そうすると子どもはまねをして、ひとりでに勉強をはじめるようになります。

私には、昭和三三年に生まれた長女をかしらに、昭和四〇年に生まれた三女まで、四人の子どもがいます（二番目が息子）。その私は、昭和三三年当時は、千葉地裁の判事補をしており、昭和三六年から弁護士をしております。そして私は、前にものべたように、四人の子どもたちに、「勉強しろ」と言ったことは一度もありません。そのかわり、判事補時代は、一日おきに宅調《たくちょう》と言って厖大な裁判記録を風呂しきに包んで持ち帰り、自宅で朝から晩まで、その記録を読むことと、判決文の原稿書きをやっていました。

そして昭和三六年からは、毎週土曜・日曜と祝日には、同じように自宅に書類を持ち帰っては、記録読みと原稿執筆をしています。

四人の子どもたちは、「オギャア」と生まれたときから、そういう父の姿を見て育ってきたせいでしょう。何も言わないのにみんな勉強好きになってしまったとみえて、これ又前記のように、長女は上智大学文学部心理学科を卒業し、二女は能率短期大学を卒業し、長男は、帝京大学文学部英文学科を卒業し、三女は国学院大学法学部を卒業し、今はすべて結婚して世帯を持っています。

ところが、結婚をし、子ども（つまり私の孫）ができた後も勉強したいらしく、長女は今税理士の受験勉強をしており、二女は、区の主催する社会人教育のカルチャー・センターに通学しています。

三女は、結婚後の現在も、富士通の管理職として働くかたわら、毎週金曜日の夜と祝日前日の夜に、葛飾区新宿《にいじゆく》のぼくの仕事場に来ては、土・日・祝日の僕の食事を作っているので（葛飾の仕事場は僕一人）、これだけは勉強をする時間がないみたいですが、しかし、ハイテク産業の先端を行く富士通の管理職としてバリバリ活躍しているようですから、それ自体が勉強なのでしょう。

これを方便というのです。

賢い王と愚かな王

そこで中味に入ります。「**昔《むか》し国王あり。国を治《おさ》めて後ち《の》に諸《もろもろ》の臣下に問ふ**」。この話の出典は、中国の古典『呂氏春秋《りよししゆんじゆう》』第二四巻の中の「不苟論《ふこうろん》」です。『呂氏春秋』という本は、中国の戦国時代末、紀元前二〇〇年頃（日本で言うと弥生時代が始まった頃）、秦の呂不韋《りよふい》が家来たちに書かせた本で、全部で二六巻あり、儒教を主として道教や墨子《ぼくし》の説をまじえ、諸種の学説をまとめたものです。

その中に、こういう話があります。昔（紀元前四五〇年頃）、魏《ぎ》の文侯《ぶんこう》が、晋《しん》に対して兵を挙げ、韓《かん》・趙《ちよう》とともに晋を分割して魏国《ぎこく》をつくり、安邑《あんゆう》を首都として新国家をつくった後、家来たちに質問しました。「**我、好《よ》く国を治む。よく賢なりや**」と。「朕は、革命によって魏《ぎ》を建国し、よく国を治めてきたが、賢明な国王であるか、どうか」と。白雪姫のまま母が鏡に向かい、「鏡よ鏡。世界で一番美しいものは、わたしか」と尋ねたようなものです。臣下から『賢王と思われているか、愚王と思われているか」が気になるということは、大した王ではないとも考えられますが、善意に解すれば、「朕が今行なっている政治にまちがいがあるかどうか」についての臣下たちの意見を聞きたかったのかもしれません。だとすれば、民主的な国王ということになります。

これに対して、そこにいた大部分の家来たちは、こう答えました。「**帝、甚**《はなは》**だよく治む。太**《はなは》**だ賢なり**」と。おべんちゃらでそう答えたのかもしれないし、あるいは本当にそう思って答えたのかもしれません。今のサラリーマンなら、社長から「我、好く会社を治む。よく賢なりや」と聞かれれば、腹の中では「ばか社長」と思っている部下でも、「社長、甚だよく治む。太《はなは》だ賢なり」と答えるでしょうね。

ところがその中に任座《にんざ》という臣下がいて、彼は、こう答えたのです。「**帝は賢ならず**」と。「賢ならず」というんですから、「愚なり」と言うことですね。ビックリした文侯《ぶんこう》帝は、思わずききました。「なぜだ?」と。十数年前、百貨店三越の取締役会で「岡田社長解任決議案」を可決されたときの、岡田社長が思わず発した言葉と同じです。

任座《にんざ》は答えました。「陛下は、晋を倒して魏を建国すると、その戦いに最も功労のあった陛下の弟君を国王の後継者に指名しないで、余り功労のなかった皇太子を後継者に指名されたからです」と。

国の政治でも組織でもそうですが、最高指導者が自分の後継者として、それにふさわしい人にではなしに、自分の息子につがせようと考えたトタン、その人物は、二流、三流の人物におちます。かつて北鮮における反帝民族独立の革命指導者、金日成は、自分の後継者として息子の金正日を指名したときに、三流の人物になり下がりました。創価学会の実質的会長・池田大作は、次期会長として自分の息子をすえようとし、今、着々とその布石を打っていますが、それによって大作は、ニセ宗教家である本性を、みずからバクロしています。さらに、昭和初年、真理運動という仏教革新運動をはじめた友松円諦《えんたい》は、晩年において、その後継者として、大して優秀でない息子の諦道《たいどう》をすえようとしてから、人間の格を落としてしまいました。実は私の師匠・紀野一義先生は、終戦後、東京大学文学部インド哲学科を卒業してから、友松円諦さんを師とし、真理運動青年会の責任者として献身的な活動をはじめたのですが、途中から、円諦和尚が真理運動の後継者及び円諦が住職をしていた神田寺の後継住職として、機根の乏しい息子・諦道《たいどう》を据えようとしていることを知り、師匠の円諦をクビにして、真理運動とたもとをわかったのでした。

中世的日本人のすばらしさ

その点、一流の人物は、ちがいます。釈尊には、ラーフラという実子にして直弟子がおりながら、それにあとをつがせず、インド仏教教団の第二祖として摩訶迦葉尊者を就けました。同時に、私の師匠・紀野一義先生にも、真輝《まさき》ちゃんと珠輝《たまき》ちゃんという息子さんがおりながら、現有勢力数千人にのぼる在家仏教団体、真如会《え》の二代目会長として、その息子さんを据えることを、考えていません。

任座《にんざ》は、それを指摘したのです。ところが大がいの権力者がそうであるように、自分が批判されるとカチンと来るのでしょう、任座は即座に罷免され、追放されてしまいました。だから、宮仕えの三原則と言われる「休まず、はげまず、さからわず」という「三ず主義」が成立するわけです。

それからしばらくして文侯帝は、ある家来にこう聞きました。「朕、よく仁《にん》なりや」。わたしには、慈愛と思いやりの心があるか、と。ところが、聞かれたこの家来が、なかなかの人物だったのです。方便を以て、こう言いました。「甚だ仁《にん》なり」。文侯帝「どうしてそう言えるか」。「仁君には必ず忠臣がついているものです。そして忠臣とは、陛下に対して直言《ちょくげん》できる者を言います。ついこの間までいた任座《にんざ》は、はなはだ直言居士でした。したがって忠臣でございます。そしてその忠臣を抱えていたのが陛下ですから、陛下は仁君だったのです」。

「勇将のもとに弱卒なし」。したがって、部下として強卒を持っている指揮官は、勇将なのですというのと、同じ論理です。

それを聞いた文侯帝は、直ちにクビにした任座を呼び戻し、前の職に復職させました。

こうしてみると、文侯帝も、アホではないですね。ついこの前、あれ程怒って任座をクビにしたばかりの文侯帝が、「悪かった」と思ったトタン、一八〇度転換して、自分の非をみとめ、かつそれを行動に移す。これは立派です。

ところが、この思い切りのよさというのが、現代人には、なくなってしまいました。今の人は、誰かから、自分の悪口を言われると、それを根に持って、死ぬまでそれを陰々滅々と恨んでいます。いつまでも、グジュグジュ、グジュグジュ反感を持つ。そうすると、その人の発する憎しみの念波が、まわりまわって相手に伝わり、相手も又、前にも増してこちらに憎しみを抱く。

私どもが職業柄扱う原告と被告との間の感情のもつれも、大たいそういうパターンです。とくに、夫婦げんかや、兄弟げんかに多い。最初のちょっとした夫の一言、妻の一言、夫の一つの行為、妻の一つの行為が、相手の心の中に反感・憎しみとなってのこり、それがお互いにエスカレートして行く。そして、お互いに弁護士だけをもうけさせてしまっているのです。

ところでこの一八〇度転換というのは、日本人でも、昔はやっていたんです。前にも引用しましたが、『平家物語』の巻第九の「宇治川の事」(角川文庫の『平家物語』でしたら下巻五五頁以下)における梶原源太景季も、そうでした。主君・源頼朝から裏切られたと思った梶原景李は、木曽義仲軍が京都の宇治川の対岸に控えている宇治川の合戦において、頼朝にとって大事な家来の佐々木四郎高綱を殺して、主君・頼朝にひと泡吹かせてやろうと決心する。ところが、佐々木の説明により、主君頼朝の裏切りというのが、実は自分の誤解と分ったトタンに、「腹立ち治まり、どっと笑うて」佐々木を殺すのをやめ、主君頼朝のために、その佐々木とともに、宇治川の先陣争いをはじめたわけです。

これが今の現代人だったら、佐々木が梶原に何と説明しようが、「何だこの野郎、うまいこと、おれを丸めようとして、ウソついてんじゃないか」と、相変らず、グジュグシュ、グジュグシュ、うらみに思う所でしょう。しかし、中世的日本人は、そうではなかったのです。

いずれにしろ、文侯帝に対し、任座を弁護したこの家来の言葉は、方便による説得であったわけです。

鳥と獣が敵軍を防いでくれる？

そしてもう一つの話。「秦《しん》の始皇《しこう》のとき、太子の花園をひろめんとの玉《たま》ふ」。これは、『史記』の中の「滑稽列伝」に出ている話です。『史記』は、言うまでもなく、前漢の司馬遷《せん》が、紀元前九一年頃（日本で言えば弥生時代の中期）に完成した歴史書で、黄帝《こうてい》（中国古代の伝説上の帝王）から前漢の武帝（紀元前一五六－紀元前八七）までのことを合計一三〇巻の大著にまとめたものです。なお、この『史記』を高く評価したため、司馬遷《せん》にちなんでみずからのペンネームをつけた歴史文学者が司馬遼太郎です。司馬さんは「自分は司馬遷に遼《はる》かに及ばない男」と謙遜して、「遼太郎」とつけたのです。

又、「秦の始皇」は、もちろん秦の始皇帝（紀元前二五九－紀元前二一〇。日本の弥生時代の前期）で、それまで分裂していた趙・韓・魏・楚・斉《せい》・燕《えん》の六国を滅ぼして中国を統一して秦国《しんこく》を作り、その第一代の皇帝となった人です。北方の匈《きょう》奴《ど》の侵入を防ぐために、長さ二四〇〇キロ（北海道北端の稚内から沖縄まで）の万里の長城を築きました。絶対的独裁君主ですから、これに直言するためには、物凄い勇気と智慧が必要だったのです。

ちなみに、前にも書いたように、この秦、すなわちChinにaがついてChinaとなり、これが現在の中国の英語名になっており、Chinaをローマ字読みすると「シナ」となります。したがって、ChinaないしシナのÍ語源は、この秦であります。そして、Chinaと呼ぶのが侮蔑語《ぶべつご》でないと同様に、シナと呼ぶのも、本来は、中国に対する侮蔑語にはならないはずです。しかし、明治二七年から昭和二〇年八月一五日までの間、日本帝国主義が中国を侵略していた時代、当時の中国の正式名称が清国《しんこく》ないし中華民国であったに拘らず、日本人が中国のことを軽蔑して「シナ」とか「シナ人」とか呼んでいたために、今、日本人が中国のことを「シナ」と呼ぶことを、当の中国では、きらっているわけです。

その秦の始皇帝が、あるとき、「皇太子の花園の拡張工事をする」と、のたまいました。今の日本で言えば、港区赤坂にある東宮御所の中に、巨大な花園を国民の税金でつくるというようなことです。もちろん、ぜいたくな工事です。そしたら、家来の優旃《ゆうせん》がこう言ったのです。「とてもいいことです。なぜならば、花園を拡張して鳥や獣が一ぱい集まってくれば、隣国から匈奴《きょうど》が攻めてきたときに、その鳥や獣が、敵を防いでくれるでしょう」と。そこで、ヒットラーやスターリンのような独裁権力者であった始皇帝も、苦笑いしながら、「なるほど、それもそうだな」と言って、花園拡張命令を取り消しました。

もしこの時、優旃が、「陛下、そんなことはムダな事業でございます」と単細胞的に諫言《かんげん》していたら、トタンにその首をはねられていたでしょう。

漆《うるし》の柱が敵車を防いでくれる?

そして始皇帝が死んで二世(前の皇太子)が即位しました。そしたらその二世皇帝が、こう言い出しました。「これから宮殿を改築し、宮殿中の柱に漆《うるし》をぬることにする」と。当時、漆は、非常に高価なものでした。そこで優旃《ゆうせん》が又言いました。**「最も然るべし。柱をぬりたらんには、敵とどまらんか」**。大へん、結構なことです。宮殿の中のあらゆる柱に漆を塗れば、敵がその柱をのぼろうとしても、ツルツルすべってのぼれないでしょうから、敵軍は、そこでとまってしまうでしょう、という意味です。痛快なユーモアですね。そこで二世皇帝も、又笑いながら、その命令を取りやめたそうです。

なお、ここで家臣の優旃は、**「最も然るべし」**と言っていますが、この言葉が、実は今も日本の法廷で使われているのです。例えば原告側の弁護士が「証人として○○を申請します」と言ったとします。その時裁判長は、相手方の被告側の弁護士に、「被告の意見は?」とききます。それに対し、被告として反対する理由がないときは、「然るべく」と一言答えます。「その証人尋問をやってもらうことに反対しません」という意味です。初めて聞く一般人には、耳なれない業界用語らしいですが、出典は、約二一〇〇年前の『史記』あたりですな。

このあとに、この二つのエピソードに対する道元さんのコメントが出てきます。**「儒教の心は**

かくのごとくたくみに言《ことば》を以て悪事をとどめ善事すすめしなり」。忠臣任座の復職をかちとった魏の家臣も、秦の優旃《ゆうせん》も、いずれも儒教、すなわち孔子の教えを血肉としていた人たちでした。だから、このように、心にくいまでにたくみな言葉で、独裁君主の悪事をやめさせ、善行をすすめることができたのです。

そして「衲子《のっす》の人を化《け》する意巧《いぎょう》も、其の心有《ある》べきなり」。「衲子《のっす》」、すなわち仏教者が人を教えみちびくためのたくみな気くばりも、このようでなければならないのです。

そしてここに言う、たくみな言葉で人を化《け》する気くばりのことを、方便と言ったのです。

方便について、最もすぐれた力を持っておられたかたは、釈尊ですね。釈尊が人を教化《きようげ》するのに、すばらしい方便を用いられた実例は、約四八〇〇あるお経や釈尊の伝記の中に、無数に出ておりますが、例えば、釈尊がある村で布教しておられたときに、ある母親が、最もかわいがっていた幼な児に病死されてしまいました。半狂乱になった母親は、「お釈迦さまは神通力を持っておられる方だ」と聞いていたもんで、死んだ幼児の死体を持って、釈尊の所にかけつけます。「お釈迦さま。私は何でもします。ですから、死んだこの子を生き返らせてやって下さい」と。

釈尊は答えます。「よろしい。お前の子どもを生き返らせて上げよう。ただし、条件がある。これからお前は、この村中を一軒一軒まわり、これまで一人も死人を出したことのない家から、ケシ粒を一粒ずつ集めてきなさい。そしたら、お前の望みをかなえて上げよう」と。

当時のインドでは、ケシを大がいの家で栽培しておりました。「そんなことは、わけない」と思った母親は、一軒一軒まわりました。「こちらさんで、これまで誰か死にましたか」と。

ところが当時のインドの家庭は、大家族主義です。「うちでは、この前、子どもに死なれた」「父親に死なれた」「母親に死なれた」「おじいちゃんが死んだ」「おばあちゃんが死んだ」「ひいじいちゃんが死んだ」「ひいばあさんが死んだ」と。

村中百数十軒の家をまわったのですが、一人も死人を出したことのない家は、ついに一軒もなかったのです。歩いているうちに母親は、だんだんと自分をとり戻してゆきました。そして分ってきたのです。「人は必ず死ぬのだ。それも老少不定《ふじょう》で、若い者が老いた者より先に死ぬことも、いくらもあるのだ」と。

そして、最後の家をまわってから、お釈迦さまの許にかえった母親は、お釈迦さまに、こう申しました。

「お釈迦さま。分りました。人間は生れてきたら、おそかれ早かれ、必ず死ぬのだということを。ですから、この子は、これから丁寧にほうむり、これからは、同じく幼な児を亡くして悲しんでいるほかの母親たちの悲しみをやわらげるために、私にできる限りのことをしたいと思います」と。

民事裁判の長期化も方便

これが方便であります。そしてこの方便の偉大さということは、何も仏教で人を教化するときだけに必要なことではなしに、あらゆる場合に必要とされることなのです。

たとえば、「裁判は長くかかりすぎる」と言われています。そのため、政府は、今、司法改革審議会をもうけ、やれ弁護士の数を今の五倍にふやせとか、言っています。

ところで昭和三六年からやってきた私の弁護士の経験から言うと、こういう問題があるのです。最初、私の所にかけこんでくる依頼者は、原告でも被告でも、カッカカッカしています。「あん畜生、にくい」と。相手を殺したいという人もいます。

しかし、あらゆる民事事件は、訴訟を起こし最高裁まで行って判決をとり、それにもとづく強制執行をして終わりにするよりも、お互いが譲歩し合い、話合いによって解決するのが、一番あと味がいいのです。これを和解と言っています。

しかし、事件がおきた当初は、お互いカッカカッカときてますから、話合いはできません。そして訴訟になります。訴訟になると、法廷の日取りが入るのは、一か月ないし三か月に一回位です。一年、二年がすぐたってゆきます。そうすると、あれほど激高していた原告も被告も、だんだんくたびれてきます。頭も冷静になってきます。

そのときを見はからって、和解に持ってゆくのです。ということは、「永すぎる裁判」というものは、和解という理想的な形で事件を解決するための最良の方便になっているということです。

第一三節　食うだけあればいい

巻第五の五　一日僧問《と》て云《いわ》く。智者の無道心なると無智の有道心《うどうしん》なると、始終いかん。答《こたえ》て云く。無智の有道心《うどうしん》は終《つい》に退すること多し。智慧ある人は無道心なれども終《つい》には道心を起すなり。当世《とうせ》も現証是れ多し。然《しか》あれば先づ道心の有無を云はず、学道を勤《つと》むべきなり。道を学せば、只だ貧《ひん》なるべし。内外《ないげ》の書籍《しょじゃく》を見るに、貧《まずしゅ》ふして居所もなく、或は滄浪《そうろう》の水に浮び、或は首陽の山にかくれ、或は樹下《じゅげ》露地に端坐し、或は塚間《ちょげん》深山に卓庵《たくあん》する人もあり。亦、富貴《ふうき》にして財多く、朱漆《しゅしつ》をぬり金玉《きんぎょく》をみがきて宮殿等を造るもあり。倶《とも》に典籍《てんじゃく》にのせたり。然《しかり》といへども後代をすすむるには皆貧《ひん》にして財なきを以て本とす。訕《そし》りて罪業《ざいごう》を誡《いまし》むるには、富《とみ》て財多きを驕奢《きょうしゃ》の者と云て誹《そし》れるなり。

智慧と道心

『随聞記』の根幹をなす、「**道を学せば只だ貧なるべし**」の教えが、又、ちがった観点から述べられています。

ある時、修行僧が道元禅師に質問しました。

「智者の無道心なると無智の有道心《うどうしん》なると、始終いかん」。「智慧があって道心がない人間と、逆に智慧がなくて道心のある人間とでは、どちらがいいのでしょうか」と。「どちらが始まりで、どちらが終わりですか」。智と道心との関係です。普通は、智よりも道心が大事だとなりそうなのですが、ここでは、そうではないのです。智のほうが大事だというのです。

「無智の有道心《うどうしん》は終《つい》に退することと多し」。智慧がなくて、道心だけを持っている人間は、最後は、仏教から退却してやめちゃう者が多いというのです。逆に**「智慧ある人は無道心なれども終《つい》には道心を起すなり」**。

つまり、道心よりも智慧が大事だということです。

ところで、普通**「道心」**というと、「道を求める心」のことであって生半可《なまはんか》な智慧より、もっともっと大事なものであると言われています。しかし、ここでいう**「道心」**とはそれと違って、盲目的な信心のことを言っているようです。

「苦しい時の神だのみ」とか、「鰯《いわし》の頭も信心から」と言います。そのような「神だのみ」や「信心」のことを、ここで**「道心」**と言っているわけです。

池田大作を本尊としてあがめ、それにカネを一ぱい払い、「南無妙法蓮華経」と一ぱい唱え、選挙のたびに公明党の票を集めれば集めるほど、商売繁昌、身体堅固、受験合格、交通安全を得られるという「信心」のことです。

もっと広げて言うと、何かの御利益ほしさに持っている信心のことです。今の新興宗教のすべては、それです。

八百屋にカネを払うことによって大根を買うように、南無妙法蓮華経と唱えることによって御利益を買おうというさもしい根性でやる信心は、実は本ものの信心でも何でもないわけですから、そんな欲で題目を唱えていたって、何の御利益もえられません。そうすると、唱題をやめてしまいます。

同じように、南無阿弥陀仏と唱えることによって御利益を得ようとしたって、そんなものが得られるはずはない。そうすると、念仏をやめてしまいます。

そういう、物欲しさの道心から入るぐらいなら、むしろ、真の仏教とは何か、真の唱題とは何か、真の念仏とは何か、真の坐禅とは何かを学び、仏法の神髄をガッチリ腹の中に入れてから信仰に入れば、はじめて本ものの道心を得ることができるのです。**「智慧ある人は無道心なれども終《つい》には道心を起すなり」**とは、そういうことです。

「当世も現証、是れ多し」。鎌倉時代にも、無智の有道心《うどうしん》で、途中から仏教をやめちゃった人たちや、逆に智慧ある無道心の人で最後に本ものの道心を持つに至った人たちが、結構いたということです。

そうすると、大事なことは、道心があるかないかではなしに、まず智慧を得ることであります。

すなわち「先づ道心の有無を云はず、学道を勤《つと》むべきなり」。まず、仏道を学ばなければ、いけません。

あなたがこうやって、この本を読んでいることも、まさに仏道を学んでいることであります。創価学会のように、毎日唱える唱題の数により、あるいは選挙の時に集める公明党候補者の票の数によってご利益の多寡がきまるという迷信よりも、真の仏道を学ぶことのほうが、はるかにはるかに大事なのです。

しからば、真に仏道を学ぶとは、どういうことか、それは「只だ貧《ひん》なる」ことに徹することなのです。仏教書を読むのも大事ですが、それより大事なことは、これを読んでいるあなたが貧乏になることなのです。財産を持たないことなのです。「道を学せば只だ貧なるべし」。これが真の仏道なのです。

「内外《ないげ》の書籍《しょじゃく》を見るに」。内の書籍というのは、お経をはじめとする仏教書のことです。外《げ》の書籍というのは、仏教以外の本のことで、道元さん時代で言えば、儒教の「論語」、「孟子」、道教の「老子」、「荘子」のことであり、今で言えば、さらに、キリスト教、イスラム教の本や偉人の伝記のことです。

そうした仏教や仏教以外の本を見ても、偉大なる人というものはすべて貧乏で財産を持っていなかった人たちばかりであり、逆に大金持ちで大財産家であった人で今も尊敬されている人は、一人もいないということです。

屈原

その具体例が出てきます。

「貧《まずし》ふして居所もなく、或は滄浪《そうろう》の水に浮び」。これは、者、中国に実在していた屈原《くつげん》（紀元前三四三頃－紀元前二七七頃）のことです。お釈迦さまが亡くなられてから四〇年後に生まれ、一〇六年後に死んだ人です。当時、中国は古代戦国時代のまっ最中でした。斉《せい》と楚《そ》と燕《えん》と韓《かん》と魏《ぎ》と趙《ちょう》の六国に分れてお互いに戦っていました。その中の楚国の人が屈原です。楚の懐王《かいおう》に仕え、三閭大夫《さんりょだゆう》（楚の王族である昭《しょう》一族と屈《くつ》一族と景《けい》一族をつかさどる官）として、国政に尽力していました。屈《くつ》一族も王族でしたから、屈原も王族の一人だったわけです。

ところが、他の讒言《ざんげん》によってその地位を剥奪され、さらに次の襄王《じょうおう》の時に流刑となり、楊子江の南の江南地方に流浪し、ついに汨羅《べきら》川に身を投じて死にました。その間、楚国の衰微《すいび》を憂え、不条理な世の中と、弾圧に次ぐ弾圧を受けている自分の身の上を嘆いて作った詩が「楚辞」であります。その中の一節に、こうあります。「世を挙げて皆濁り、我れ独り清《す》めり。衆人皆酔へり、我れ独り醒《さ》めたり」と。

そして、彼の伝記は、司馬遷《せん》の『史記』第七四巻に収録され、日本でも、平安時代以来親しまれ、同情を受け、そして尊敬されてきた人物であります。

又、「楚辞」の一節に、こうもあります。「滄浪《そうろう》の水澄まば、以て吾が纓《えい》を濯《あら》ふべし。滄浪の水濁らば、以て吾が足を濯ふべし」と。滄浪というのは川の名前で、楚国を流れている川です。なお、滄浪川は、漢水の下流で、漢水は今の湖北省から発し、楚国を経て楊子江に注いでいます。「楚国のはずれを流れているこの滄浪川の水が澄んでいたら、私は、私の冠を洗おう。しかし濁っていたら、足を洗おう」ということで、「この楚国がきれいな国であれば、私はその全身をまかせることができるが、今は濁っているので、私は足で流浪するしかない」という意味です。

いずれにしても晩年の屈原は、貧乏で住む家もなく、滄浪川のほとりをさまよいながら、節《せつ》を守るために最後は汨羅《べきら》淵《のふち》に身を投げたので、今も尊敬されているわけです。

伯夷と叔斉

さらに「**首陽の山にかくれ**」。これは、殷《いん》時代の伯夷《はくい》と叔斉《しゅくせい》の兄弟のことです。紀元前一一世紀の人ですから、お釈迦さまより七〇〇年も前の人です。日本で言えば、縄文時代の前の旧石器時代に当たります。

殷《いん》の一部である孤竹国《こちくこく》（今の遼西《りょうせい》）の国王の王子として生まれたが、父が死んだとき、生前、父王が弟の叔斉に国を譲ろうとしていたことを知っていた兄の伯夷は、次の国王を弟の叔斉に譲るために、孤竹国から他国に出奔してしまいました。

ところが弟の叔斉のほうも、兄の伯夷をさしおいて次の国王となることをいさぎよしとせず、これまた孤竹国から他国に出奔し、二人とも「**貧《まずし》ふして居所《きょしょ》もなく**」という生活に甘んじたのです。

その後、二人は、同じく殷に属する周国の文王を頼ってそのもとに身をおちつけたのですが、文王が死んでつぎにその息子が周国の王となり、武王となりました。その武王は、直ちに、主君である殷《いん》の紂《ちゅうおう》王に反逆し、これを殺すために挙兵しようとしました。

その時、伯夷と叔斉は、殷の朝廷に向かって出陣しようとする周の武王の馬を押しとどめ、「父の死後、すぐに兵を起こすことは孝の道に反します。又、臣下でありながら主君の紂《ちゅうおう》王を殺すのは忠の道に反します」と命がけの諫言《かんげん》をしました。

しかし、武王はこれを拒否して出陣し、ついに主君の紂王を殺し、そのため殷《いん》王朝はここに滅亡して、そこから周王朝がはじまることになりました。

以後、伯夷と叔斉は、強盗殺人によって成立した周国家の食い物を食うことをいさぎよしとせず、二人とも、今の山西省永済県にある首陽山に入り、わらびをとって食料としたのですが、ついにそこで二人とも餓死してしまったのです。

それから約七五〇年後に成立した『論語』が、「伯夷、叔斉は仁《じん》を求めて仁を得《う》」と称讃して以来、二人がみずからの信念を貫き、妥協を排した生きざまと死にざまが、人間の鑑《かがみ》として尊敬されるに至ったわけです。

さらに『論語』から約一〇〇〇年後に成立した『史記』列伝の最初に、司馬遷《せん》は、この二人の伝記を記し、そのように善人が餓死し、逆に忠孝の道に反した悪人が権力者となった世の不条理を怒り、「余《わ》れ甚だ惑《まど》えり。所謂《いわゆる》天道は是なりや非なりや」と記しています。

このように伯夷と叔斉《しゅくせい》は、「**貧《まずし》ふして居所《きょしょ》もなく、…首陽の山にかくれ**」て節《せつ》を全うしたために、道元禅師からも、尊敬されているわけです。

たしかに、金を一ぱいためたために、今なお尊敬されている人は、一人もいませんね。

毎年、国税庁が長者番付を発表していますが、それらの多額納税者で尊敬されている人は、一人もいません。

「**或は樹下露地《じゆげろぢ》に端座《たんざ》し**」。木の下で坐禅し、露天で坐禅した人たちもいます。「**或は塚間深山《ちよげんしんざん》に卓菴《たくあん》する人もあり**」。塚間は墓地の中、深山は深い山の中。「卓庵」は「草菴《そうあん》」の誤記です。もつとも誤記と言っても、岩波文庫の誤記ではなくて、懐奘さんのメモを整理したそのお弟子さんか又は宝暦八年（一七五八）にそれを写した面山和尚の写しまちがいです。

草菴、すなわち草ぶき屋根のいおりのことです。

一二頭陀行《ずだぎょう》

ところで、こうした生き方については、釈尊の死後、まもなく編纂《へんさん》された「テーラー・ガータ」（長老偈《げ》）というお経に、出家修行者が、衣食住に関する貪《むさぼ》りを払い除くための修行法をつぎの一二通りにまとめて、記されています（中村元『原始仏教の成立』春秋社三二五頁—三二八頁）。

これを一二頭陀《ずだ》行《ぎょう》と言います。「頭陀」は、サンスクリット語の「ドゥータ」のあて字で、「衣食住の仕方」という意味です。

1、糞掃衣《ふんぞうえ》を着ること
2、托鉢によって食を得ること
3、三衣《ね》だけを所有すること
4、家の貧富をえらばない托鉢をすること
5、仲間たちと一つの席で食事すること
6、托鉢で得た食物だけを食べること
7、不過食
8、深山に住むこと
9、樹下《じゅげ》に住むこと
10、露地に住むこと
11、塚間《ちょげん》に住むこと
12、師匠から指定された場所に満足して住むこと

この中の、8と9と10と11が、ここに出ているわけです。

昭和五七年、新宿区四谷三丁目の交差点の歩道の端で、坐禅しているお坊さんがいました。彼は、右の中の10の頭陀行をやっていたわけです。

ところで二〇〇〇年の現在、バブルははじけましたが、規制緩和だ自己責任だで、企業の集中と独占が、超スピードで進んでいます。すべての企業が、あくなき利潤の追求で、カネをもうけ、カネを集めることに夢中になっています。

又、庶民も、毎日のテレビ、ラジオ、新聞、雑誌に氾濫しているコマーシャルによって、「あれも欲しい、これも欲しい」と眼の色を変えています。そのためには、大事な子どもを鍵っ子にして、母親までパートやアルバイトでカネを手に入れようと狂奔しています。

しかし、その結果、仮りに財産をたくわえて、**「富貴《ふうき》にして財多く、朱漆《しゆしつ》をぬり金玉《きんぎよく》をみがきて宮殿等を造るもあり」**となったとして、どうなるというのでしょうか。

あくどいカネもうけをして、大邸宅を立て、柱に赤いうるしを塗り、金や宝石をちりばめた大邸宅を造ってみたところで、後世の人の眼から見れば、**「訕《そし》りて罪業を誡《いまし》むるには、富《とみ》て財多きを驕奢《きようしや》の者と云て誹《そし》れるなり」**になるだけです。「驕奢《きようしや》」、すなわちおごり高ぶって、ぜいたくをしただけのやつとして反感を持たれるだけです。

豊臣秀吉が、成り上がり者となって、純金のふろをつくったり、キンキラキンの聚楽第《じゆらくてい》を造ったことを賞めたたえる日本人はいません。江戸時代に大金持ちとなった紀の国屋文左衛門を、大金持ちなるが故に尊敬している人は、いません。今は椿山荘《ちんざんそう》という結婚式場になっている大邸宅を持っていた明治の権力者・山縣有朋《ありとも》を尊敬している人は、いません。

毎年の長者番付の上位に出ているタレントが、時々大邸宅をつくっていますが、うらやましいという気はしても、そのタレントを人間として尊敬する人は、いません。

反対に、「後代をすすむるには皆貧にして財なきを以て本《もと》とす」るのです。現在、人間の手本として推せんできるのは、伯夷と叔斉であり、屈原であり、釈尊であり、達磨大師であり、道元禅師であり、吉田松陰であり、高杉晋作であり、坂本竜馬であり、西郷隆盛なのです。いずれも「貧《ひん》にして財なき」人たちであります。

金持ちは罪人である

しかも道元禅師は、現代人が目ざしている「富《と》て財多き」になることを「罪業《ざいごう》」と断定しています。食うだけあればいいものを、家族に最低限度の生活をさせるだけあればいいものを、それ以上、カネや財産をためようとすることは、「罪業」すなわち犯罪なのです。

かくして今のテレビとラジオと新聞と雑誌は、氾濫するコマーシャルによって、全人類に「犯罪を犯せ、犯罪を犯せ」と、そそのかしているのです。もっとも、あくなき利潤追求を本質とする資本主義とは、そういうものなのです。

したがって、資本主義自体、犯罪ということになります。

要するに、仏道を学ぶということは、貧乏になることなのです。

もっとも、釈尊時代の出家とちがって、我々在家は、托鉢をするわけには行かないし、又、家族を養わないといけません。ですから最低限度のカネは要ります。

しかし、今の大部分の現代人が取りつかれているカネと財産に対する執着心は、そんな程度のものではなくて、必要以上にほしがるもんですから、毎日の新聞の社会面に出ている保険金殺人やコンビニ強盗やひったくりや身代金誘拐が絶えないのです。

仕事がなくなったら失業保険金でいいじゃないですか。それも切れたら生活保護でいいじゃないですか。

借金が払えなくなったら自己破産でいいじゃないですか。別に殺されるわけではありません。私の依頼者の中には、自己破産をしながら、今、悠々と生きている人が何人もいます。もちろん、ぜいたくはしていませんが。

ところが弁護士の中にも、「基本的人権を擁護し、社会正義を実現する」仕事（弁護士法一条）よりも、カネもうけを求めて仕事をしている弁護士もいます。多重債務者を食いものにしている、いわゆる整理屋と提携して逮捕される弁護士の記事が時々新聞に出ますが、そうしたいわゆる提携弁護士は、そのたぐいです。

ところが弁護士に限らず、在家の一般の職業においても、カネを求めるのではなしに、かねなどどうでもいいということで、ひたすらお客さんのために尽くしている会社や商人のほうが、カネを求めて仕事をしている会社や商人よりも、結果的にはカネが入ることがよくあるのです。

もうけようとしないからもうかった

鎌田勝さんという人の書いた『中小企業経営のコツ』にこうあります。

「栃木県の那須温泉にある南ケ丘牧場は、もうけようとせずにもうかっている不思議な会社である。満州開拓団から引き揚げてきた牧場主の岡部勲《いさお》氏は、不毛の那須高原を、満州で学んだ技術を生かして開拓し、同じ頃に入植した人たちの大部分が失敗し撤退した中で、まれに見る成功をおさめた。

わが国における観光牧場のパイオニアであり、有名な岩手県の小岩井農場や千葉県のマザー牧場なども、この岡部さんがコーチしたのであるが、宣伝は全くと言っていいほど、していないのに、那須の南ケ丘牧場に、都会の人々は続々訪れ、年間百五十万人に達し、収益性では抜群なのだそうである。

観光牧場だと言うのに、入場料を取らない。ただなのである。相当広大な駐車場の駐車料もただ。牧場内には、広告に類するものは一切なし。ベンチにも、建物内にも、広告なし。また、何かの催しをして客を集めようともしない。もっぱら、口コミや、すすんで取材に来たジャーナリズムの紹介で客が誘われる。

売店と食堂と宿泊施設だけで、高い収益をあげているのだから、立派である。入場料や広大な駐車場の駐車料だけでも人件費を十分まかなえるのに、あえて取らないのは、国立公園の一部を使わせていただいていることと、外国の牧場が殆どそうであるように、本ものの牧場とはこういうものであると知って欲しいという願いからだそうである。

商業主義でもうけ本位の観光事業にあきあきしている現代人は、このように稀有な生き方をとる牧場を訪れて、これこそ本ものの牧場であり、本ものの牛乳であり、本もののバターであり、本ものの黒パンであると感激をするのである。

岡部牧場長は、毎朝六時からお茶をたてて茶室にすわり、泊まった若い人々と、しみじみ人生について、自然について語り合っている。もうけようとあせらなくても、本ものを追求して行けば、世間は、もうけさせてくれるのである」。

さらに、『真岡《もおか》毎日』という雑誌に池内れい子さんも、つぎのようなルポルタージュを書いています。

「那須高原の南ケ丘牧場は観光牧場ですが、入場無料で誰でも入れるのが魅力です。ここの経営者のおかみさんは、旧満州で酪農生活をやっていた人で、引き揚げてきてここに入植し、理想の牧場をつくろうという夢を持って、この事業に取りくみました。観光牧場なのに入場無料というのには、ちょっとびっくりしました。

まわりの人は、岡部さんに、『あなたは毎年一億八千万円損している』というのだそうです。つまり入場者百八十万人から、一人たったの百円ずつ取れば、一億八千万円取れる計算です。でも岡部さんは、相かわらず無料をつづけています。

牧場の中には、乗馬、バーベキュー、ミニゴルフ、ます釣りなどの楽しいレジャーがいろいろあるので、結構それなりの収入にはなるのです。しかも、ここの料理やお土産は、手作りのものが多く、ちょっと食事だけとか、お土産だけ買おうというおなじみさんも多いので、一億八千万円の計算どころか、入場無料ということで、かえってとくになっているのかもしれません。（中略）

さらに、牧場ワインもご自慢。おもしろいのは、ワインが小さな樽《たる》に入っているんです。食堂の片隅に置いてあります。そして脇に『一杯百円』と書いてある。人間はいないんです。飲みたい人は、自由に樽《たる》の蛇口をひねってワインをコップに入れて、金は小さな箱があって、そこに『百円をお入れ下さい』と張り札がしてあるだけです。私は聞きました。『損しませんか』と。

僕も飲んだ

『大丈夫ですよ。時には小さい樽一つで、何でこんなに入っているのかとおもうほど、お金が入っていることもあります。つまり、コップに一ぱいそそがないで、一寸試飲して、それで百円お金を入れてくれるのでしょうね。しかも、これを置いたら、お土産用の瓶入りのワインがよく売れるようになったわけですから、お金をもらって試飲してもらっているようなものです。ありがたいことです』と。

ここには悪い人が来ないというのが、岡部さんの信念になっているようです」。

実は私も、昭和五七年四月、妻けい子と、この南ケ丘牧場に遊びに行きました。誰もいない所で、ワイン一ぱい飲んできましたが、やはり一〇〇円を、自然な気持ちで箱に入れてきました。こういう牧場が本当にあるんです。要するに「道を学せば只貧《ひん》なるべし」なのです。

しかし、カネというものは不思議なものです。カネがほしい、カネがほしいと、カネばっかり追いかけていると、カネのほうが逃げて行きます。逆に、カネは要らないと思って、自分の仕事にベストを尽くしていると、カネはどこからか入ってきます。

ちなみに、この南ケ丘牧場は入場料無料ですが、実は、私が昭和四三年一月から隔週木曜にやっている「現代人の仏教の会」と、昭和五一年四月から毎月八日やっている「弁護士会仏教勉強会」と昭和五一年四月から毎月第三土曜にやっている「心のふれあう会」（社会科学研究会）も、会費タダなのです。毎回平均三五人位来てますので、一回の会費一〇〇円とすると、こうなります。

100円×35人×｛月2回×12か月×昭和43年1月～昭和51年3月までの年数($8\frac{3}{12}$年)＋月4回×12か月×昭和51年4月から平成12年5月までの年数($24\frac{2}{12}$年)｝＝475万3000円

ところが、このように会費をタダにしても、私は、バブル全盛時代には、毎年のように国税庁発表の長者番付に名前がのり、今も、毎月、黒字経営なのです。

誠に、カネを追い求めてはならないのです。

第一四節　布施は坊さんに上げるのではない

巻第五の六　示して云く。出家人は必ず人の施《せ》を受て喜ぶことなかれ。亦《また》、受《うけ》ざることなかれ。故僧正の云く。人の供養を得て喜ぶは仏制にたがふ。喜ばざるは檀越《だんのつ》の心にたがふ。此の故実用心は、我に供養するに非ず、三宝《さんぼう》に供養するなり。かるがゆへに彼の返事には、此の供養は三宝定《さだめ》て納受有るべしと言ふべきなり。

布施は坊主のものではない

今、布施ないし供養というと、在家の者から坊さんないし寺にカネを払うことを言ってます。高すぎると言って問題になっている、葬式や法事の時に檀家が坊さんに払う読経料《どきょうりょう》や戒名（法名）料も、布施ないし供養の一種です。

そして、その布施ないし供養の本質は何か、坊さんが在家からカネをもらうときには、どのような心構えでもらうべきかを、ここで説いているわけです。

「**出家人は必ず人の施《せ》を受て喜ぶことなかれ**」。出家人、すなわち坊さんが、人、すなわち在家の者から施《せ》、すなわち布施をもらうときには、坊さんは、決して喜んではならない、ということです。そのわけは、あとで出てきます。

されぱと言って「**亦《また》、受《うけ》ざることなかれ**」。ことわってもならない、ということです。もっとも、今の坊さんで檀家から出されたカネをことわる人は、皆無でしょうが。

ところで、檀家から出されたカネを坊さんが受けとるときに、なぜ喜んでならないかというと、「**故僧正の云く**」。故僧正というのは、栄西《えいさい》禅師（一一四一―一二一五）のことで、後に日本臨済宗の開祖とされた方です。

若き道元禅師が、栄西禅師が住職をしていた京都の建仁寺を訪れたのは、道元禅師が満一四歳の時で、その翌年の一二一五年に栄西禅師が亡くなっていますから、道元禅師が栄西禅師の教えを直接受けたことはありません。しかも、道元さんが、建仁寺に掛塔《けた》、すなわち雲水として正式に弟子入りしたのは、一二一七年で、その時の建仁寺の住職は明全《みょうぜん》禅師ですから、この話は、明全禅師からきいたわけです。

その栄西禅師が、かつてこう言われた。「**人の供養を得て喜ぶは仏制にたがふ。喜ばざるは檀《だん》越《のっ》の心にたがふ**」と。

まず、坊さんが在家からカネをもらって喜ぶのは、仏教のきまりに反するのです。どのように反するかについては、あとで出てきます。

逆に、もらうのを喜ばないのは、「檀越《だんのつ》の心」に反します。「檀越《だんのつ》」というのは、サンスクリット語のダーナのあて字です。そしてダーナは、ある人がある人に、カネやものや教えや笑顔をさし上げることです。

ちなみに、ダーナのあて字には檀那もあり、あるお寺にダーナする家のことを檀那の家、略して檀家となり、そのお寺のことを檀那寺と言うようになりました。

そして、檀那が旦那となったわけです。「お宅の旦那さん」と言っているのは、サンスクリット語を使っているわけです。もっとも、今「旦那」というと、①召使が主人を呼ぶ語と、②妻や妾《めかけ》が夫や主人を呼ぶ語と、③商人や芸人などが得意客を呼ぶ語と、④目上の男性を呼ぶ語と、多岐にわたっていますが、いずれにしろ、サンスクリット語のダーナは、ある人がある人に、カネやものや教えや笑顔を与えることを言うわけですから、主人は召使いに対し、夫や主人は妻や妾に対し、得意先は商人や芸人に対し、目上の男は目下の男に対し、そういうものを与える義務があることになるわけです。

いずれにしても、檀家から差し出されたお布施を「要らない」と言ってことわったり、いやな顔をして受け取ったのでは、それを差し出した檀家の気持ちを、ふみにじってしまいます。

もっとも、現代の檀家は、なるべく檀那寺にカネを払いたくないと思っていますから、坊さんから「要らないよ」と言われれば、喜んで持ち帰って来るでしょうし、又、今のお寺は、お寺のほうから檀家に対し「カネを出せ」という場合が大部分ですが。

布施は三宝のものである

しからば坊さんは、どうしたらいいかというと、「此の故実用心は、我に供養するに非ず、三宝に供養するなり。かるがゆへに彼の返事には、此の供養は三宝定《さだめ》て納受有るべしと言ふべきなり」。「故実用心」、昔からの実例や心がけとしては、布施というものは、坊主個人を供養するためのものではなくて、三宝、すなわち仏と法と僧という三つの宝にお供えするものである、ということです。仏、すなわち釈尊と、法、すなわち仏法と、僧、すなわち仏教教団全体に対してさし上げるものなのです。

今、僧というと、一人の坊さんでも僧と言うようになりましたが、僧のフルネームは僧伽《そうが》であり、僧伽とは、サンスクリット語のサンガのあて字であり、サンガとは、仏教教団、とくに出家教団のことです。

なぜ、仏と法と僧が宝なのか。お釈迦さまは、言うまでもなく、永遠の真理を悟り、それを説かれたかたですから宝であり、法、すなわち真理も宝であり、そして僧伽は、その法を我々在家の者に伝えてくれるものとして、宝ものなのです。

ところが最近の僧伽は、我々に法を説いてくれなくなりました。僧伽を構成する坊さんたちは、もっぱら在家からカネをふんだくる仕事ばかりしています。「やらず、ぶったくり」であります。「坊主、丸もうけ」であります。だから「坊主と乞食は、三日やったらやめられない」のであります。

いずれにしろ、布施ないし供養というものは、決してその坊さん個人のものにするために上げるのではなしに、仏と法と僧伽教団全体に上げるものですから、坊さん個人にとっては、何の収入にもならないわけです（法律上は、その全額を宗教法人○○寺の収入として入れ、その中から一部を坊さんの月給としてもらい、又他の一部を、宗門、たとえば日本国曹洞宗教団に宗費として納入することになります）。

したがって、坊さんは、檀家に対して「ありがとう」という必要はないわけです。しからば、何と言って受け取るべきかといえば、「此の供養は、三宝定《さだめ》て納受有るべしと」言えばいいのです。「この浄財は、釈尊と仏法と出家教団が、必ず受け取ってくれるでしょう」という「郵便配達夫」の如き態度でよいことになるわけです。

ですから、これを読んでいるあなたが、何かの時にお寺の坊さんにカネを払ったとして、そのときにその坊さんが「ありがとうございました」と言ったら、その坊さんは、ニセものと思っていいことになります。なぜならば、その坊さんは、その布施を自分個人の収入と感違いしているわけですから、個人の用途に使い込む危険があるからです。

私・遠藤家の檀那寺は、宮城県柴田郡大河原町の曹洞宗・繁昌《はんしょう》院です。住職を横山栄良《えいりょう》和尚と言い、日本国曹洞宗教団の元・東北教化《きょうげ》管区統監や、東北福祉大学の学生に対する禅の指導をやっておりました。

この栄良和尚が、在家の者から布施されるときに、唱えている言葉が、正に「**此の供養は三宝定て納受有るべし**」なのです。

ところでさっきも言ったように、今の坊主には、がめつい坊主がふえてしまいました。なぜ、そうなったのか。それは、檀家や在家からもらうカネは、自分個人の収入だと錯覚しているからです。戒名料（浄土宗、浄土真宗、時宗では法名料と言う）の場合、たった四文字で二〇万円ないし五〇万円、院号居士となると一〇〇万円以上、院殿大居士となると、一〇〇〇万円近く、坊主は取ります。それは自分個人の収入になると思っているから、ボルのです。

ちなみに、お釈迦さまは、出家の弟子であろうが在家の信者であろうが、戒名などは一文字もつけておりません。したがって、戒名料はなしでした。又、「仏教者は、死んだ人間の葬式には関係するな」と言っておられますので、お釈迦さまが死人に戒名などをつけたことは、一ぺんもありません。

私も、戒名を否定しています。ちなみに、現行法上、戒名をつけるつけないは、全くの自由になっています。又、戒名をつけずに、俗名のままでも、坊さんは、葬式・法事をやってくれます。

いずれにしろ、戒名料を含め、お布施というものは、坊主本人がもらうものではなくて、仏と法と教団がもらう、単なる取次ぎをしているだけだという、この随聞記の精神で坊さんが生きていたら、今ほど、ガメつくはならないでしょうね。

弁護士報酬は私のものではない

ところで、私、遠藤誠も、依頼者から事件依頼の着手金や成功報酬をもらうときに、実は「ありがとう」とは言ってないんです。何と言っているかというと、「ご苦労さま」としか、言っていません。それはなぜか。

それは、こういうわけです。私も、依頼者からもらうカネは、私個人がもらうのではなしに、法身仏《ほっしんぶつ》、すなわち私の背後におられて、私を動かしている大いなるものが納受されるだけで、私は、単なるその取次人にすぎないと考えているからです。そのかわり、もらったカネは、私のものではなくて、法身仏のものですから、私が勝手に使うわけには行きません。法身仏からの委託によって、その事件を処理するための経費と事務所の維持費と私の最少限度の生活費に使わせていただいているだけなのです。

もし、それ以上に、私のぜいたくのために使ったとすれば、それは、法身仏から預かっているカネを私が勝手に横領してしまうことになるわけです。

さらに進んだ話をするならば、そういう考え方は、仏教に限らず、キリスト教やイスラム教を含めた宗教ないし信仰全体に通じた考え方なのです。すなわち、宗教というものは、人と人との関係ではなくて、法身仏（キリスト教のエホバ、イスラム教のアラー）と私との関係なのです。

私が、今こうやって『正法眼蔵随聞記』の解説書を書いているのは、実は私自身の意志によるものではなくて、私の背後にあり、そして私を包みこんでおられる法身仏のおんうながし、おんもよおしのまにまに、書かせられているだけなのです。

又、これを読んでいるあなたにしても、あなた自身の意志でこの本を読んでいると思っているかもしれませんが、実は、そうではなしに、この天地大宇宙を、始めのない過去から終りのない未来にかけて生きつづけに生きつづけている大いなるもの・大いなるいのち・宇宙の大生命・大いなる光・宇宙エネルギー・宇宙意志・宇宙の霊性、すなわち法身仏のおんうながし、おんもよおしのまにまに、読んでいるだけなのです。

一方、人と人との横の関係を規律するのは、法律であり、道徳であり、倫理学です。したがって、いかに法律を守り、倫理・道徳に従って生きたとしても、その人には宗教の世界はないのです。

同じようなことは、依頼者と弁護士としての私との関係についても、言えます。例えばある人がある事件を私の事務所に依頼しに来、私がそれを受任したとします。その依頼者は、自分の意志で、私の事務所に来たと思っているでしょう。ところが、そうではないのです。

その依頼者も、法身仏のおんうながし、おんもよおしのまにまに、遠藤事務所に来させられたのです。それを受ける私も、そうです。そうすると、受けた事件を、ベストを尽くして解決して上げるのは、私として、依頼者に対する義務であるのみならず、法身仏に対する義務でもあるのです。したがって、その事件処理上、私がさぼったり、道にはずれたヘンなことをやったりすると、それは、依頼者に対する背任行為になるのみならず、法身仏に対する背任行為にも、なってしまうのです。

第一五節　人と議論することの空しさ

巻第五の七　示して云く。古《いにし》へに謂《いわ》ゆる君子の力は牛に勝《まさ》れり。然《しか》あれども牛とあらそはずと。今の学人《がくにん》、我が智慧才学、人に勝《すぐ》れたりと存《ぞん》ずるとも、人と諍論《じょうろん》を好むことなかれ。亦《また》、悪口《あっく》を以て人を呵嘖《かしゃく》し、怒目《どもく》を以て人を見ることなかれ。今時《こんじ》の人、多く財をあたへ、恩を施《ほどこ》せども、嗔恚《しんに》を現じ悪口《あっく》を以て謗言《ぼうごん》する故に、必ず逆心を起すなり。昔、真浄文《しんじょうもん》和尚、衆《しゅ》に示して云く。我、むかし雲峰《うんぽう》とちぎりをむすんで学道せしとき、雲峰同学と法門を論じ、衆寮《しゅりょう》にてたがひに高声《こうしょう》に論談し、つゐには互に悪口《あっく》に及び諠譁《けんか》しき。諍論已《すで》にやんで雲峰我れに謂《いい》て云く。我と汝と同心同学なり。契約浅からず。何が故ぞ、我れ人とあらそふに口入《くちいれ》をせざるやと。我れそのとき揖《いっ》して恐惶《きょうこう》せるのみなり。其の後、彼も一方の善知識たり。我れも今住持たり。往日《そのかみ》おもへらく。雲峰の論談、畢竟《ひっきょう》無用なり。況《いわん》や諍論《じょうろん》は定《さだま》りて僻事《ひがごと》なり。諍《あらそ》ふて何の用ぞと思ひしかば、我は無言にして止《とどま》りぬと云々。今の学人《がくにん》も最もこれを思ふべし。学道勤労《ごんろう》の志しあらば、時光を惜《おしみ》て学道すべし。

何の暇《いと》ありてか人と諍論《じょうろん》すべき。畢竟《ひっきょう》して自他共に無益《むやく》なり。法門すらしかなり。何《い》かに況《いわん》や世間の事において無益《むやく》の論をなさんや、君子の力ら、牛にも勝《まさ》れりといへども牛と諍《あら》そはず。我れ法を知れり、彼《かれ》に勝《すぐ》れたりと思ふとも、論じて人を掠《かす》め難ずべからず。若し真実の学道の人ありて法を問はば、法を惜《おし》むべからず、為に開示すべし。然《しか》あれども猶《なお》それも三度《みたび》問はれて一度答ふべし。多言《たごん》閑語することなかれ。我れも此の真浄《しんじょう》の語を見しより後、尤《もっと》も此咎《このとが》は我身にもあり、是れ我れをいさめらるると思ひし故に、以後終《つい》に他と法門の諍論《じょうろん》せざるなり。

「朝まで生《なま》テレビ」の空しさ

今、ひとと議論するのが、はやってますね。毎月最終金曜のまよ中の午前一時から午前四時まで（正確には、最終土曜の午前一時から午前四時まで）、『テレビ朝日』で「朝まで生《なま》テレビ」をやっています。

昔は、午前一時から午前六時まで、五時間もぶっ通しでやっていましたが、私も、時々引っ張り出されました。一九九二年二月の「暴対法、是か非か」、一九九五年三月の「オウムと地下鉄サリン事件」、一九九六年四月の「死刑制度、是か非か」、一九九八年四月の「オウム真理教と住民運動」等。

さらに、一千万を超えたと言われるインターネット上でも、いろんな問題につき、論争が闘わされています。

ところで、そのような論争は、禅の眼から見ると、どうなるか。それがこの節《せつ》の問題です。「**古へに謂《いわ》ゆる君子の力は牛に勝《まさ》れり、然あれども牛とあらそはずと**」。古人の言葉によれば、君子の力は牛よりまさっているけれども、君子たるものは、牛と争うようなバカなことはしない、と。それと同じように、「**今の学人《がくにん》、我が智慧才学、人に勝《すぐ》れたりと存《ぞん》ずるとも、人と諍論《じょうろん》を好むことなかれ**」。

「学人《がくにん》」すなわち、仏道を学ぶ者は、自分の智慧や才能・学問が、人よりすぐれていると思っていても、人と「諍論《じょうろん》」をしてはいけないのです。「諍論《じょうろん》」とは、我《が》を張って、お互いに言い争うことです。

これは、道元禅師だけの考えではなくて、『宝積経《ほうしゃくきょう》』にある言葉でもあります。すなわち「戯論《けろん》、諍論の処、多く諸《もろもろ》の煩悩を起こす。智者はまさに遠離《おんり》すべし。まさに百由旬《ゆじゅん》を去るべし」と。「戯論《けろん》」とは、どうでもいい論争のことであり、自分が悟りを開き、又他を救うことにおいて役に立たない議論のことです。

我々の生活には、考えてみると、この戯論や下らない諍論が、非常に多いですね。こちらが一つ理屈を言うと、相手は二つ理屈を言う。それに対してこっちは三つ位理屈を言う。とどまるところを知らず。そして最後はどちらかが負けるか、あるいは物わかれに終る。

そして、理屈で言い負かされたほうは、勝ったほうに対し、「あの野郎、口ばかり達者で」という恨みが残ります。勝ったほうも、理屈で勝っただけで、相手は決して納得していないので、空しさだけが残ります。すなわち、お互いにあと味のわるい煩悩だけがのこってしまいます。むしろ、何にも論争しないほうが、却ってお互いの人間関係にとってよかったと思える場合が多い。

私は、「朝まで生《なま》テレビ」に出るたんび、この空しさだけを感じてスタジオから帰って来るのです。だって、「朝生《なま》」のような論争は、相手の言い分など、最初から聞こうとせず、ただ、自説だけを、口を荒げて論じ、こっちがしゃべっている最中に、反対論者が発言をはじめ、二人も三人も四人も同時発言し、最後は、おしがつよく、声のでかい者だけがしゃべりつづけることになるわけです。

したがって、朝なまのような論争は、相手を説得するという点から見れば、全くのナンセンス、時間のムダということになります。

ただ、社会の意見が二分している問題について、こういう考え、ああいう考えがあるということを提示し、その中のどれを取るかは視聴者の判断にまかせるという点においてのみ、存在価値のある番組だということです。

いずれにしても、人が人を説得するという点から見れば、言葉というものは無力なものです。人を説得するのに最もいい方法は、言葉ではなくて、行動であります。

したがって、だれからか、戯論や諍論を吹っかけられたら、智者たる者は、そこから「遠離《おんり》すべし。まさに百由旬《ゆじゅん》を去るべし」ということになるのです。由旬《ゆじゅん》とは、サンスクリット語のヨージャナという距離の単位で、一ヨージャナは七マイルに当るという説と九マイルに当るという説があります。

仮りに短いほうの七マイル説をとると、一ヨージャナは、一一・二六五一キロとなり、百ヨージャナで、一一二六・五一キロとなります。東京駅から西へ行くと奄美諸島の喜界島《きかいがしま》まで、北へ行くと樺太の手前の稚内までです。すなわち、東京で、誰かリクツ屋から論争を吹っかけられたら、西なら喜界島まで、北なら稚内まで逃げなきゃいけないのです。となりの神奈川県や埼玉県じゃ、足りないのです。

いかに戯論や諍論がナンセンスであるか、ということです。

ところが、諍論を好む新興宗教があります。例えば創価学会の連中というのは、こちらが一言、学会を批判すると、向こうは二言言います。そこでこちらが二言言うと、向こうは三言言います。とにかく、理屈で、ひとを折伏しようとするわけです。

ところが、理屈で言い負かされたほうは、心の底から、創価学会をありがたいと思うかというと、そんなことはありません。「何だ、創価学会の連中は、しつこいな。二度と顔を見るのもいやだ」となってしまうのであります。

法廷における戯論《けろん》

すなわち、創価学会の連中は、とにかく論談や諍論を好むものです。しかし仏教においては、

「論談、畢竟《ひっきょう》無用なり。況《いわん》や諍論は定《さだま》りて僻事《ひがごと》なり」なのです。したがって、創価学会は、仏教にあらざる集団ということになります。

又、一九九五年三月、地下鉄にサリンをまいたあと、オウムは、あちこちのマスコミに出ては、よく諍論をやってましたね。とくに「ああ言えば上祐《じょうゆう》」の上祐史浩君などは。「オウムは、サリンを作っていません。作っているのは農薬です」とか、「オウムは地下鉄にサリンをまいていません。松本にもサリンをまいていません」。「オウムは坂本弁護士一家を殺していません」「オウムは公証役場の苅谷事務長を拉致していません」とか。

すべてウソでした。したがって、諍論をやり、しかも不妄語戒に違反している点において、すでにオウムは仏教とは無関係の犯罪者集団ということになるわけです。

とにかく「人と諍論を好むことなかれ」。

ところが、我々弁護士は、相手方と論争して勝利をかちとることを職業としています。そうすると、弁護士は、すべて仏教の教えに反する職業として、日本弁護士連合会は、今日中に解散しないといけないことになるのか、という問題になります。

たしかに我々弁護士の仕事は、例えば民事裁判について言えば、原告側弁護士は、まず訴状を裁判所に出します。それに対して、被告から依頼された弁護士は、答弁書を出します。その答弁書においては、原告の訴状に書いてあることを、完膚なきまでにやっつける諍論を書きます。

それに対し、原告側弁護士は、第一回準備書面で、その答弁書を叩くための大諍論を書きます。

それを受けた被告側弁護士も、被告側の第一回準備書面で、その原告の主張をコテンパンにやっつける諍論を書いて出します。

もっともしかし、我々弁護士が法廷でやっている主張と立証は、それによって裁判官を説得して裁判官に「なるほど」と思わしめ、以て当方勝訴の判決をかちとるためにやっているのであって、それによって、相手方本人ないし弁護士を、「なるほど」と納得させることを目的としたものではありませんので、ここに言う「諍論」とは、ちがうかもしれません。言わば、野球やサッカーにおける攻撃・防禦が、原告側弁護士と被告側弁護士の主張・立証であって、審判役に当たる者が裁判官になるわけです。

しかし、その裁判の場合でも、裁判官を説得しようという目的を超えてまで、いたずらに諍論する必要はないわけです。ところが、現実には、法廷の場で、いたずらな諍論をする弁護士がいるんですな。

昭和五五年七月、香港の大金持・王増祥《おうぞうしょう》氏が、「キャロンの片倉」の社長・有田正さんを被告として、「片倉工業は、イトーヨーカ堂に対し、埼玉県大宮市にある片倉工業の工場跡地上に、イトーヨーカ堂に対しショッピング・センターとして使用させる目的をもって建物を建築し、その建物をイトーヨーカ堂に賃貸する契約をしてはならないとの判決を求める」という訴えを、東京地裁民事部に起こして来たことがあります。

私は、その事件の被告代理人を依頼されました。相手方、すなわち原告王増祥の代理人は、水田耕一弁護士でした。水田弁護士は、私より司法研修所八年先輩で、元法務省の法務総合研修所教官や民事局参事官を歴任された錚々《そうそう》たる弁護士である（と、思っていました）。

ところが、原告王増祥の請求と主張が、法律上・事実上、いかに間違っているかを、証拠と判例と通説に基いて、諄々《じゅんじゅん》と説いた書面を私が被告代理人として東京地裁と水田代理人に提出したところ、まもなくそれに対する水田代理人作成の書面が出されてきましたが、それには、私の主張に対する具体的反駁は余り書いてなく、何とつぎのように書かれてあったのです。「〝百の説法、屁ひとつ〟という譬《たと》えがある。裁判上の書面に引用するには、いささか礼を失することを恐れるものではあるが、本件に関する被告側の主張を見ると、右の譬えを想起せざるをえないのである。被告の主張は、法律的詭弁《きべん》である。したがって、被告の主張に反論することのばかばかしさが明白となった。被告の主張に対して、このようなことをわざわざ述べなければならないということは、いささか腹立たしさを禁じえないものがある」と。

怒りは敵と思え

『広辞苑』を見ると、「百の説法、屁ひとつ」という諺《ことわざ》は日本語になく、「百日の説法、屁ひとつ」として出ていますが、その意味は、「長い苦労も、わずかのしくじりで無駄になることのたとえ」とあります。

ところが、水田さんの書面のどこを見ても、私の書いた書面の、どこからどこまでが「長い苦労による主張」であって、どこが「わずかのしくじり」なのかの説明が、全く記されていないのです。

こういうのを、随聞記に言う「**諍論**」と言うのです。

ちなみに、この訴えのあとに水田弁護士が同じく東京地裁に提起した、「相手方有田正は、片倉工業㈱を代表し、㈱イトーヨーカ堂との間において、大宮市吉敷町四丁目の土地一九万二六三六㎡に、建物及び駐車場を建築し、これをイトーヨーカ堂に賃貸する旨の契約をしてはならないとの仮処分決定を求める」という仮処分の申立ては、私による徹底的な反論の結果、昭和五六年一〇月二九日、私の五一歳の誕生日の日に、申立人王増祥、すなわち水田耕一側全面敗訴の決定となりました（『判例タイムズ』四七六号一〇〇頁以下）。

そして、「百の説法、屁ひとつ」という迷論をお出しになった前記の本訴は、その後、昭和五八年五月二六日、水田弁護士の手で訴え取り下げとなりました。

そしてその水田先生は、それから一三年後の一九九六年、死んでしまいました。

道元禅師は、こういう「諍論《じょうろん》」をきびしくいましめられているのです。

又、「**悪口《あっく》を以て人を呵嘖《かしゃく》し、怒目《どもく》を以て人を見ることなかれ**」。今の日本人は、すぐ「切れて」人の悪口を言い、人を責めたて、怒り狂った目をして人をにらみつけますが、それは、すべてアホのやることなのです。

だいたい、相手に対して、「馬鹿野郎」と言ったり、「**怒目を以て人を**」にらみつけたりすることによって、相手が心の底から改心したり、事態が好転したりすることは、ないですね。おおむね、その結果は、まずいことになります。徳川家康も言いました。「怒りは敵と思え」と。怒りは、結局は怒った人を滅ぼす敵なのです。お釈迦さまも言っています。「人間の心をむしばむ三つの猛毒は、貪《とん》、すなわち欲と、瞋《しん》、すなわち怒りと、痴《ち》、すなわちバカである」と。

もっとも、鬼手仏心という言葉もあります。心の中は仏でありながら、手は鬼の手をしているということです。あるいは「愛のむち」とか、「愛の鉄拳」とか。しかし、鬼手仏心の場合は、こちらに仏の心があるのです。愛のむちや、愛の鉄拳の場合には、こちらに愛があるのです。そして愛とは、自分のことを勘定に入れずに、相手のために死ぬことを言うのです。そういう仏心や愛からにじみ出た鬼の手やむちや鉄拳であれば、相手を善導することができます（『広辞苑』によれば、「鬼手仏心」とは、「外科手術は、体を切り開き鬼のように残酷に見えるが、患者を救いたい仏のような慈悲心に基づいているということ」とあります）。

しかし、普通我々が「**悪口を以て人を呵嘖し、怒目を以て人を見る**」ときは、おおむね、仏心も愛もなく、相手に対する憎しみ、反感ないし我《が》の意識、すなわち「おれの顔に泥を塗った」とか「おれをコケにしやがって」とかいう意識にもとづく場合が多いのです。ちなみに「コケ」とは「虚仮《こけ》」と書き、もともとは仏典から出た言葉です。例えば、親鸞聖人の『歎異抄』にいわく。「ひとへに賢善精進の相をほかにしめして、うちには虚仮《こけ》をいだけるものか」。表面だけ賢こさと善人をよそおっておりながら、内心では、虚仮《こけ》、すなわち真実ではないこと、すなわちその表面とは逆の愚かなことと悪いことばかり考えている者、それが人間であるという意味です。このように、仏典で言う「虚仮」は、内心と外相《げそう》がちがうこと、真実でないことという意味の言葉だったのですが、それから変化して、今では思慮の浅薄なこと、おろかなこと、ばかなこと、あるいはそういう人という意味で使われるようになったのです。ですから、「おれを虚仮《こけ》にしやがって」と言うと、「おれをばかにしてあなどりやがって」という意味になるわけです。

いずれにしろ、そういう風に、相手に対する憎しみ・反感・我《が》意識にもとづき「**悪口を以て人を呵責し、怒目を以て人を見**」ても、ロクな結果は生まれません。だいいち、「おれが、おれが」と言ったって、「おれ」などというものは、存在していないのです。存在していると思っているのは、一〇〇%錯覚なのです。ですから、原告と被告が法廷で闘い、検事と被告人・弁護人が法廷で闘っているように見えるけれども、あれは、存在しない原告と存在しない検事とケンカをし、存在しない検事と存在しない被告人・弁護人がケンカをしているだけなのです。

なぜ恩をあだで返されるか

そういう事実は、死ぬときに分ります。本能寺で織田信長が言った言葉、「人間五十年、下天《げてん》の内を比ぶれば、夢まぼろしの如くなり」は、信長の実感だったのです。なお「下天《げてん》」とは、天界の中の下層の部分という意味で、四王天と言い、持国天と増長天と広目天《こうもくてん》と多門天《たもんてん》（毘沙門天）という四人の神が護っている天界のことです。そして、アインシュタインの相対性原理に言うように、人間界の五〇年は、この下天《げてん》においては、わずか一日にしか相当せず、したがって、信長が五〇年（正しくは四八年）生きたとしても、それは外天においてはたった一日にしか相当せず、一生の間にやったと思っていたシュトルム・ウント・ドランク（疾風怒濤《しっぷうどとう》）の如き仕事は、ますます夢まぼろしの如きものであったということです。

信長は、延暦寺を焼き打ちし、高野山と根来寺《ねごろじ》を攻撃した仏敵と見られていますが、結構、本ものの仏教を会得していたわけです。

ところで、なぜ「**悪口を以て人を呵嘖し、怒目を以て人を見ることなかれ**」と言うかと言うと、「**今時《こんじ》の人、多く財をあたへ恩を施せども、嗔恚《しんに》を現じ悪口《あっく》を以て謗言《ぼうごん》する故に、必ず逆心を起す**」からです。「**今時《こんじ》の人《ひと》**」とは、もちろん鎌倉時代初期の人という意味ですが、只今現在の人にも、そのまま当てはまります。

近頃の人は、一ぱいカネを与えたり、助けてやったり、面倒を見たのに、その相手がこちらの思いどおりにならない場合、最後は切れてしまい、「このバカ！　こんなにおれが面倒見てやってんのに、それが分からないのか！」と悪口雑言を言ってしまいます。そうすると相手は、「何だこの野郎。多少の面倒見をカサにきて、ふとい野郎だ」ということで、「**逆心**」、すなわち反逆心を抱いて、サヨナラということになってしまう。そういうことです。「飼い犬に手をかまれる」とか「恩をあだで返される」という最悪の結果におちいってしまうのです。

このように、飼い犬に手をかまれたり、恩をあだで返されたりするには、それなりのきっかけがこちらにもあるのです。だって、いくら飼い主が犬をかわいがっても、最後に、その犬をけとばしたり、ぶんなぐったり、「このバカ犬！」などとののしったら、犬だって牙をむきます。

もっと掘り下げて考えると、こうなります。「多く財をあたへ恩を施せども」、最後に「瞋恚《しんに》を現じ悪口《あつく》を以て謗言《ぼうごん》する」場合、その人の心の中に何があるか。それは、相手から報いを期待する気持があるからです。「私はこの者に対してこれだけ面倒を見てやった。だから、こいつは、私の困っている時には、私の面倒を見てくれてもいいはずだ」とか、「私はこいつの面倒をここまで見てやったんだから、ちっとは私の思いどおりに動いてくれたっていいじゃないか」という、報いに対する期待があるからです。

しかし、人生は「求不得苦《ぐふとっく》」の世界なのです。求めたって、得られるときより、得られないときのほうが、はるかに多いのです。又、諸行は無常です。あらゆるものは、たえず変化します。人間の心もそうです。人からカネをもらったときは「ありがたい」と思っていたって、「のどもと過ぎれば熱さを忘る」で、そのうち心がわりをしてしまいます。

そうすると、面倒を見たほうには、その時、瞋恚《しんに》が生じ、悪口《あつこう》・謗言《ぼうげん》（これも悪口のこと）を言ってしまいます。結局、その人がそれまで、だれのために財をあたえ、恩を施したかというと、結局のところは、相手のためにではなしに、自分のためにやっていたんです。いつか恩返しをしてもらいたいとか、自分の思うとおり相手を支配したいとかいう欲のために、面倒を見ていただけなのです。

仏教に言う布施とは、相手から「何の報いも期待しないで、相手の面倒を見ること」であって、相手に何かの報いを期待して面倒を見ることは、エゴイズムであります。

最近、家庭内暴力が、はやっております。親が子どもを殺すとか、子どもが親を殺すとか。その原因も、それです。子どもは親の所有物ではなく、法身仏《ほっしんぶつ》からの預かりものなのに、その子が親の期待どおりにならないと、親は子どもを殺してしまうのです。同じように、親は子どもの所有物ではなく、法身仏《ほっしんぶつ》からの預かりものなのに、その親が、子どもの欲望をみたしてくれないと、子どもは親を殺してしまうのです。

しかし、親が子どもを育てるのは、鳥や獣でもやっている当り前のことであって、その子が親の期待どおりにならなくとも、あるいは親に反抗しようとも、それでも親が子を育てるのは当り前と思って育てている親は、子どもから、そむかれないですね。同じように、子どものほうも、親が自分の面倒を見るのは当り前などと思わず、本当は親は自分を見捨ててもいいのだけれども、たまたま、うちの親は自分の面倒を見てくれている、ああ、ありがたいなと思っている子どもの場合は、親と断絶することはありません。諸悪の根源、それは相手に対する期待、それも貪《むさぼ》り心にもとづく期待であります。

感謝を期待する人助けはニセもの

昭和五五年から昭和六二年頃まで、私も編集人の一人にされていたミニコミの月刊雑誌に『遺言』という雑誌がありました。昭和五七年、同じくその『遺言』の編集人の一人・畠田《はただ》真一さんが、熊本県から東京の僕の事務所を訪ねてきました。アナーキストの雑誌だったもんで、同じアナーキストの竹中労さんに連絡したところ、喜んで飛んできたので、となりの料亭で、妻のけい子を含め、四人で飲みました。

ところで、その畠田さんが、「とまる所がない」と言います。そこで竹中労さんが、「東銀座に、私がよく泊まっているホテルがあるから、そこを取って上げましょう」ということになりました。

そして気分よく分かれてから何日かあとに、竹中さんから私の事務所に手紙がきました。あけてみたら、その東銀座のホテルから竹中労さんあての宿泊費の請求書が入っているのです。トタンに私は思いました。「これは、竹中さんが自分の名前でホテルを取ったもんだから、ホテルは泊まった畠田さんに請求せずに、竹中さんに請求書を送ったんだな。あるいは、畠田さんのほうで、ホテルに、そうしてくれと言ったのかもしれない。しかし、その竹中さんあての請求書を、わざわざ、竹中さんから僕のほうにまわして来たのは、どういうわけだろう?」と。

しかし、「諍論」はナンセンスなことだし、また、困っている人を助けるのは、仏教者の使命であります。私は、何も言わないで、その宿泊費全額をホテルに送金しました。

そしたら、当の畠田さんのほうは、てっきり、竹中さんが払ってくれたと思ったらしく、以後、熊本の畠田さんから鎌倉の竹中さんあてに、盆くれの贈り物が送られるようになったみたいです。

そして、その後、竹中さんとはしょっ中会うことがあり、熊本の畠田さんとは、しょっ中手紙のやり取りがありましたが、私は、そのことを、ついに、竹中さんにも畠田さんにも、触れることはしませんでした。なぜならば、相手から感謝されることを期待してやる布施は、本当の布施ではないからです。

あるいは、橋田直彦という人がいました。アイヌのかたで、ひと頃、アイヌ人民共和国独立運動をやり、『蝦夷《えぞ》地《ち》滅びても、アイヌモシリは滅びず』（新泉社・昭和四八年）、『我れアイヌ、自然に起つ』（新泉社、昭和四九年）の著者でもあります。昭和五六年二月、私はその本を読んで感激し、北海道の橋田さんに、その感想文を送りました。

そして、それっきり忘れていたら、それから一〇か月もたった昭和五六年一二月の暮れに、その橋田さんから電話が来ていわく。「今、札幌の〇〇病院に入院しています。入院費を払えないので、三万円を送って下さい」と。

会ったこともなく、一〇か月前に出した私の手紙に返事もくれなかった人でしたが、その病院内の橋田さんあて、電信為替で三万円を送って上げました。しかし、それに対して、返事なし。「着いた」でもなければ、「着かない」でもなし。

しかし、それでいいのです。何度も言いますが、相手の感謝を期待しての布施は、布施ではないのです。

そうではなしに、「多く財をあたへ恩を施せども」相手が「ありがとう」と言わないからと言って最後に「嗔恚《しんに》を現じ悪口《あつく》を以て謗言《ぼうごん》す」ると、水田耕一弁護士の準備書面じゃないけれども、

「百日の説法、屁ひとつ」で、アウトになってしまうのです。しかし、「**多く財をあたへ恩を施せども**」「**ありがとう**」一つ言わないで、去って行く人が、時々いますね。私は、昭和三六年から三九年間弁護士をやっていますが、これまで原告代理人や被告代理人や刑事の弁護士人として一生懸命弁護し、成功したに拘らず、依頼者が報酬を払わないで去って行った事件が結構あります。しかし「**多く財をあたへ恩を施**」すことはこちらのご利益《りやく》になることであって、もらったほうのご利益《りやく》にはならないのです。ですから、私は、元の依頼者を被告として、「弁護士報酬を払え」という訴訟を起こしたことは、一回もありません。中には、十数年前に、報酬を踏み倒しておきながら、また次の事件を依頼に来る人もいます。さすがにそういうときには、「前の未払報酬を払ってくれたら、会って上げましょう」ということにしていますが。

仲間でも助けない

いずれにしろ、「**多く財をあたへ恩を施**」した相手との間でも、あるいはそうでない人との間でも、人と論争することのナンセンスを、道元さんが具体例で出しておられます。

「**昔、真浄文《しんじょうもん》和尚、衆《しゅ》に示して云く**」。「真浄文和尚」のフルネームは、真浄克文《こくもん》和尚と言い、一〇二五年－一一〇二年の中国の禅師。生前の僧名を泐潭克文《ろくたんこくもん》と言い、真浄禅師というのは、その死後に時の皇帝からおくり名をされた名前です。日本で言えば、平安時代の中期、源頼義による前九年の役や源義家による後三年の役の頃の人です。中国の陝府《せんぷ》に生まれ、初め大潙山《だいいさん》という寺で学び、のち黄竜《おうりゅう》慧南《えなん》禅師に学んでその法を嗣ぎ、以後、報寧寺、帰宗寺《きしゅうじ》、泐潭寺《ろくたんじ》で禅を指導した臨済系の禅僧です。

「我、むかし雲峰とちぎりをむすんで学道せしとき」。この講義の原文としている岩波文庫本、すなわち面山本では、このように「雲峰」となっているのですが、又別の写本である長円寺本（講談社文庫・筑摩叢書）では、「雪峰」となっています。いずれも実在の禅僧なのですが、ここは「雪峰」が正しいです。なぜならば、雲峰さんは九九二年―一〇六三年の人であって、克文《こくもん》さんより三三歳も年上の人であるのにたいし、雪峰さんは克文さんと同世代の人です。そしてこの随聞記のうしろのほうを見ると、「雲峰我れに謂《いい》て云く。我と汝と同心同学なり、契約浅からず」と出ています。「雲峰」さんが克文さんに言ったというのです。「私と君は、ともに学んでいる同門の友だちだ。そのつき合いも、浅いものではない」と。そうすると、三三歳も年上の人が克文さんを友だち呼ばわりするのはヘンですから、これはやっぱり同世代の雪峰のことでしょう。

その雪峰さんは、フルネームを雪峰道円と言い、克文さんと同じく黄竜《おうりゅう》慧南《えなん》禅師の法をついだ臨済系の人です。

その克文さんが若い頃、兄弟弟子雪峰さんと義兄弟のちぎりを結んで、一しょに黄竜慧南大和尚のもとで仏道を学んでいた時のことです。雪峰さんが、仲間の連中と、何かのことで大論争になっちゃったのです。「衆寮《しゅりょう》にてたがひに高声《こうしょう》に論談し」。「衆寮」とは、雲水たちの集会所のことですが、そこでお互いに声を張り上げて、大論争をはじめちゃったのです。最後には「この馬鹿野郎」とか「お前みたいなやつに、おれの奥深い世界が分るか」とかいうケンカになっちゃった。「朝まで生《なま》テレビ」みたいな言い合いになり、最後はくたびれてやっと論争が終わった。そしたら、雪峰が親友の克文《こくもん》にこう言ったのです。

「我と汝と同心同学なり。契約浅からず。何が故ぞ、我れ人とあらそふに口入《くちいれ》をせざるや」と。同門の親友として義兄弟のちぎりまで結んだ仲ではないか、と。ところでここに「契約」という言葉が出てくるのは、面白いですね。我々弁護士は、「契約」という言葉を使わない日はない位に一般に使われている法律用語です。そして大ぜいの人は、明治になって外国から入ってきたコントラクトという英語の訳と思っていますが、もともとは、このように仏典から出た言葉なのです。ちぎりを結ぶということです。そういう「同心同学」としてのかたいちぎりを結んでおりながら、なぜおれの弁護をしてくれなかったんだと、責められたわけです。

昭和四六年、私が第二東京弁護士会の綱紀委員をしていた時に、司法研修所が私と同期同クラスのH弁護士が、懲戒請求を受けたことがありました。事件は小さい事件だったのですが、事件の依頼の受け方について若干ルーズだった点があり、私もその委員の一人である綱紀委員会は、H君につき「懲戒相当」という議決をするに至りました。綱紀委員会において「懲戒相当」という議決が出ると、つぎは懲戒委員会にまわされ、そこでいかなる懲戒処分にするかが具体的にきめられることになっています。結論は「戒告」でした。「戒告」というのは「これから注意するように」というだけの懲戒処分で、弁護士業務を営むには、何の支障もない懲戒処分です。

ところが、その後、そのH弁護士が他の同期の友人にもらしたということばが、まわりまわって私の耳に入ってきました。「遠藤君は、同期の友人なのだから、僕を助けてくれてもよかったのに」と。

そのH君と同じことを、約九五〇年前、雪峰さんが克文さんに言ったわけです。そのとき克文さんが、どう対応したか。「**我れ、そのとき揖《いつ》して恐惶《きょうこう》せるのみなり**」。「揖《いつ》」とは、中国人のやる挨拶の仕方で、両手を胸の前で組み合わせてする会釈のことです。克文さんは、そのようにして雪峰さんに軽く一礼して恐縮するだけでした。

仏教学者と仏教者のちがい

その後、克文さんは、前にのべたように法寧寺《ほうねいじ》、帰宗寺《きしゅうじ》、泐潭寺《ろくたんじ》という錚々《そうそう》たる禅寺の住職を歴任し、雪峰道円さんも、雪峰山という名禅寺の住職となって後進の指導に当たることになりました。道円さんは、そのようにのちに雪峰山の住職になったから、雪峰道円と言われるようになったのです。「**其の後、彼も一方の善知識たり**」。「**我れも今住持たり**」。「**善知識**」とは、善き指導者のことで、「**住持**」とは住職のことです。

ところで、二人が黄竜《おうりゅう》慧南《えなん》大和尚の許《もと》にいた頃の若いときは、克文さんは一言も雪峰道円さんに弁解しなかったけれども、今はそれぞれ大寺の住職として年をとったことであるから、何も弁護しなかったわけを今聞かせようとして、克文さんの弟子たちに語るわけです。「**往日《そのかみ》おもへ**

らく」。その時、自分の親友の道円さんがほかの雲水たちからやっつけられているときに、なぜ克文さんは道円さんを助けなかったか。あるいはそれが終わった後、道円さんから「なぜ応援してくれなかったか」と難詰《なんきつ》されたときに、克文さんは、なぜだまっていたかというと、「雪峰（原文では雲峰ですが、誤記なので、雪峰と書きます）の論談、畢竟《ひっきょう》無用なり、況《いわん》や諍論《じょうろん》は定《さだ》りて僻事《ひがごと》なり」。論談、すなわち普通のしゃべり方でする論争ですら、ナンセンスなことだ。ましていわんや、諍論、すなわちお互いがエキサイトし、感情的にする議論などは、百害あって一理がない、ということです。

　私が、『テレビ朝日』の「朝まで生《なま》テレビ」に呼ばれて出るたんび、感ずる空しさは、ここから発しているわけです。「諍《あらそ》ふて何の用ぞと思ひしかば、我は無言にして止《とど》りぬ」。「沈黙は金《きん》なり」と言います。「維摩《ゆいま》の一黙《いちもく》、雷《いかずち》の如し」とも言います。沈黙も、雷の如き一黙も、相手に対する慈愛から発した方便の教えなのです。

　そしてここから道元さんのコメントがつづきます。「今の学人《がくにん》も最もこれを思ふべし。学道勤労《ごんろう》の志しあらば時光を惜《おしみ》て学道すべし」。私どもも、仏道を学び、実践し、それに努力する志が本当にあるのであれば、一時間でも、一分でも、一秒でも惜しんで、学び行じなければならないのです。いたずらに、ひとと議論するひまなどは、ないのです。

　だいたい、ひとと議論することによって得られるものは、左脳で得られる理屈だけです。ところが、理屈というものは、私どもが悟りを開くのに邪魔になるものであって、決してプラスにはならないものなのです。生まれてからこのかた、私どもの脳みそにつめこまれたあらゆる理屈を全部放り出す所から、はじめて悟り、すなわち完全なる幸福がえられるのです。本屋から仏教書を買ってきて、百冊読んだって、そこでおぼえるのは理屈であって、悟りではないのです。

したがって、坊さんには悟りを開いている人がいるけれども、宗教学者や仏教学者で悟りを開いた人は、いないのです。その点が、信仰と学問のちがいです。宗教学ないし仏教学というものは、宗教ないし仏教というものを自分の外に置き、それを客観的に眺めて、ああでもない、こうでもないと分析することを言います。それに対して、真の坊さんと言うものは、仏教をみずからの生きるエネルギーとし、己れをむなしくし、頭の中をカラッポにすることによって、天地大宇宙のいのち・エネルギー、すなわち法身仏《ほっしんぶつ》のいのちがフツフツとからだ中にみちあふれる、そういう生き方をしている人のことです。もっとも、そういう本ものの坊さんは、今の日本に〇・一%位しかいなくなってしまいましたが。

さらに諍論というものの根底にあるのは、お互いの我《が》です。AがBの説を木っ端みじんにやっつけた。やっつけられたBには、「おれは偉いんだ」という自意識・自尊心があるもんだから、「何だ、この野郎」ということになって、Aの説をやっつける。やっつけられたAは、自分の自意識・自尊心にカチンと来るもんだから、前にも増してBをやっつける。いずれにしろ、AもBも、自尊心というものによってそれぞれがんじがらめにしばりつけられちゃっているもんだから、何ともならない。これに対し、仏教における救いとは、ありとあらゆるものの束縛から自由になった世界のことを言うのです。ですから「**何の暇《いと》まありてか人と諍論《じょうろん》すべき。畢竟《ひっきょう》して自他共に無益《むやく》なり**」。自分にとっても、他人にとっても、何のプラスにもならないのです。

「**君子の力《ちか》ら、牛にも勝《まさ》れりといへども牛と諍《あら》そはず**」。三代将軍・徳川家光の時に、オランダから虎が贈られてきました。江戸城内の大広間に、檻に入れられた虎の物すごい顔を見た将軍家光は、そこにはべっていた剣の指南役・柳生宗矩《むねのり》と、名禅僧・沢庵に対し、「汝らの剣と禅の力を以て、この虎と闘ってみよ」と命じました。

三べん聞かれたら答えろ

「かしこまりました」とまず、剣豪・柳生宗矩は、檻に近づき、暴れまわっている猛虎の眼をハッタとにらみつけました。すると、次第に虎の眼に恐怖心が現れ、最後は、すくんだようにちぢこまってしまいました。

つぎは沢庵禅師です。沢庵はニコニコしながら檻のそばまで行くと、大口を開けて牙をむいている猛虎の口のそばへ、優しく左手をさしのべました。そしたら何と、荒れ狂っていた虎は尻尾を振り、嬉しそうな顔をして、沢庵の手を、ペロペロとなめはじめたのです。

トタンに将軍・家光の声あり。「これは沢庵御坊《ごぼう》の勝ちなり」と。

このように、君子のちからは、猛虎にもまさっているのですが、しかし、虎と争うようなことはしないのです。同じように「**我れ法を知れり、彼に勝《すぐ》れたりと思ふとも、論じて人を掠《かす》め難ず**

べからず」。「**掠**《かす》**め**」とは、おどかすことです。本当に、法、すなわち真理を知っているのであれば、相手に議論を吹っかけ、相手をおどしたり非難したりする必要はないのです。自分の生き方で、相手にわからせてやればいいだけです。

創価学会のように、「あなたも学会に入って南無妙法蓮華経と唱えないと、そのうち死にますよ」などとおどすのは、仏法ではありません。あるいは、「遠藤先生の仏教の会に行って坐禅をしていれば、そのうち悪魔にとりつかれますよ。なぜならば、日蓮大聖人によると、『禅天魔』と言っておりますから」と言って非難するのも、仏法ではありません。

もっとも、相手が、本当に真剣に「仏法とは何ですか」「禅とは何ですか」と聞いてくることがあります。そのように、「**若し真実の学道の人ありて法　を問はば、法を惜**《おし》**むべからず。為に開示すべし**」。そのときは、答えて上げるべきです。だいいち、切なる問いにたいして答えて上げるのは、論争でも諍論でもありません。布教そのものであります。ただその場合でも、いきなり答えてはいけません。「**然**《しか》**あれども猶それも三度**《みたび》**問はれて一度**《ひとたび》**答ふべし。多言閑語**《たごんかんご》**することなかれ**」。三回問われたら、はじめて答えるのです。それも余計なことは言わないで、ズバリ、要点だけを答えて上げるのです。

同じようなことは、法華経の第一六章如来寿量品《ぼん》にもあります。「是の時に菩薩大衆、弥勒《みろく》を首《はじめ》とし、合掌して仏に白《まお》して言《まお》さく。『世尊よ。唯《ただ》願はくは之《これ》を説きたまへ。我等当《まさ》に仏の語《みこと》を信受したてまつるべし』。是《かく》の如く三たび白《まお》し已《おわ》って復言《またまお》さく。『唯願はくは之《これ》を説きたまへ。

我等当《まさ》に仏の語《みこと》を信受したてまつるべし』。その時に世尊は、諸《もろもろ》の菩薩の三たび請《しょう》じて止《や》まざることを知《しろ》しめして、之に告げて言《のたま》はく。云々」と。釈尊は、弟子たちから、三回問われて、やっと答えたということです。

ところで、なぜ「三度《みたび》問はれて一度《ひとたび》答ふべし」なのでしょうか。それは、第一に戯論《けろん》の否定ということです。だいたい人間というものは、聞かなくともいいことを聞くクセがあります。私は、日本国中、あちこちひっぱり出されて講演をさせられていますが、終わってからの質疑応答になると、どうでもいい質問をする人が時々います。その場の思いつきとか。あるいは、単に自分の知識をひけらかすだけで、何を聞いているのか分からないような質問とか。

第二に、ハウツーものやマニュアル本になれている現代人は、長年、修行をやってやっと会得できるという深奥の世界についての結論を、実に安直《あんちょく》に求めるクセがついています。私の主宰する「現代人の仏教の会」や「弁護士会仏教勉強会」に、全くはじめて来たという新人が、よく私に質問します。「法華経は、絶対肯定の世界ですね」とか、「大乗仏教と小乗仏教とは、どうちがうのですか」とか、「坐禅を何か月やったらウツ病が直りますか」とか。いずれも、私の会にきて、何年も修行してはじめて会得できる大問題です。しかもそれは、すべて右脳ではじめて分る問題であるに拘らず、それを聞く新人は、すべて左脳の理屈の問題として聞いているのです。

もしその時に私が何かの答えをしたとすれば、その人はその答えを、やはり左脳における理屈の問題として聞くだけです。単なる雑学として聞くだけです。

したがって、そういう場合、私は「これからこの会に毎回来て、一年たって分らなかったら聞いて下さい」と答えることにしています。それがその人に対する慈悲だからです。

そして第三に、ここには、世界一の教育者であるお釈迦さまの教育法が、かくされているのです。人間というものは、一度尋ねても答えてもらえない。二度尋ねても答えてもらえない。そうすると、最初は戯論のつもりで尋ねていたことでも、だんだんと、本当に聞きたくなってくるのです。そして三度尋ねる。そうすると、それまで、その人の頭の中につまっていた既成観念がだんだんなくなって行き、最後は、深遠な教えでも、スポッと魂に入るような受け入れ態勢ができてしまうのです。

ところで、若い頃は道元さんも、けっこうひとと諍論《じょうろん》することがあったみたいです。「我れも此の真浄の語を見しより後、尤《もっと》も此咎《このとが》は我身《わがみ》にもあり。是れ我をいさめらるると思ひし故に、以後終《つい》に他と法門の諍論《じょうろん》せざるなり」。

結局この第七節で道元さんがおっしゃっておられることは、論争のナンセンスということです。しかし、世の中には、議論好きの人が結構いるんですね。理屈と理屈をぶっつけ合い、何ものも生み出さない不毛の論争の好きな人が。

私の勉強会にも、時々そういう人が来ます。しかし、前から来ている人は、戯論の空しさがよく分っているので、そういうやつが議論を吹っかけてきても、誰も相手にしません。そうすると、その人は、そのうち来なくなります。おそらくよそに行って、又議論を吹っかけているのでしょう。そして最後は誰からも相手にされなくなって、独り老い、病み、そして死んで行くのでしょう。

第一六節　死ぬ時はたった一人だ

巻第五の八　示して云く。古人多くは云ふ。光陰空《むなし》く度《わた》ること莫《なか》れ。亦云く、時光徒らに過すことなかれと。今、学道の人、須《すべから》く寸陰を惜《おし》むべし。露命《ろめい》消やすし。時光速かにうつる。暫《しばら》くも存《そん》ずる間《あい》だ余事を管《かん》ずることなかれ。唯《ただ》須《すべから》く道を学すべし。今時《こんじ》の人、或は父母《ぶも》の恩を捨て難しと云ひ、或は主君の命に背《そむ》き難しと云ひ、或は妻子眷属《けんぞく》に離れ難しと云ひ、或は眷属等の活命存《かつみようそん》じ難しと云ひ、或は世人誹謗《せにんひぼう》しつべしと云ひ、或は貧《まずしゅ》ふして道具調《ととの》ひ難《がた》しと云ひ、或は非器にして学道に堪《たえ》がたしと云ふ。かくのごとく識情を廻らして、主君父母《ぶも》をも離れえず、妻子眷属《けんぞく》をもすてえず、世情に随ひ財宝を貪《むさ》ぼるほどに、一生空《むなし》く過して、正《まさ》しく命終《みようじゆう》の時に当《あたり》ては後悔すべし。須《すべから》く静坐《じようざ》して道理を案じ、速かに道心を起《おこ》さんことを決定《けつじよう》すべし。主君父母《ぶも》も我に悟りを与ふべからず。妻子眷属も我が苦《くるし》みを救ふべからず。財宝も我が生死輪廻《しようじりんね》を截断《せつだん》すべからず。世人《せにん》も我をたすくべきにあらず。非器なりと云《いい》て修《しゆ》せずんば、何れの劫《こう》にか得道せんや。只、須く万事を放下《ほうげ》して一向に学道すべし。後時《ごじ》を存《そん》ずることなかれ。

あっと言う間に死ぬ

「古人《こじん》多くは云ふ。光陰空《むなし》く度ること莫《なか》れ」。「古人《こじん》」とは、中国唐代の名禅僧・石頭希遷《せきとうきせん》禅師（七〇〇―七九〇）のことです。六祖慧能《えのう》禅師の弟子として修行し、慧能禅師が亡くなったあとは、その法嗣の青原行思《せいげんぎょうし》禅師に師事し、その後、青原行思さんの後継者として、中国曹洞宗の管長となったかたです。洞庭湖《どうていこ》のある湖南省の衡山《こうざん》で、大きい石の上に庵《いおり》を結んで坐禅し、曹洞禅の宗風を大いに揚げた人です。石の上、すなわち石の頭に庵を結んだので、石頭という名前を、自分でつけたのか、まわりがつけたのか分かりませんが、本名は希遷《きせん》です。

昭和五四年頃、日本の新聞に出ていた記事によると、長野県のあるお寺に昔からある即身仏、すなわちミイラとなった坊さんの死体を学者が調査したところ、この石頭希遷禅師のミイラらしいということが分ったと出てました。中国で死んだ人のミイラがなぜ日本のお寺にあるのか分りませんが、この人の書いた短かい本に『参同契《さんどうかい》』というのがあります。昭和四三年頃、私の主宰する「現代人の仏教の会」でテキストにした仏典ですが、その最後にこうあります。「謹んで参玄の人に白《もう》す。光陰虚しく度《わた》ること莫《なか》れ」と。玄とは、深奥《しんおう》の世界のことで、ここでは仏教、とくに禅の世界のことです。その禅の世界に入ろうとする者は、光と陰《かげ》の動き、すなわち時間を無駄に過ごしてはならないと言うことです。

現代の人が興味と関心を持っているものは何でしょうか。そう。カネをかせぐための会社勤めその他の仕事と、グルメと風俗産業と野球・サッカーその他のスポーツ見物とレジャーですね。しかし、そうしているうちに、人というものはすべて老い、病み、ぼけ、そして死んで行きます。人間として、最も大事なことを考えようとせず、ただ末梢神経をくすぐることだけに血道を上げ、あっちにぶつかり、こっちにぶつかりして死んでいきます。

厚生省の統計情報部が発表した平成九年の日本人簡易生命表によると、日本人男性の平均余命は七七・一九年、女性の平均余命は八三・八二年となっています。これから七〇年ないし八〇年生きるとなったら、結構長いように感ずるでしょうが、しかし、過ぎてしまうと、アッという間《ま》です。私は今六九歳。物心がついてから大学を卒業するまでは、結構長かったような気もするのですが、大学を出た二二歳から三〇歳（千葉地裁判事補の時代）までは、ちょっと早かったですね。さらに三〇歳から四〇歳（弁護士の時代）まではもっと早くなり、四〇歳から五〇歳まではは特急列車、五〇歳から六〇歳まではは超特急列車、六〇歳から六九歳までの今日まではジェット機の速さです。そして平均余命の七七・一九年まであとたったの八・一九年。今から八・一九年前というと、一九九一年となり、一九九一年というのは、あの悪名高い暴対法が公布され、私が山口組をはじめ、日本全国のやくざから講演をたのまれ、又、それをめぐってテレビ、週刊誌等に、私がしょっ中引っ張り出されていた頃です。つい、きのうのことのような気がします。その、つい、きのうのような気のする日まで、これから過ぎると、私は死ぬことになるのです。

これでは、くだらないことに時間をつかっているヒマはありません。まさに「**時光、速かにうつる**」のであります。

しかもこれは平均ですから、もしかすると、今夜、私が乗って帰る自動車が、居眠り運転の暴走トラックに激突されて、私は死ぬかもしれません。「**露命《ろめい》、消《きえ》やすし**」なのです。

東京の地下鉄が目黒で脱線して乗客が死にました。バス・ジャックに会って乗客が殺されました。保険金めあての殺人によって、人が殺されました。しかし、その地下鉄の客も、バスの客も、保険の被保険者も、まさか、自分は今日死ぬと思わないで、朝起きているのです。ですから「**時光、徒らに過《すご》すことなかれと。今、学道の人、須《すべから》く寸陰を惜むべし**」となるのです。

ところで「**時光、速かにうつる**」で思い出しましたが、私が作曲し、妻のけい子が作詞して昭和五七年に発売したカセット・テープの曲に「ねがい」というのがあります。その一節に「愛はうつろい　孤独だけ　時は私を　おきざりにする」とあります。それはそれで意味は分るのですが、しかし、時からおきざりにされるような生き方をするなというのが、道元禅師の教えなのです。時よりもっと早いスピードで、充実した人生を送れということなのです。

今やらずにいつやる

そうすると、「**暫くも存《そん》ずる間《あい》だ余事を管《かん》ずることなかれ。唯須《すべから》く道を学すべし**」ということになります。「余事《よじ》」とは、人間にとって一番大事なことを考えないで、いつ放り出されるか分らない会社に自分のすべてを尽くし、グルメを追い、風俗産業に入りびたり、スポーツ見物にうつつを抜かし、レジャーに赴いてはクタクタに疲れて帰って来ることを言います。そうではなしに、人間にとっては一番大事なことは、「道《どう》」すなわち仏道、道元さんの場合は坐禅によって、最高に幸福な境地を得ることにあります。

もっとも、私は、一宗一派に偏するものではないので、坐禅に限ることはありません。唱題でもいいです。念仏でもいいです。観音霊場の巡礼や四国霊場の遍路でもいいです。しかし、商売繁昌・身体堅固・家内安全を求めてする唱題は邪道であり、ましていわんや、公明党が議席をふやし、以て創価学会の池田大作が権力を握るためにする唱題は、邪道中の邪道です。念仏も、「あれがほしい、これがほしい」と願ってする念仏は、邪道です。巡礼でも遍路でも、「中絶した水子の霊をとむらうため」とか、「死んだ親が迷わず成仏するため」というのは、前記の私利私欲によるお願いごとに比べればましですが、しかし、死者の行く末は死者本人の生前における行動によってのみ決定されるのですから、それも空しい祈りです。

真の仏道とは、何度も言うように、始めのない過去から、終りのない未来にかけて、この天地大宇宙を生きつづけに生きつづけている大いなるもの・大いなるいのち、宇宙の大生命・大いなる光・宇宙エネルギー・宇宙の霊性・宇宙意志、すなわち法身仏《ほっしんぶつ》と、生きながらにして完全に一体となり、みずからが法身仏になって毎日を生きることを言います。そうなれば、六〇兆個のからだ中の全細胞が生き生きとフル回転し出します。何をやっても、雲の如く、水の如く、サラサラと生きられます。死ぬときも、サラサラと死ねます。

しかし人間は、あと何十年も生きられると錯覚していますから、あいも変らず、つまらないことに、うつつを抜かして生きているのです。しかし「露命《ろめい》消《きえ》やすし」なのです。

昭和五五年、私が地主の代理人として借地人に対する建物収去・土地明渡請求訴訟を東京地裁に提出したことがあります。相手には佐藤吉将《よしまさ》弁護士（当時四九歳）が就きました。約一年やった後、昭和五六年一二月に裁判所で和解が成立し、問題の土地を相当の高値でこちらから借地人に売ることにし、昭和五七年三月一日に、その佐藤先生相手に、無事その取引を完了しました。佐藤先生は、元気でした。

ところが、その一か月あとに日弁連から送られたきた機関紙『自由と正義』に出ている「弁護士会員名簿」の変更記事を見てビックリ。何と「東京弁護士会所属弁護士・佐藤吉将は昭和五七年三月一〇日死亡」と出ていたのです。

私より年下の先生でした。誠に老少不定《ふじょう》。年の若い人が先に死ぬことも、いくらもあるのです。「露命消やすし、時光速かにうつる」。だとすれば、今、この時に、人生にとって最も大事なことを学び、実践して行くしかないわけです。

ところが「今時《こんじ》の人《ひと》」は「或は父母《ぶも》の恩を捨て難しと云ひ、或は主君の命に背き難しと云ひ、或は妻子眷属《けんぞく》に離れ難しと云ひ、或は眷属等の活命《かつみょう》存《そん》じ難しと云ひ、或は世人《せにん》誹謗《ひぼう》しつべしと云ひ、或は貧《まずし》ふして道具調《ととの》ひ難しと云ひ、或は非器にして学道に堪《たえ》がたしと云ふ」。これは、鎌倉時代において、いろいろ理屈をこねて出家しようとしない人たちの弁解を並べているわけですが、私は、既成仏教教団のどこかのセクトに属する「坊さん」を導師にして、形だけの出家得度を受けるよりは、形は在家のままで、お釈迦さまや道元さんのような生き方をする維摩《ゆいま》居士のほうが、はるかに真の出家であると確信しているので、ここのところも、そのように頂戴しています。そして、今、「坊さん」とかっこ書きで書いたのは、二〇〇〇年の現在、日本の既成仏教教団のあらゆる宗派に属するいわゆる「出家」たちの九九・九%は、真の出家ではなしに、葬式・法事・美術館株式会社の社長という商人になり下がっているからです。

そうすると、こうなります。「父母に対する執着心をたち切れと言われても、父母から受けた恩を捨てるわけには行かないので、仏の道に入ることはできない」とか、「自分の全生活を挙げて会社に忠誠を尽くすのではなしに、会社よりも大事な自分自身の主体的な生き方を見出すのが仏道だと言われても、会社の上司の命令にそむくわけには行かないので、仏道の世界に生きることはできない」とか、「妻子や親族に対する執着心をたち切ることが仏道だと言われても、私は妻子や親族から離れることができないので、仏道の世界に入ることはできない」とか、「家族の生活を支えなければならないので、仏道の世界に入ることはできない」とか、「世間の常識を無視して、ただ仏道の教えのままに生きたら、世間から非難されるから、私は仏道の教えどおりに生きられない」とか、「仏教を実践するには道具が要りそうだが、私にはカネがないのでその道具を用意することができない」とか、「自分のことを勘定に入れないで、たえずひとのしあわせを念じ、かつそのように実践することが仏道だと聞いたが、私は、そんな器《うつわ》ではないので、とてもとても、そんな風には生きられない」と言って、相も変らず、毎月を会社づとめとマイホーム主義とグルメとセックス産業とスポーツ見物とレジャーに、うつつを抜かして生きているのが、今の人間の九〇％であります。

ところが、これまで、仏道によってみずからを救い、他を救うために、すべてのものを捨てて真の出家をされたかたがたは、いくらもいます。平安時代の北面の武士・佐藤義清《のりきよ》は、仏法のために妻子眷属を捨てて西行法師となりました。現代にもいます。種田山頭火とか尾崎放哉《ほうさい》とか。

捨て聖《ひじり》・一遍聖人

あるいは、「眷属《けんぞく》等の活命《かつみょう》」、すなわち一族郎党の面倒を見ることを捨てて出家した一遍聖人とか。一遍聖人（一二三九—一二八九）は、鎌倉時代中期、元冠《げんこう》の頃に活躍した人です。伊予国（愛媛県）の水軍の将・河野通広の子として生まれ、七歳で出家して智真と号し、比叡山で修行するのですが、途中で父通広が死に、後継者がいなかったため、智真は還俗《げんぞく》して伊予に戻ります。還俗後、妻をめとり側室を持ち、側室との間に娘が生まれます。そして妻妾同居の生活を送ります。妻と側室の仲は、一見むつまじかったようです。

ところがある晩、智真を中にして妻と側室が寝ていたとき、深夜に智真は眼がさめます。見ると、昼間は、あれほど仲の良かった妻と側室が、熟睡しているのに、そのお互いの髪の毛が群がる蛇の形になり、からみ合って闘っているではありませんか。それを見た智真さんは、又再出家の決意を固めます。もちろん「眷属」を離れての出家です。

ところが、彼を慕っていた側室とその間にできていた幼い女の子も、彼と共に髪の毛をそって出家し、彼は、可愛いい尼さんと幼い娘をつれて、遍歴遊行《ゆぎょう》に出ます。しかし、その二人の女性をも、彼は、和歌山県の熊野権現の近くで捨てます。まさに「妻子眷属」を離れるわけです。そして、阿弥陀仏の化身と言われている熊野権現に参籠している時に、夢の中で阿弥陀仏からつぎのようなお告げを受けます。「南無阿弥陀仏という念仏を唱えることによってはじめて救われるのではなく、昔、法蔵菩薩が〝一切の衆生が救われない限り、私が仏となることはありませんように〟と願をかけたのに、その法蔵菩薩が阿弥陀仏という仏になってしまったのだから、全人類は、すべて救われているのだ」と。

その夢告《むごう》を受けてから智真は名を一遍と改め、以後、衆生済度のため、空也聖人《くうや》（九〇三－九七二）の踊り念仏を民衆にすすめたため、遊行《ゆぎょう》聖人とも捨て聖《ひじり》とも称せられ、出家、在家の信者が群れをなして従いました。生涯、寺に住まず、瀬戸内海を遊行・布教して、兵庫県和田岬の観音堂で死にました。時宗《じしゅう》の開祖です。

もちろん我々在家には、収入のない妻や未成年の子に対しては扶養義務があり、夫として父として、その妻子を捨てれば刑法上の保護者遺棄罪（三月以上五年以下の懲役）となり、それで餓死すれば保護者遺棄致死罪（二年以上一五年以下の懲役）となるので、西行さんや一遍さんのような行為そのものをするわけにはゆきませんが、しかし、妻に執着している夫や、子どもに執着している親は、一ぱいいます。そういう夫や、親が、自分の思いどおりにならない妻や子どもを、殺すわけです。したがって、人間として生活するのに必要な扶養義務は果すけれども、あとは、西行法師や一遍聖人が妻子を捨てたように、捨てたつもりになって、いかなることをも期待しないことです。そうすると、夫婦間、親子間の関係は、結果的にうまく行きます。いつまでも、サラサラと「君子の交わりは淡《あわ》きこと水の如し」（荘子）という、すばらしいつき合いができるのです。

私は、今の妻・けい子を、世界で一番悪い女だと思っています。ですから、たまにヒステリーを起こされても、予定の行動ですから「あっそうか」で終わってしまいます。逆に、親身になって世話されると、涙が出るほど、感激してしまうのです。

以上が、我々在家のままで出家した場合の生き方を述べましたが、今の現代人には、それが仲々できないのです。いろいろと理屈をこねまわしては、会社に執着し、父母に執着し、妻子眷属に執着し、世間ていを気にし、ゼニ・カネを追い求めています。「**かくのごとく識《しき》情《じょう》を廻《めぐ》らして、主君父母《ぶも》をも離れえず、妻子眷属《けんぞく》をもすてえず、世《せ》情《じょう》に随ひ財宝を貪《むさ》ぼるほどに、一生空《むなし》く過《すご》して、正《まさ》しく命終《みようじゆう》の時に当《あたり》ては後悔すべし**」。

とくに「**世情に随ひ財宝を貪ぼるほどに、一生を空く過して**」は、財テク・利殖に明け暮れている現代人の空しさをズバリ指摘した言葉です。ゼロ金利の時代なのに、「一年たつと利息が六、七％つきます」という詐欺商法のオレンジ共済に引っかかったり、豊田商法に引っかかったり、変額保険に引っかかったり、デリバティヴというわけのわからないもうけ仕事に引っかかって、最後はパーになってしまうのです。

遺産を残すのはケンカのもと

うまく行って一〇〇万円たまったとしたら、つめに火をともすようにしてそれを一〇〇〇万円にふやそうとします。一〇〇〇万円たまったら一億円ためようとします。そして老いて病んで死にます。いったい、その人の一生は、何だったのでしょうか。五〇年ないし六〇年ないし七〇年間、彼（又は彼女）は、金集めの機械として走りまわっていただけなのです。

そして、何千万円、何億円ためても、死ぬとき棺桶に入れて火葬場に持って行くわけには行きません。そのまま残して死ぬだけです。そうするとどうなるか。相続争いがおきます。前にも述べたように、へたにカネや不動産を残して死んだために、それまで仲良くつき合っていた子ども同士が、ケンカをはじめます。実の兄弟同士はそうでなくとも、それぞれに配偶者がついており、又その配偶者たちのそれぞれに実家が控えています。配偶者同士、その実家同士は、赤の他人です。

被相続人の仕事を手伝ったり、それと同居して介護していた長男は、特別寄与分と言って、二男・三男より、余計相続分があると主張します。二男・三男や他家に嫁に行った娘どもは、「法律は平等の相続分だ」と言ってがんばります。そうやって最初は家庭裁判所の調停で二、三年も争い、つぎは家裁の審判で又二、三年争い、つぎは高裁の抗告審で二、三年争い、やっと高裁の最終決定が出るまで六年ないし一〇年もかかるという事件は、ザラです。

そして、高裁の決定にはさからえないため、そこで諦めるわけですが、しかし、以後、その兄弟姉妹はお互いに絶交となつて、死ぬまでつき合わないという実例を、私どもは、しょっ中見ております。

西郷隆盛はいいことを言いました。「子孫のために美田を買わず」。「美田」だけではありません。醜田《しゅうでん》も買ってはならないのです。

宮沢賢治の言ったように、「一日ニ玄米四合ト味噌ト少シノ野菜」があれば、人間は死なないのです。そのほかに、母親が子どもをほったらかして、パートでカネをかせぐ必要がどこにあるのですか。「住まいのローンを返すために」と言います。住まいは借家・借りアパートでいいじゃないですか。何のために、返せるか、返せないか分らない借金までして、マンションや一戸建ての住居を買わなきゃいけないのですか。

「老後の暮らしのために」と言います。それならば、死ぬまでに全部使い切るべきです。ところが、そういう人に限って、死んだあと、何百万だ何千万だ何億だという預金ないし不動産を残して死ぬもんだから、いたずらに子どもたち同士をみにくい争いにかり立たせ、いたずらに弁護士だけをもうけさせてしまうのです。

そのような生き方をした人は、死ぬ時に必ず後悔します。「私の一生は、いったい何であったか」と。「正《まさ》しく命《みようじゆう》終の時に当《あたり》ては後悔すべし」。昭和五七年六月六日（日）午前八時からのＮＨＫ「教育テレビ」の「宗教の時間」で、こういう放送をしていました。吉田さんというカトリックの神父さんの話です。この神父さんは、「もはや都会は、人間の住む場所でなくなった」ということで、長野県の山奥の或る村に住み、そこで布教しながら晴耕雨読をしているかたですが、その神父さんは、こう言っていました。

「世間には、生きているうちから死んでいる人がいます。家族に執着し、会社に執着し、世間ていばかりを気にして生きている人間が、そうです。私は神父として、人の臨終に立ち会うことがありますが、そのように、生きているうちから死んでいた人間は、その死に顔も、まずい顔をしています。そうではなしに、自分のことを勘定に入れず、ひとのしあわせを念じて生きていた人は、その死に顔も、いい顔をしています」と。

しからば、美しい顔をして死んで行くにはどうしたらいいかというと、「須《すべから》く静坐《じようざ》して道理を案じ、速かに道心を起《おこ》さんことを決定《けつじよう》すべし」。「静坐」とは坐禅のことです。前にも述べたように、私は、毎朝自宅を出る前に、自宅の仏間で坐禅を約一五分間やってから、出かけることにしています。結跏趺坐《けつかふざ》し、頭の中をカラッポにし、何ものをも求めずまた何ものをもきらわないで坐っていると、いつとはなしに、天地大宇宙と自分が一体をなしてしまいます。そうすると、どこからともなく、すばらしいエネルギーが、ジワジワ、ジワジワとからだ中にみなぎってくるのです。そしてその結果として、「道理」、すなわち何をなすべきか、何をなしてはならないかが、ひとりでに分ってきます。そして「道心」、すなわち仏道の心が、ひとりでに、自分の中にみちてくるのです。

そして、つぎの言葉がいいですねえ。「主君父母《ぶも》も我に悟りを与ふべからず」。「主君」、すなわち会社の社長も上司も、自分に悟り、すなわち最高に幸福な精神の世界を与えてくれることはできないのです。これを読んでいるあなたが、三〇年も四〇年も会社のために尽くしても、五〇代になれば窓ぎわに追い払われ、そして六〇歳になると、おっぽり出されてしまうのです。又、父母といえども、子どもに悟りを与えることはできないのです。その父母が偉大な人物の場合でも、そうです。お釈迦さまの実子ラーフラは、釈迦教団に入門して修行をつづけましたが、どのような悟りをえられたのかを記しているお経は、ありません。親鸞聖人の長男・善鸞《ぜんらん》は、最後は、父の親鸞から勘当されるぐらいのアホでした。まして我々の父母は、お釈迦さまでもなければ、親鸞さんでもありません。ですから、なおさらダメです。私には子どもが七人いますが、私ですら、自分の子どもに悟りを与えることはできません。ところがふつう、人は、その父母に執着し、父母をあてにしているのです。

さらに「妻子眷属《けんぞく》も我が苦《くるし》みを救ふべからず」。我が苦しみを何ら救うことのできない妻子のため、親族のため、定年まで働き蜂のように働かされ、定年で退職すると、粗大ゴミないしぬれ落葉として邪魔にされ、ひどいのになると奥さんから離婚を請求されてしまうのです。

そして**「財宝も我が生死輪廻《しょうじりんね》を截断《せつだん》すべからず」**。「生死輪廻」とは、天界と人間界と修羅界と畜生界と餓鬼界と地獄界という六つの世界のどこかに生まれては死ぬことを、いつまでも繰り返すことであり、その「截断《せつだん》」とは、その六道をいつまでも生れかわり死にかわりする輪廻《りんね》の輪を切断して、二度と死ぬことのない永遠の世界、すなわち仏界に生まれかわることを言います。その切断ができないというのですから、死んだ先、天界か人界に生まれ変わる場合は別として、修羅界や畜生界や餓鬼界や地獄界に生まれかわることを阻止することはできない、という意味です。

さらに、**「世人《せにん》も我をたすくべきにあらず」**。ふつう、人は世間の眼ばかり気にして生きていますが、その世間なるものは、自分が困ったとき、あるいは寿命が尽きて死ぬときには、誰も助けてくれないのです。だとしたら、そういうあてにならない世間の眼を気にして生きていることは、アホということになるわけです。

六道輪廻《りんね》は事実である

これらのことを、もっとズバリ言っているのは、道元禅師の主著『正法眼蔵《しょうぼうげんぞう》』第八六巻出家功徳の巻（のちに『修証義』第一章に収録さる）のつぎの一節です。

「無常たちまちにいたるときは、国王、大臣、親暱《しんじつ》、従僕、妻子、珍宝、たすくるなし。ただひとり黄泉《こうせん》におもむくのみなり。おのれにしたがひゆくは、ただこれ善悪業等《ぜんなくごうとう》のみなり」。無常のいたるとき、すなわち死ぬときには、天皇も、内閣総理大臣も、親しい友人も、自分の雇っている従業員も、妻も子も、カネや財産も、その人が死んで行くのを助けることは、絶対にできないのです。たった一人で、中有《ちゅうう》の世界におもむくしか、ないのです。中有の世界とは、現世とつぎに六つの世界のどれかに生まれかわる来世との中間に有る世界のことで、丹波哲郎さんの言う霊界のことです。その中有の世界にとどまる期間は、その人の生前における行為が善だったか悪だったかによってちがいますが、善い行ないを多くした人の期間は数日という風にみじかく、悪い行ないを多くした人の期間は約千年という風に長いと言われています。

たった一人で、三途《さんず》の川を渡り、中有の世界におもむくわけですが、そのお供《とも》として必ずついて行くものがあります。それは、その人が生きている時にやった善い行ないの報いと悪い行ないの報いです。これだけは、「ついて来るな」と言っても、必ずついて行きます。そしてその行ないの善悪によって、中有の世界を経てつぎに生まれかわる世界がきまるわけです。自分のことを勘定に入れないで、たえずひとの幸福を念じ、そのように生きていた人は、必ず天界か人界の中のすばらしい人間に生まれかわります。逆に、麻原彰晃やバス・ジャックや保険金殺人やよその女の児を九年も監禁していた犯人は、必ず修羅界（たえずまわりの生き物と殺し合いをしている生物の世界）か、畜生界（犬・猫等の獣や魚や鳥や虫やゴキブリの世界）か、地獄界の住人として生まれかわります。

ところで今、三途《さんず》の川と言いましたが、三途《さんず》とは、三つの途《みち》、すなわち三悪道のことであり、三悪道とは、畜生界と餓鬼界と地獄界のことです。したがって、六道のうち、天界と人界と修羅界に生まれかわるものは、三途の川を渡らないで生まれ変わることになります。

世間の目を気にするな

こういう六道輪廻のことを言うと、実験による科学がすべてという偏見にこりかたまっている現代人は、「そんなことは迷信だ」と言います。しかし、それは、理屈をつかさどる左の大脳だけが発達して、本質を見る右の大脳が休眠している現代人の言うことであって、逆に、右脳がフル回転しておられた釈尊は、この六道輪廻が事実であることをお認めになっているので、私も、そのまま信じている次第なのです。

ちなみに、この大脳の中の左脳と右脳の働きのちがいについては、平凡社の世界大百科事典第22巻（一九九四年発行）の「脳」の項目でも、つぎのように説かれています（筆者は、伊藤正男医博）。

「言語野《げんごや》（言語をつかさどる部分）は、多くの場合、左の大脳半球にある。脳出血などにより言語野のある半球が障害されると失語症になり、日常生活に多大の支障をきたすが、反対側の半球（右脳）が障害されても大きな支障は起こらない。このため言語野のある側（左脳）を優位半球、その反対側（右脳）を劣位半球と呼びならわしてきた。しかし、劣位半球には優位半球とは違う独特の非言語機能が備わっていることが近年判明した。すなわち、劣位半球には、言語野に対応して音楽を聴くときに働く領域があり、また身体と周囲空間の相対関係を認識する領域もある。抽象的な図形を用いて学習や記憶をテストすると、劣位半球の障害によって、この音楽を聴く働きや、身体と周囲空間の相対関係を認識する働きが侵されることがわかる。

R・W・スペリーや、M・S・ガッザーニの研究（一九七〇年）によって、優位脳（左脳）が言語による分析的な思考法に従って事を運ぶのに対して、劣位脳（右脳）は直接知覚的な総合的な過程に訴えて迅速に事を処する能力があることがわかってきた。優位半球（左脳）が解析的であるのに対して、劣位半球（右脳）は大局的であり、優位半球が技術的であるのに対して、劣位半球は芸術的ともいえるような、互いに異なり、互いに補い合う働きをもつものと思われる」。

「優位半球」「劣位半球」とは、別に「優れている」「劣っている」ということではなくて、普通人の左脳はよく働いているから「優位」と言い、右脳は殆んど働いていないから「劣位」と言っているのであって、お釈迦さまや道元さんの場合は、むしろ、右脳が優位半球で、左脳が劣位半球であったことになります。

ところで、『正法眼蔵』の「ただひとり黄泉におもむくのみなり」で思い出すのは、私が昭和二五年三月に卒業した旧制二高（仙台）の最後の校長・萩庭三寿《さんじゅ》先生の最後であります。萩庭先生はドイツ語の教授として、私も三年間教わったいい先生でした。昭和三四年九月六日、六四歳で亡くなられるとき、先生を心から愛していた奥様は、泣きながら「あなた……。私も一しょに連れてって頂戴！」と、とりすがったそうです。そうしたら萩庭先生は、虫の息でいわく。「お前……。三途の川の渡し舟は、定員一名様だそうだから、てんでんこに行こうや」と。そして、息たえたそうです。「てんでんこ」は「てんでんに」の宮城なまりです。そうなのです。畜生界、餓鬼界、地獄界の入口である三途の川のみならず、天界・人界・修羅界へ通ずる中有《ちゅうう》の入口もまた、定員一名様なのです。ただし、生きているときに行なった「善悪業」という侍者だけは、ついてくるなと言っても、くっついてゆくのです。

さらに又「**世人《せにん》も我をたすくべきにあらず**」。日本の親というものは、子どもがひとと違うことをしたときに、よく言います。「お前。それでは世間の人からうしろ指をさされるよ」とか、「そんなことをしたら世間様に申しわけないよ」とか。したがって日本人というものは、大人になってからも「世間の目」ばかり気にして生きています。一九九五年、私がオウム真理教の青山吉伸の弁護人を引き受けたときも、愛媛県の母と神奈川県の義兄と宮城県の弟から「世間の目がうるさいから、青山の弁護人をやめろ」と言ってきました。

しかし、その「世間様」は、自分が困ったとき、助けてくれるでしょうか。バブルが崩壊し、会社の倒産・リストラによる首切りが相ついでいます。つぶれた中小企業の社長の首つり自殺も、少なくありません。そしてその時、友人や親戚は言います。「そんなに苦しんでいるのだったら、どうして一言私に相談してくれなかったのか」と。しかしそれは、本人が死んでしまったから言っているのであって、生きている時に、そういう人の所へ行って「カネを貸してくれ」と言っても、ケンもホロロの挨拶をされるだけです。世間というものは、そういうものなのです。誠に無責任で薄情で冷酷なものです。その無責任な世間の目を気にしている日本人一億二六七〇万人という人種は、アホな人種です。

「いずれそのうち」と言う人は死ぬ

そういうアホな生き方ではなしに、仏法という真理をガッチリと腹に納め、「何が起きても屁のカッパ」という人間をつくるために、私は「現代人の仏教の会」と「弁護士会仏教勉強会」において、月に合計三回、仏法を説いているわけです。そして、機会あるごとに、まだその会に来ていない有縁《うえん》・無縁の人たちに呼びかけています。そうすると、はねかえってくる言葉はこうです。「私のような煩悩のかたまりに、仏教とか坐禅とかは、とてもとても」とか、「今は忙しくて行けませんが、いずれそのうち」とか。そういう人に限って、ポックリ死ぬ人が多いようです。

そこで道元禅師も言いました。「**非器なりと云て修《しゅ》せずんば何れの劫《こう》にか得道せんや**」。私はそういう器ではございませんと尻ごみして仏法を修行しなかったならば、いつ仏道を得ることができるのか！　と。「劫《こう》」とは、数十億年という長い期間のことです。その無限に近い時間の間、私どもは、人間に生まれたり、魚に生まれたり、ゴキブリに生まれたり、豚に生まれたりするわけです。先ほども言ったように、天界と人間界と修羅界と畜生界と餓鬼界と地獄界の、あっちに生まれたりこっちに生まれたり生まれたりしているわけです。

ところがその六道のなかで、「**得道**」すなわち仏道を自分のものにすることのできる世界は、人界だけなのです。天界というものは、楽しさ一ぱいで悩み苦しみのないアホみたいな世界だそうですから、仏道というものに興味と関心を示さないのだそうです。また、修羅界は、戦争の好きなヒトラーやムッソリーニや東条英機やクリントンのように、朝から晩まで誰かと闘っていないと気のすまないヘンな生物の世界ですから、やっぱり仏教とは無縁なのだそうです。

人間以外の獣・魚・鳥・虫も、悟りを開くことはできません。もっとも、忠犬ハチ公や、正直じいさんに恩返しをした舌切り雀や、与ひょうに恩返しをした鶴などの場合は例外ですが、普通は、ムリです。

そして餓鬼もダメ。地獄に至っては、朝から晩まで、ベロを抜かれたり、ミキサーでからだを切りきざまれたりするわけですから、お経を読むヒマもない。

そうすると、仏法と出会えるのは、人間界だけなのです。「人身《にんしん》、得《う》ることかたし。仏法、遭《あ》い遇《お》うこと、まれなり」。六道の中で人間に生まれる確率は、算術的に考えても六分の一しかありません。その中でも、仏法、それも、今のお寺の坊主が説いているような出たら目の迷信ではなくて、本ものの仏法に出会えるチャンスは、もっともっと少ないのです。だって、今、世界に人間が六〇億人いますが、私の主宰する「現代人の仏教の会」と「弁護士会仏教勉強会」に入会しているメンバーは、二つ合わせてたったの七百人です。全人類の中のたった〇・〇〇〇〇一％にすぎません。真の仏法に出会える確立は、〇・〇〇〇〇一％しかないのです。これを読んでいるあなたも、その限りなくゼロに近い確率を突破して真の仏教と出会えた幸福なかたなのです。

だとしたら、**「只須《すべから》く万事を放下《ほうげ》して一向に学道すべし」**。すべてのことを捨てて、今日から、真の仏法を学び、そして実践することです。最も、失業者が三二八万人にも達した現在、就職のために出家する人がふえています。「国際仏教塾」の入門者にも、そういう人がいます。しかし「出家」とは、あらゆる職業を捨てることを言うのであって、坊主になってどっかの寺に就職し、そこからもらう月給でメシを食おうというのは、出家でも何でもない、メシを食うための就職活動以外の何ものでもありません。

道元さんがここで言っている**「万事を放下して一向に学道す」**ることとは、在家のままでいいのです。今日から、妻子と親族と会社に対する執着心を捨て、世間に対する気がねを一〇〇%投げすてて、仏道を学び、かつ行ずることです。明日ではおそすぎるのです。**「後時《ごじ》を存ずることなかれ」**。

先ほども言いましたが、「いずれそのうち」と言う人に限って、それを実行した人はいません。「そのうち遠藤先生の仏教会に行きます」と言った人に限って、来たためしがない。口だけでこない人は、不思議とつぎからつぎに死んでいます。やはり、そういう人間は、法身仏が必要としないもんだから、早いとこ、生まれかわらせるのでしょうね。

まとめ

要するに、あらゆるものに対する執着をはなれるということです。毎日の新聞の社会面をにぎわしている犯罪事件のすべては、この執着からおきています。こころみに、今日（二〇〇〇年七月一日）の『毎日新聞』朝刊を見ると、まず、こうあります。

「中尾・元建設相を逮捕
三〇〇〇万円受託収賄
建設省発注工事
業者に便宜の疑い
許被告紹介で知り合う
東京地検特捜部」

元建設大臣の中尾栄一（七〇歳）（もちろん自民党）が、建設大臣在任中に、建設省の発注工事をめぐり、中堅ゼネコン会社の若築《わかちく》建設の当時の会長・石橋浩（五八歳）から「うちに受注させて下さい」と頼まれて、一九九六年一〇月九日に、三〇〇〇万円の賄賂をもらったため、二〇〇〇年六月三〇日逮捕されたという記事です。これは、中尾栄一が、カネに執着したためにおきた犯罪であることは、言うまでもありません。

さらに

「新たな癒着
6人を処分
農水省汚職」

これは、農水省の中国四国農政局の構造改善課長の坂上拡造（五八歳）と、同局の生産流通部長の山本茂樹（五四歳）が、構造改善事業をめぐって、香川県の大川農協の幹部から、合計四万円相当の饗応《きようおう》を受けたということで、農水省が六月三〇日、坂上を減給10分の1、6カ月、山本を訓告処分に付したと言うものです（刑事の起訴はされていない）。

これは、坂上と山本が、食いものに執着したからです。

さらに

「わいせつ致傷

　元警官に有罪

　　奈良地裁判決」

これは、二〇〇〇年二月一〇日真夜中の午前〇時二五分、当時、奈良県高田警察署の警部補・富田吉隆（四三歳）が、奈良市西御門町の市道で、団体職員の女性（二七歳）に抱きつき、口を手でふさいで路上に押し倒したうえ、スカートの中に手を入れるなどの暴行を加え、治療五日間のけがを負わせた罪で、二〇〇〇年六月三〇日、懲役三年、執行猶予四年の判決を受けた記事です。

この富田警部補は、若い女性の穴ないし肉体に、病的な執着心を持っていたわけです。

さらに同じ日の『毎日新聞』に出ています。

「さらに幼児七人虐待か

神奈川の託児所

報道後、保護者ら相談」

これは、神奈川県大和市の無許可託児所「スマイル・マム」の園長・出雲順子（二九歳）が、二〇〇〇年二月、預かった男児（二歳）の頭に衝撃を加え、頭の骨を折って殺し、そのほか幼児七人に暴行を加えて傷害を負わせた事件です。

これは、園長の出雲順子にとって、預かった幼児が、自分の言うことを聞かなかったり、泣いたりするのに我慢がならず、そうした幼児の態度に執着したため、殺したり、傷つけたりしてしまったわけです。

又、現代人は、ますます**「妻子眷属をもすてえず」**、お互いに執着する度合いがひどくなっています。夫は妻に執着し、妻は夫に執着しています。私は職業柄、離婚の相談をよく受けます。夫の話を聞いていると、夫は、気に入らない妻の行為をいちいちと並べます。普通の男なら気にならないことも、いろいろと並べ立てます。まるで、世界一の妻であることを妻に要求しているみたいです。そのくせ、夫の自分のほうが、夫として妻に尽くすべきことを何も尽くしていないことを棚に上げています。

逆に妻の場合も同じ。妻の話を聞いていると、妻が気に入らない夫の行為をいろいろと並べます。普通の女なら気にならないことも、いろいろ並べ立てます。まるで世界一の夫であることを夫に要求しているみたいです。そのくせ、妻の自分のほうが、妻として夫に尽くすべきことを何も尽くしていないことを棚に上げています。

いずれも、夫が妻に執着し、妻が夫に執着していることから起きる現象であります。

また、父母、とくに若い母は、自分の子どもに執着しています。いい就職をさせるためにいい大学に入れようとし、そのためにいい高校に入れようとし、そのためにいい中学に入れようとし、そのためにいい小学校に入れようとし、そのためにいい幼稚園に入れようと躍起になっています。聞くところによると、近頃は、息子の大学の入学式、卒業式にも、母親がついて行くそうですな。もっとひどいのになると、息子が就職するときの入社式まで、ついて行く母親もいるそうです。

昭和二五年四月、私が東大法学部に入ったとき、入学式の日、私は、下宿でゴロゴロしてました。昭和二八年三月、その卒業式の日、私は、家庭教師の教え児の家で、教え児を教えていました。もちろん、母親が来るはずはありません。

ところが今の母親は、息子にすごく執着しているのです。執着しているから、その息子が母親の思いどおりに成長しなかったときの怒り・絶望がすごくなるのです。

子どもは子どもで、いつまでたっても親が子どもの面倒を見るのは当たり前と思っています。だから親が子どもの思いどおりにならないと、子どもは親を殺してしまうのです。

昭和五六年、私の息子は高校二年の三学期で中退して肉体労働者になってしまいました。昭和五七年六月、一八歳のその息子が私にこう言うのです。「親父にだまって自動車を買っちゃった。中古を六〇万円で買ったんだが、頭金の一〇万円は僕が出したが、のこりの五〇万円を親父が出してくれ。それから自動車の教習所の授業料のうち、足りない二万円を出してくれ」と。

すべて私に無断のことだったので、当然のことながら拒否しました。そしたらブツブツ言ってましたが、それから数年たって、一念発起したらしく、大検に挑戦して、前に述べたように、帝京大学文学部英文学科を卒業し、結婚して世帯を持ち、今は、ベル・システム24という第一部上場会社の会社員として、元気に働いています。もし私が、昭和五七年、自動車代と自動車教習所の授業料の合計五二万円を出していたら、「何をやっても、最後は親父がおれの面倒を見てくれる」という甘い考えを息子に与え、今頃は、娑婆と刑務所を行ったり来たりするような人間になっていたかもしれません。

いずれにしろ、道元禅師がここで言っておられるように、子どもは父母に執着せず、会社員は会社に執着せず、妻子や家族にも執着せず、世間ていも気にせず、人間として一番大事な道に精進していれば、雲の如く水の如く、サラサラと生きられるわけです。それが仏道であり、禅なのです。

原本との対照

○面山本（慶安本・明和本・流布本・岩波文庫・角川文庫）との対照

	本書の頁
正法眼蔵随聞記第四	
九　愚痴なる人は其の詮《せん》なきことを思ひ云ふなり	7頁
一〇　古へに三たび復《かえ》さふして後に云へと	15頁
一一　善悪《ぜんなく》と云ふこと定め難《がた》し	50頁
一二　世間の人多分云く、学道のこころざしあれども世は末世なり	65頁
一三　俗の云く、城を傾むくることは、中にささやき言《ご》と出来《いできた》るに依るなり	87頁
一四　楊岐山《ようぎさん》の会禅師《えぜんじ》はじめ住持の時	99頁
一五　一日有る客僧問て云く、近世遁世《とんせい》の法は	120頁
一六　伝へ聞く、実否は知らざれども、故持明院の中納言入道	132頁
正法眼蔵随聞記第五	
一　仏法の為には身命《しんみよう》を惜《おし》むことなかれ	147頁
二　学道の人は吾我の為に仏法を学することなかれ	159頁
三　俗人の云く、宝はよく身を害する怨《あだ》なり	198頁

○長円寺本（講談社文庫・筑摩叢書・岩波書店の日本古典文学大系・筑摩書房の古典日本文学全集）との対照

あとがき

引きつづき、第五巻を執筆中である。そしてこの『道元禅とは何か』は、第六巻で終わる予定である。

随聞記の教えをガッチリと腹の中にブチこむことによって、天地大宇宙のエネルギーが、ひしひしと、からだ中にみなぎって来る毎日を実感している。これを読んだあなたも、坐禅を行ずることによってそのエネルギーが、からだ中にみちみちてくれば、喜び、これにすぎるものはない。

なお、坐禅の組み方を知りたいかたは、つぎの勉強会へ、お出でいただきたい。

○現代人の仏教の会

とき　二週間に一回の木曜日午後六時（休日の時は前日）

ところ　東京都港区西新橋一－八－八中銀《なかぎん》虎ノ門ビル七階　遠藤誠法律事務所（地下鉄虎ノ門駅下車）（電話〇三－三五〇一－一六六三・三六一七）

やること　遠藤誠によるお経（ただいまは法華経）の分かり易い講義と座談会と坐禅と一パイのむ会

会費　タダ（会食費は割り勘）

○弁護士会仏教勉強会
とき　毎月八日（土曜・日曜・祝日の時は翌日）午後五時三〇分
ところ　前記遠藤誠法律事務所
参加できる人　弁護士でない人も参加自由
やること　遠藤誠による仏典（ただいまは正法眼蔵随聞記）の分り易い講義と座談会と坐禅と
　一パイのむ会
会費　タダ（会食費は割り勘）

○心のふれあう会（社会科学研究会）
とき　毎月第三土曜日（祝日の時は前日）午後五時
ところ　前記遠藤誠法律事務所
やること　遠藤誠による歴史・社会科学（ただいまは日本近・現代史）の講義と討論と一パイ
　のむ会（坐禅はない）
会費　タダ（会食費は割り勘）

二〇〇〇年九月一六日　　遠藤　誠

遠藤《えんどう》　誠《まこと》

一九三〇(昭和五)年十月、宮城県大河原町《おおがわらまち》に生まれる。二高(旧制)を経て、一九五三年東京大学法学部を卒業。現在、仏教者として「現代人の仏教の会」「弁護士会仏教勉強会」「内山愚童師を偲ぶ会」を各主宰。紀野一義師に師事す。帝銀事件の平沢貞通氏・連続ピストル射殺犯の永山則夫君・反権力自衛官二等陸曹佐藤備三《まさみ》君の事件の各弁護団長。著書に『法華経を読む』(三一書房)、フォービギナーズ『観音経』、『観音経の現代的入門』、フォービギナーズ『般若心経』、『道元禅とは何か—正法眼蔵随聞記入門』一巻・二巻・三巻、『絶望と歓喜—歎異抄入門』上巻・下巻、『今のお寺に仏教はない—既成仏教教団の宗派別問題点』、『写真集・山河慟哭』、フォービギナーズ『歎異抄』、『弁護士と仏教と革命』、『帝銀事件の全貌と平沢貞通』、共著『行動派の整理学』(以上すべて現代書館)、『現代人の仏教—或る出家と在家の対話』(遠藤法律事務所)等。

住　所　東京都港区西新橋一—八—八
中銀《なかぎん》虎ノ門ビル七階
郵便番号　一〇五—〇〇〇三
電　話　〇三—三五〇一—二六六三・三六一七

道元「禅」とは何か　第四巻
——「正法眼蔵随聞記」入門

二〇〇〇年十月十五日　第一版第一刷発行

著　者　遠藤　誠
発行者　菊地泰博
発行所　株式会社　現代書館
東京都千代田区飯田橋三—二—五
郵便番号　102-0072
電　話　03(3221)1321
FAX　03(3262)5906
振　替　0012-3-83725
写　植　アール企画印刷
印刷所　平河工業社(本文)
東光印刷所(カバー)
製本所　矢嶋製本

http://www.gendaishokan.co.jp/

ISBN4-7684-6785-7